신종태 교수의 테마기행

세계의 전쟁유적지를 찾아서⑤

동남 · 서남아시아

신종태 교수의 테마기행

세계의 전쟁유적지를 찾아서⑤

동남 · 서남아시아

신 종 태 저

도서출판 진영사

이 책을 펴내면서

필자는 어린 시절 6 · 25전쟁의 격전지였던 낙동강 근처 시골에서 성장했다. 당시 전쟁이 끝난지 10여년이 지났지만 고향 산야에는 전쟁 상흔이 곳곳에 남아 있었다. 미군 철모, 포탄 탄피, 경비행기 바퀴 등은 유용한 생활 도구로 사용되었다. 수업 시작과 끝을 알리는 초등학교의 종도 길쭉한 포탄껍데기였다. 마을 주변 야산 교통호 흔적은 동네 아이들의 좋은 놀이터가 되었고, 한여름 밤 정자에 모인 어른들은 수시로 전쟁참상과 피난길 고생담을 이야기 하곤 하였다. 집안 어른들의 대부분이 참전 경험을 가지고 있었다. 아버지, 삼촌, 외삼촌 그리고 백마고지 전투에서 전상을 입은 고모부 등으로 인해 필자는 어린 시절부터 전쟁에 대한 호기심을 가질 수밖에 없었다. 결국 전쟁에 대한 관심과 위국헌신(爲國獻身)이라는 순수한 가치에 매료되어 필자는 군인의 길을 걷게 되었다.

인간은 왜 전쟁을 하는 것인가? 인류기록 역사 3400여 년 중 전쟁이 없었던 해는 불과 270여 년, 총성이 단 한 번도 울리지 않았던 날은 3주에 불과하다. 지금도 중동, 아프리카, 아시아지역 일부에서 끝없는 전쟁의 소용돌이 속에서 많은 사람들이 죽어가고 있다. 군생활 동안 더더욱 전쟁사에 관심이 많아졌고 해외유학, 휴가기간 중에는 틈틈이 외국의 전사적지를 답사하였다. 전역 후 다소 시간적 여유를 가진 시기부터는 본격적으로 유럽, 중동, 아시아, 태평양 지역의 전적지를 다시 돌아보았다. 평소 주말에는 낙동강, 금강, 섬진강 주변 전사적지와 백령도 등 현지를 방문하여 많은 사람들의 전쟁체험기를 듣기도 하였다.

이런 답사를 통해 항상 느껴왔던 것은 전쟁으로 인해 우리 민족은 수많은 수난을 당했음에도 불구하고 이상하리만큼 전쟁에 대해 거의 관심을 가지 않는다는 것이었다. 필자는 세계 약 80여 개 국가의 전쟁유적지를 방문하면서 단 한 번도 현장에서 한국인을 만나보지 못했다. 외국 전쟁기념관이나 전사적지 현장에서 일본인, 중국인들은 수시로 만날 수 있었다. 자연스럽게 대화를 나누다 보면 그들의 해박한 전쟁사 지식에 깜짝 놀란 경우가 한 두 번이 아니었다. 특히 한국전쟁에 대해 우리들보다 훨씬 깊은 지식을 가지고 있는 경우도 많았다.

한국 초·중학생 약 절반이 70여 년 전의 6·25전쟁을 조선시대에 일어났던 사건으로 안다는 어느 일간지의 보도를 본 적이 있다. 그러나 영국의 경우 청소년들에게 제1·2차 세계대전에 관해 물어보면 대부분 정확한 역사지식을 이야기하곤 한다. 어떤 학생들은 자신의 할아버지, 삼촌의 참전 경험과 심지어 할머니의 전시생활상에 대한 상세한 이야기를 쏟아 내기도 하였다. 영국은 자기 조상들이 당당하게 침공군에 맞서 일치단결하여 전쟁에 임한 자랑스러운 승전의 역사를 끊임없이 가정, 학교, 사회에서 가르쳐 왔던 것이다.

그러나 아쉽게도 우리나라는 뿌리 깊은 문존무비(文尊武卑)사상이 현재까지 수 백년 동안 계속되고 있다. 특히 전쟁을 대비하고 국가보위를 위해 헌신하는 무인을 존중하고 제대로 대우해 준 경우가 고려시대 이후에는 거의 없었다. 또한 '전쟁과 상무정신'을 논하는 것은 오히려 평화를 깨뜨리고 국민들에게 고통을 안겨주는 주장으로 매도하여 경계의 대상으로 삼는 분위기가 아직도 있다. 결국 이런 전쟁에 대한 잘못된 인식으로 인하여 17세기 조선은 임진왜란과 병자호란으로 백성들은 말할 수 없는 참혹한 전란의 고통을 당해야만 했다.

근 · 현대사에서도 우리 한민족은 다시 한 번 가시밭길을 걸었다. 일제식민지 36년, 중일전쟁, 태평양전쟁 등 문약에만 흘렀던 우리국민들은 그저 남의 전쟁에 위안부 · 징용노무자 · 강제지원병 형태로 성노예나 총알받이로 끌려 나가야만 했다. 이와 같은 형극의 역사를 경험했음에도 불구하고 오늘날의 우리 사회는 안타깝게도 점점더 전쟁에 대해 무관심한 분위기에 젖어들고 있다. 남태평양의 괌 · 사이판 · 티니언 일대를 답사하면서 조선인관련 전쟁유적에 대한 현지인들의 이야기를 많이 들을 수 있었다.

또한 75년 전 이 땅을 잿더미로 만들었던 6 · 25전쟁유적지도 전국에 곳곳에 산재해 있다. 그러나 아쉽게도 점점 더 이런 전사적 지에 깊은 관심을 가지고 찾는 발길은 줄어가고 있다. 특히 최근 역사교과서 파동이나 이념논쟁에서 볼 수 있듯이 6 · 25전쟁을 통일전쟁 혹은 내전으로 규명하여 자유수호를 위해 목숨 바친 선열들의 희생을 애써 깎아 내리려는 듯한 분위기까지 있다. 결국 이런 왜곡된 역사인식의 확산은 급기야 신세대들에게 전쟁에 대한 부정적 생각을 갖게 만드는 계기가 되었다. 상대적으로 평화만을 부르짖는 자만이 이 시대의 선구자인양 인정받아 우리의 생존문제는 저만큼 뒤로 물러나고 오로지 '무상복지'가 전 국민의 관심사가 되고 말았다.

빠듯한 일정으로 많은 국내 · 외 전사적지를 답사하면서 나름대로 정리한 글이라 다소의 오류가 있을 수 있음을 독자들에게 미리 양해를 구한다. 아무쪼록 본 책자가 가벼운 마음으로 읽으면서도, 한반도의 안보현실과 전쟁역사에 대해 많은 사람들이 관심을 갖는 계기가 되기를 바라는 마음이다.

한반도에서 전쟁의 영원한 추방을 염원하면서

저자 **신 종 태**

동남아시아 Southeast Asia

싱가포르 Singapore

말레이시아 Malaysia

인도네시아 Indonesia

태국 Thailand

베트남 Vietnam

필리핀 Philippines

캄보디아 Cambodia

라오스 Laos

타이완 Taiwan

서남아시아 Southwest Asia

스리랑카 Sri Lanka

인도 India

방글라데시 Bangladesh

네팔 Nepal

Southeast Asia

동남아시아

싱가포르

Singapore

'해적의 섬'에서 강소국으로 변신한 싱가포르

말라카 해협 주변에 있는 싱가포르 위치

싱가포르 공화국(Republic of Singapore)은 1965년 8월 9일, 말레이시아 연방으로부터 탈퇴하여 독립국이 되었다. 국토면적 697Km^2(서울의 1.18배), 인구 600만의 작은 도시국가는 연 국민개인소득 58,500달러의 부자나라다. 싱가포르는 북쪽으로는 조호르 해 건너편 말레이시아와 남쪽으로는 인도네시아와 마주 보고 있다. 인종 비율은 중국계 75%, 말레이계 14%, 인도계 9%, 기타 2% 정도다.

군사력은 현역 51,000명(육군 41,000, 해군 4,000, 공군 6,000), 준군사부대 7,400명(구르카 용병 1,800), 예비군 252,500명을 보유하고 있다. 또한, 미 해·공군 일부 병력이 국내 기지에 주둔하며, 싱가포르군은 브루네이·호주·대만·태국에서 해외 야외훈련을 갖는다.

경제부국 싱가포르의 첫인상

싱가포르 도심으로부터 25Km 떨어진 창이(Changi)국제공항에 밤늦게 도착했다. 이 공항은 2019년 승객 만족도 조사에서 7년 연속 세계 1위였다. 시내까지 셔틀버스를 이용할 수 있으나, 숙소를 또다시 찾아가야 하는 번거로움이 뒤따른다. 택시 기사에게 목적지까지의 소요 시간과 요금을 물으니 시원시원하게 대답한다. 가끔 도착 후 일어나는 요금 시비는 없을 것 같았고, 공항도로 주변의 울창한 가로수까지 마음을 편안하게 해준다. 숙소에 도착하자 운전수는 배낭을 정문까지 옮겨주는 친절함도 보여준다. 거리 분위기는 다른 동남아 국가들과 비슷하나, 심야에도 음식점들이 문을 열어 놓고 있었다.

싱가포르 도심의 야간 길거리 전경. 관광객들을 위해 늦은 시간까지 상점 문을 연다.

버려진 섬 싱가포르의 역사

싱가포르 역사 사료는 14세기 이후의 기록에서 간간이 발견된다. 당시 이 섬의 왕국은 자바·수마트라섬 종족의 공격으로 말레이반도로 철수했다. 이후 수백 년 동안 싱가포르는 은신처가 필요한 해적의 소굴이 되었다. 현재 테마파크로 유명한 관광지 센토사(Sentosa) 섬은 말레이어로 'Pulau Blakang Mata(죽음의 뒤편 섬)'다. 즉 해적들이 사람들을 납치해 이 섬 뒤편에서 살해하는 일이 빈번했기 때문에 붙여진 이름이다. 영국인 래플스(Raffles)가 1819년 센토사로 오면서 싱가포르는 또 다른 역사의 물줄기를 타게 된다. 래플스는 1826년 영국이 말레이반도의 페낭-말라카-싱가포르의 해협식민지를 완성할 때, 이곳 책임자로 임명받았다.

그는 싱가포르를 무관세 자유무역항으로 만들었다. 더구나 이 도시는 아시아와 호주를 지배할 영국 해군기지로 변모하면서 폭발적으로 성장했다. 중국 노동자들이 떼 지어 몰려왔고, 돈 많은 상인들이 넘쳐났다. 영국은 도시개발을 위해 인도 죄수들까지 대거 투입했다. 1900년대 국제정세는 중일전쟁과 식민지 독립운동으로 요동쳤다.

일본에 맞서는 중국인들은 영국에 적극적으로 협조했지만, 인도·파키스탄인은 반영 의식이 강했다. 1941년 12월 7일, 태평양전쟁이 발발하자 필리핀·말레이반도를 기습 공격한 일본이 1942년 2월 15일 싱가포르를 점령했다. 점령 기간 3년 반 동안 일본군은 중국인 수만 명을 학살했고, 연합군 포로들은 사는 것이 차라리 죽는 것보다 못한 지옥 같은 시간을 보냈다. 싱가포르 국립박물관 전시물 절반은 이런 참혹했던 전쟁역사 이야기로 채워져 있다.

1942년 2월 15일 일본군의 싱가포르 점령을 의미하는 포스터. 일본군은 남방군사령부를 싱가포르에 설치했다.

전쟁역사가 재현된 국립박물관

1887년에 지어진 국립박물관은 싱가포르 역사와 문화를 보여주는 다양한 자료들이 있다. 역사전시관은 싱가푸라 왕국(14세기경), 영국점령기(1819-1942), 일본점령기(1942-1945), 현대 싱가포르(1946-현재)로 구분되어 있다. 1800년대 '쿨리'로 불리는 중국인들은 하루 몇 센트를 벌기 위해 가혹한 노동을 마다했고, 고된 나날을 아편으로 이겨내며 겨우 버티었다. 뼈만 앙상하게 남은 노동자가 아편을 피우며 누워있는 사진은 싱가포르 건설기의 사회상을 보여준다.

싱가포르 건설에 동원된 노동자의 비참한 생활 모습. 갈비뼈가 드러난 노동자 옆에 아편을 피우는 사람이 보인다.

요란한 공습경보가 울리는 태평양전쟁 전시실은 관람객들을 80년 전의 싱가포르로 안내한다. 1941년 말라야반도에는 영국 퍼시발(Percival) 중장이 지휘하는 80,000명의 영연방군이 있었다. 그는 싱가포르는 일본군의 해상공격에 대해서는 난공불락이며, 반도 북부로부터 침공하더라도 조호르 해의 자연적인 방어력을 이용하여 능히 저지할 것으로 생각했다. 그러나 정작 정글 전투훈련이나, 진지구축에는 전혀 신경 쓰지 않았다.

일본 제25군 사령관 야마시타 토모유키(山下奉門)는 1941년 12월 8일, 4개 사단을 태국 해안과 말라야반도 코타 바루(Kota Bahru)에 상륙시켰다. 일본군 공격 속도는 상상을 초월했고, 정글 소로길을 수천 대의 자전거부대가 신속히 통과했다. 갑자기 후방에서 나타난 일본군에 영연방군은 맥없이 무너졌다. 1942년 2월 8일, 조호르 선에 도달한 일본군은 기습 도하로 영연방군을 싱가포르 시내로 밀어붙였다.

전쟁 승패를 판가름했던 최후의 순간

Trip Tips

역사전시관 한구석에는 일본군 자전거 10여 대와 영국군의 치욕적인 항복 사진이 있다. 1942년 2월 14일, 싱가포르 시내는 물이 떨어졌고 오물과 시체 악취로 가득 찼다.

일본군 역시 탄약은 바닥났고, 보급선은 말라버렸다. 시가전이 벌어진다면 병력이 훨씬 적은 일본군에게는 재앙이 될 수도 있었다. 참모들은 철수를 건의했지만, 독한 야마시타는 마치 탄약이 무한히 있는 것처럼 허세를 부릴 것을 지시했다. 영국군이 휴전을 원한다는 소식에 야마시타는 깜짝 놀랐다. 처음에는 계략이 아닌지 의심하면서, 퍼시발을 포드자동차 조립공장의 일본군 본부로 불러들였다. 두 적장은 동문서답을 하며 면담을 시작했다.

"Yes", "No"를 강요당한 영국군 사령관

퍼시발은 항복을 기정사실로 생각하고 여러 가지 조건을 이야기했다. 이에 야마시타는 책상을 꽝 치며 "Yes!" 혹은 "No!"를 딱 부러지게 이야기하라며 적장을 위협했다. 1942년 2월 15일 오후, 드디어 영연방군은 일본군에게 무릎을 꿇었다. 야마시타는 영국군이 3일만 더 버티었다면, 일본군은 퇴각할 수밖에 없을 것으로 생각했다. 회담 간에도 상대에게 약점을 들키지 않도록 더욱 고압적인 자세를 취했다. 퍼시발은 "좋은 사람"이었지만, 최악의 상황을 극복할 수 있는 강한 의지가 필수적인 지휘관 자질은 부족했다. 실전에서는 양 같은 온순함보다 사자의 용맹성을 가진 독한 군인이 더 필요하다. 2월 17일, 수만 명의 연합군 포로들이 질서정연하게 25Km를 행군하여 수용소 안으로 스스로 들어갔다. 그러나 이들은 3년 이상 고문, 굶주림, 가혹한 노동으로 전투에서 죽는 것이 훨씬 나았다는 후회를 뒤늦게 했지만 이미 돌이킬 수 없었다. 내일은 싱가포르의 생생한 전쟁유적지 영국군 지하지휘소와 해안포 요새진지에 가보기로 했다.

항복 협상을 하고 있는 영국군과 일본군 지휘부. 사진 오른쪽 2번째 퍼시발과 반대편에 일본도를 쥔 야마시타

영국군의 치욕스러운 패전역사 싱가포르 전투

깨끗하고 쾌적한 환경을 가진 관광 대국 싱가포르는 태평양 전쟁 당시의 군사시설을 관광 상품화하였다. 영국군 군사지휘소를 포함한 많은 역사유적이 원형 그대로 보존되고, 별도의 육 · 해 · 공군 군사박물관을 설립해 두었다. 심지어 군 장교양성 및 보수교육기관도 여행객들에게 공개하여 싱가포르의 자주국방 의지를 홍보하고 있다.

영국군 해안포의 지하 격실에서 포탄을 운반하는 탄약수 모습.

그물망같이 연결된 싱가포르 교통

싱가포르 대중교통은 지하철(MRT: Singapore Mass Rapid Transit)과 시내버스로 그물망처럼 얽혀있다. 요금도 저렴하고 시내 구석구석까지 연결되어있어 대단히 편리하다. 좁은 도시의 자동차 증가는 교통지옥과 대기오염 문제를 초래한다. 싱가포르는 1990년 1월, 차량 총량에 대한 엄격한 규제를 위해 등록제도를 만들었다. 즉 매년 도로 수용 능력에 맞는 자동차 대수를 공표하여 차량구입 시 입찰에 의해 결정된 등록세를 부과했다. 이 제도로 출퇴근 시 극심한 교통정체와 대기오염을 막았다. 편리한 대중교통망은 시내 이동에 불편함을 거의 느끼지 않는다. 서울과 유사한 지하철은 환승역의 복잡함을 제외하고는 여행자들도 쉽게 적응할 수 있다. 1시간 내외면 싱가포르 동서남북 끝단에 어디든지 도착할 수 있었다.

역사교육장이 된 영국군 군사시설

도심 중앙의 포트 캐닝 공원(Fort Canning Park) 언덕에는 1926년에 만들어진 웅장한 영국군사령부 건물이 남아있다. 병영이 아니라 '예술의 전당' 같은 분위기의 건축물이다. 싱가포르는 식민지 상징물인 영국군 군사시설을 대부분 역사유적지로 활용한다. 청사 뒤편 지하 군사지휘소는 1941년 말레이반도 코타 바루에 기습 상륙한 일본군과의 처절한 전투를 지휘한 벙커다. 군사유적을 관광지로 만들어 전문해설사가 수시로 관람객들을 지하로 안내한다.

Trip Tips

화생방 방호시설까지 갖춘 내부는 지휘통제실, 통신실, 보급창고, 의무실, 숙소 등 수많은 격실이 있다. 실물 같은 마네킹 군인들이 급박한 실전 상황을 재현한다.

1926년 포트 캐닝 공원에 건립된 영국군사령부 전경.

고뇌에 찬 사령관과 참모들의 작전회의, 레시바를 머리에 걸친 통신병의 긴박한 송수신, 명령서를 들고 뛰어가는 전령 등 지휘소의 긴박한 분위기가 물씬 풍긴다. 미로 같은 내부를 구경하다가 마지막 출구로 나오니 푸른 수목이 우거진 공원 정상이다. 해설사 설명에 의하면 영국군은 나름대로 전쟁 준비를 하였으나, 일본군을 지나치게 얕잡아 보는 결정적 실수를 저지르고 말았단다.

지하 군사지휘소 입구에서 태평양전쟁 역사를 설명하는 해설사

적에 대한 안이한 인식이 빚은 참극

1941년 12월 7일 07:55분, 일본군 후치다 미쓰오(淵田美津雄) 중좌가 지휘하는 183대의 전투기·뇌격기·폭격기가 진주만의 미국함대를 1차로 공격하면서 전쟁이 발발했다. 그러나 이보다 1시간 10분 앞선 시간(일본시각 12월 8일 03 : 25분), 일본군은 말레이반도에서 영국군을 공격했다. 사실상 태평양 전쟁은 진주만이 아니라 동남아에서 최초 시작되었다. 일본 상륙군은 6만 명이었지만, 영연방군 방어병력은 약 3배에 달했다. 하지만 100년 이상 아시아를 지배해온 영국인의 오만함과 동양인에 대한 편견은 결정적인 오판을 가져왔다. "눈꼬리가 올라간 일본군은 시력이 약해 사격을 제대로 할 수 없다.

항공기 · 군함은 영국군보다 성능이 형편없이 뒤떨어진다."라는 터무니없는 정보들이 난무했다. 1941년 12월 10일, 영국의 최신전함 프린스 오브 웨일즈 호(35,000톤)와 리펄스 호(32,000톤)는 일본기 공격으로 말레이반도 옆에서 어이없이 침몰했다. 항공기에 의해 전함이 격침된 최초 사례다. 수십 대의 일본기가 싱가포르를 폭격했으나, 영국 요격기는 출격조차 못했다. 훈련 안된 고사포 사수들이 적기와 아군기를 식별할 능력이 없었기 때문이다. 심지어 민방위 본부 당직자가 없어 공습경보까지 제때 울리지도 않았다. 푸른 숲의 열대를 무대로 안락한 생활에 푹 빠졌던 군대는 막상 전쟁이 벌어지자 너무나 무기력했다.

일본군에게 항복하기 위해 영국 국기와 백기를 들고 가는 영국군 모습.

훈련된 군대와 훈련 안 된 군대의 차이

싱가포르 남쪽의 작은 섬 센토사는 거대한 테마파크이다. 깨끗하고 근사한 백사장 주변에는 유니버설 스튜디오, 아쿠아리움과 최고급 호텔이 즐비하다. 이런 관광시설과는 어울리지 않게 이 섬의 실로소(Siloso) 해변에는 역사유적지로 지정된 영국군 해안포 요새가 있다. 싱가포르 항구의 길목을 지켰던 요충지였지만, 일본군 점령 후 포로수용소로 변했다.

Trip Tips

요새 내부에는 처절했던 말레이전투, 영국군 항복 과정, 열악한 포로생활 자료들이 곳곳에 전시되어 있다. 전쟁 당시 일본군 대본영에서는 말레이반도 점령은 100일 정도 걸릴 것으로 판단했지만, 불과 70일 만에 싱가포르까지 석권했다.

일본군 대부분은 1937년 중일전쟁에서 풍부한 실전 경험을 쌓은 고참병들이었다. 소량의 쌀과 채소절임으로 야전식량을 대치했고 무기도 경량이었다. 자전거, 경장비, 소로길은 우거진 정글 속에서 적진 후방으로 신속한 침투가 가능했다. 하천이 나타나면 자전거를 머리에 이고 건넜다. 수리부품은 마을 일본제 자전거상점에서 얼마든지 확보할 수 있었다. 이에 비해 영연방군은 배낭·잡낭·모포·방독면·통조림 등 휴대품이 너무 많았다. 움직이는 병사는 흡사 가지가 휘어진 크리스마스트리 같았다. 살인적인 더위, 피를 빠는 거머리, 가시덩굴은 거친 야전생활을 멀리했던 영국군에게는 고역이었다. 1m 앞도 보이지 않는 밀림에서 괴성을 지르며 갑자기 나타나는 일본군에게 훈련 안 된 병사들은 사격조차 할 수 없었다.

패배한 군대의 비참한 포로 생활

요새 외부 박물관에는 일본군의 포로학대 사진들이 많았다. 1942년 3월 2일, 일본군 사령관 야마시타는 영국군 · 호주군 · 인도군 포로 5만 명을 집결시켜 열병식을 가졌다. 육군작전을 적극 지원해 준 오자와 해군제독 환영 행사였다. 적장을 위한 축하 행사에 포로를 동원하여 패배한 군인의 명예를 짓밟았다. 말레이전투에서 일본군에게 잡힌 연합군 포로는 무려 13만 명. 영국 역사상 가장 치욕적인 전투 기록이다. 독일 · 이탈리아군이 관리한 연합군 포로 사망률은 4%였지만, 일본군 관리포로는 27%에 달했다. 1942년 9월, 싱가포르 수용소 포로 수만 명이 태국 · 버어마로 끌려갔다.

"콰이강 다리"를 포함한 교량과 철도건설 공사에 포로들은 내몰렸다. 특히 콰이강 포로수용소에서는 300명의 한국인 군속들이 포로 감시 일부를 맡았다. 교활하게도 일본군은 한국인에게 포로학대의 악역을 맡겼다.

Trip Tips

전쟁이 끝나자 감시원들은 전범 재판에 회부됐다. 24명의 한국인에게 사형이 선고됐고, 28명은 무기징역에 처해졌다. 대신 일본군 대부분은 귀국선을 타고 안전하게 고향으로 돌아갔다. 억울하게 전범으로 몰린 한국인에게 관심을 가져주는 사람은 아무도 없었다.

열악한 수용소에서 연합군 포로가 치통을 앓고 있는 치아를 노끈을 이용하여 뽑는 모습.

일본군 포로수용소 내 갈비뼈가 앙상하게 보이는 연합군 포로 사진

'이스라엘식 생존전략'을 택한 싱가포르

싱가포르는 동남아에서 첨단장비를 갖춘 최고의 해 · 공군력을 가진 군사 강국이다. 인구 600만의 작은 섬나라 싱가포르는 막대한 자본력과 기술력으로 튼튼한 방위력을 갖추었다. 싱가포르는 약한 새우를 잡아먹으려다 강대국도 크게 다칠 수 있다는 '독새우(poisoned shrimp) 전략'을 구사한다. 또한, 유사시를 대비 주변 우방국에 군사장비를 분산시켜 두고 있다.

싱가포르 군사교육기관의 영내 관광

싱가포르 서쪽 변두리의 넓은 호수 옆에는 디스커버리 센타(Discovery Center)가 있다. 이곳은 싱가포르 역사와 미래에 대한 자료와 과학관, 아이들을 위한 놀이공간이 있는 전시관이다. 또한, 호수 부근에는 육군박물관과 지휘참모대학 및 장교양성학교가 있었다. 장기간 보수공사 중인 육군박물관 야외에는 UH-1H 헬기를 포함한 장비 · 무기류가 전시되어 있고, 언덕에는 장애물 극복 훈련장도 보였다. 안내판을 보니 호수 주변 넓은 녹지는 군사시설 부지로 전부 연결되어 있다.

호수 위쪽의 싱가포르 디스커버리 센터 전경. 전시관 너머에 군사교육기관이, 호수 아래쪽에 육군박물관이 있다.

군사학교 정문에서는 관광버스가 영내 시설 관람 희망자를 모으고 있었다. 버스 안에 필자 혼자 밖에 없었지만, 안내인은 열정적으로 싱가포르군을 홍보한다. 자신도 현역 복무를 했으며, 40세까지 연 40일간의 동원훈련을 받는 예비군이란다. 이 학교는 1982년 리콴유 총리의 지시로 창설되었다. 넓은 학교 안에는 숙소, 강의동, 체육관 등이 질서정연하게 배치되어 있다. 육·해·공군장교들이 통합 교육받으며, 각군 교육생 숙소는 건물색상을 달리하여 구분했다. 장교후보생 교육도 병행하는 이곳에는 천연잔디 대연병장까지 있었다. 순직장병을 위한 높은 추모탑과 각종 구호는 한국의 사관학교 분위기와 비슷했다.

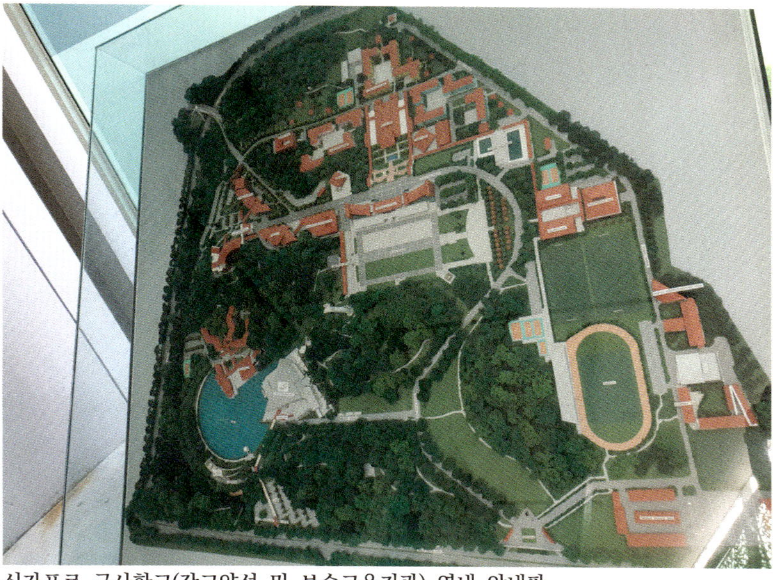

싱가포르 군사학교(장교양성 및 보수교육기관) 영내 안내판.

싱가포르 군사교육기관의 순직 장병 추모탑 전경. 사진

이스라엘 모델의 싱가포르 국방정책

1965년 8월 9일, 말레이시아연방으로부터 탈퇴한 싱가포르는 독립국이 되었다. 그러나 작은 도시 내의 말레이시아군 1개 여단은 군사력이 없는 싱가포르에게는 "트로이 목마"와 같은 존재였다. 1965년 9월 30일, 바다 건너 인도네시아에서는 반공주의자 수하르토가 친공산당 쿠데타를 제압하고 전권을 장악했다. 수하르토는 싱가포르를 친공산주의자 세력이 다수인 중국인 정권으로 인식하고 잔뜩 경계하고 있었다. 다행히 영연방군대가 주변국 위협을 억제할 수 있었지만, 영국도 1971년까지 군 병력 철수를 통보해 왔다. 싱가포르의 군대창설은 다급했다.

Trip Tips

리콴유 정부는 손이 닿는 모든 나라에 군 창설 지원을 요청했지만, 반응은 냉담했다. 기적적으로 이스라엘이 싱가포르 입장을 이해해 주었다. 주변 아랍국가와 수차례의 전쟁을 치른 이스라엘은 이슬람국가인 말레이시아 · 인도네시아에 둘러싸인 싱가포르에 군사협력을 약속했다.

군대창설과 이스라엘식 안보체제

1965년 11월, 이스라엘 엘라자리(Jak Ellazari) 대령이 이끄는 18명의 군사사절단이 싱가포르에 왔다. 리콴유는 이 작전을 특급비밀로 다루었다. 이슬람 국가인 말레이시아와 인도네시아 입장에서는 코앞에 이스라엘군이 헤집고 들어오는 것을 결코 용인할 수 없었다. 싱가포르는 이들의 신분을 멕시코인으로 위장했다. 리콴유는 2가지의 군대 운영원칙을 내세웠다. 첫째, 군대는 국가통합의 상징이며 군내에서 누구나 평등한 대우를 받아야 한다.

영주권자 2세를 포함한 청년들은 부모신분이나 지위에 관계없이 예외 없이 2년 병역의무를 지도록 했다. 복잡한 민족구성 때문에 군대 안에서 특정인의 사회적 배경이 절대 통하지 않게 만들었다. 군대는 국가 정체성을 만들 수 있는 '거대한 용광로'라는 것이 리콴유의 신념이었다. 두 번째, 모든 민족은 평등하며 어떤 종교도 군대 안에서 존중받아야 한다는 것이다. "인종, 언어, 종교와 상관없이 모두 더불어 살고 함께 일해야 한다. 이슬람교·힌두교의 음식물에 대한 금기는 존중해야 하며, 종교의식 역시 존중받아야 한다"라고 못 박았다. 이런 원칙 가운데 군 공식언어를 영어로 채택하여 공용어로 안착시켰다.

군대승진도 배경이 아니라, 개인능력에 따르는 업적주의에 기반을 두었다. 병역기피자는 원천적으로 공무원 진출을 막았고, 병역특례제도도 만들지 않았다. 1971년 영국군이 철수할 무렵, 싱가포르는 17개 현역대대인 1만 6천 명의 병력과 14개 대대 1만 1천 명의 예비군을 확보했다. 1994년 이후 예비군은 현역과 함께 매년 대만·태국·브루나이·호주로 건너가서 여단급 야외훈련과 실탄사격을 한다. 이런 해외전지훈련을 통해 현역·예비군은 전우애를 돈독히 했고, 싱가포르는 이스라엘식 안보체제를 완성하는 데 성공했다.

국가인재의 산실 싱가포르 장교단

싱가포르는 성적이 우수한 훈련병 중 20%는 부사관으로, 5%는 장교후보생으로 선발한다. 부사관은 6개월, 장교는 9개월 추가 교육 후 하사와 소위로 임관하지만 엄격한 훈련과정에서 20% 내외의 탈락자가 생긴다. 이와 병행해서 총명하고 애국심이 넘치는 청년들을 장교후보생으로 엄선하여 파격적인 해외유학 장학금을 지원했다. 선발된 인재들은 영국 옥스퍼드나 케임브리지대학에서 인문학 · 공학을 전공하면서 중위 봉급을 받았다.

이들은 장학금 이외 생활비 · 잡비까지 지원받되, 8년간 의무적으로 군 복무를 해야만 했다. 또한, 현역 근무 중 미국 · 영국 명문대학의 위탁교육을 통해 석사학위까지 취득시켰다. 의무복무를 마친 일부 엘리트 장교들은 정부 관료나 공기업에 우선적으로 충원되었다. 이 제도는 군의 질적 향상과 더불어 싱가포르의 인적 자원을 탄탄하게 만드는 효자 노릇을 했다. 2002년 싱가포르 내각은 4명의 군장학생 출신이 포함되었고, 국민들은 장교단이 인재양성의 산실이라는 것을 확실히 인식하게 되었다.

싱가포르 장교후보생학교(Officer Cadet School) 본관 전경.

국가 생존을 위한 "독새우" 전략

싱가포르는 주변 군사 강국들로부터 항상 위협을 느껴왔다. 군사력 우위를 확보할 방법은 첨단 기술력을 통해 경쟁자를 능가하는 것뿐이었다. 싱가포르 육군은 500대의 최신형 전차가 편성된 기계화부대를 가졌으며, 해군은 프랑스제 라파예트급 호위함 6척과 고성능 잠수함까지 보유했다. 공군은 F-15SG 40대, F-16C/D 60대, 조기경보기 4대를 운용하면서 F-35 스텔스기 도입을 서두르고 있다. 전쟁 발발 시 적국 영토 깊숙이 들어가 핵심시설을 초토화시키겠다는 의도다. 상비병력은 5만에 불과하지만, 유사시 25만 예비군을 순식간에 동원할 수 있는 체계도 완비했다. 또한, 싱가포르는 미국·호주·부루나이·뉴질랜드·대만 등 해외에 별도의 군사장비를 분산시켜 두면서 매년 GDP의 3% 이상을 국방비에 투자한다. 군사전문가들은 "싱가포르는 최첨단 장비와 고도로 훈련된 병력으로 충분히 독새우 전략을 구사할 수 있는 능력을 갖추었다"라고 평가한다.

싱가포르 육군박물관 야외전시장 전경. 전시물 위쪽에 장애물 극복훈련장이 보인다.

최첨단무기 · 정예예비군의 '독새우 생존전략'

싱가포르는 튼튼한 국방력을 바탕으로 분명한 원칙을 가진 외교 노선을 취한다. 즉 국가안전을 위협하거나 내정간섭일 경우, 어떤 희생을 치르더라도 과감하게 대응한다. 강대국이 전쟁을 할 수 있다고 위협해도 끝까지 이에 저항하는 전통을 가지고 있다. 이 때문에 싱가포르는 작은 나라이지만, 국제무대에서 강대국보다 더 큰 목소리를 내는 외교계의 큰손이다.

싱가포르 해 · 공군 군사박물관을 찾아서

숙소 관리자 임(林) 씨에게 군사박물관 위치를 확인하니 남편이 F-15 조종사라며 친절하게 대해준다. 싱가포르는 '창이 국제공항' 이외에 '파야 레바(Paya Lebar) 공군기지'가 별도로 있단다. 그녀는 휴대전화기 속의 남편 사진을 보여주며 곡예비행팀의 파일럿이라며 어깨를 으쓱한다. 싱가포르는 F-15는 노후기종이라며 성능이 더 좋은 스텔스기 F-35 도입을 서두르고 있다고 했다. 또한, 싱가포르는 좁은 국토의 한계를 극복하기 위해 지하공간을 확장하는 방안을 추진하고 있단다.

"궁(窮)하면 통한다!"라는 말처럼 국가생존을 위해 온갖 지혜를 다 짜내고 있었다. 해·공군박물관을 찾아가려면 지하철과 시내버스를 교대로 갈아타야 하는 불편함이 뒤따랐다. 그러나 그녀가 적어준 상세한 대중교통 노선을 순서대로 갈아타면서 손쉽게 박물관을 찾아갈 수 있었다.

머리에 터반을 쓰고 수염을 마음껏 기른 싱가포르 해군 병사의 모습.

각종 항공기가 전시된 싱가포르 공군박물관. 몸이 약한 안내병은 집에서 출퇴근 하면서 군 복무를 한다.

세계 군함의 기착지 싱가포르 해군기지

해군박물관은 시내를 벗어난 해군 군항 내에 있었다. 지하철에서 내려 시내버스에 타니 해군 병사들이 몇 명 보였다. 정류소에 내려 그들을 따라가니 해군기지가 나타났다. 기지 안 박물관 출입은 반드시 안내를 받아야만 했다. 얼굴이 온통 수염으로 덮여 있는 안내병 타란(Taran) 상병은 군모 대신에 독특하게 생긴 터반(Turban)을 쓰고 있었다. 무슬림 복장의 그 병사는 해외 유학을 마치고 늦깎이로 입대했단다.

다민족으로 구성된 싱가포르 군대의 단면을 보는 것 같았다. 전시실은 주로 군함 모형과 해상무기로 채워져 있으며, 특별한 전투사례가 없는 싱가포르 해군은 세계 각국의 함정교류를 크게 부각시켜 두었다. 2층 중앙 통로에는 한국해군 원양항해 부대의 방문기념패와 태극기가 전시되어 있다. 인도양과 태평양을 횡단하는 세계의 모든 해군 군함 기착지가 싱가포르 군항이다. 기지 부두 모형에는 수십 개국의 국기가 빼곡히 표기되어 있다. 소규모의 싱가포르 해군이지만 수상함 · 잠수함 · 기뢰함 · 소해함 · 군수함을 포함하여 해군특수전부대까지 있었다.

싱가포르 해군박물관에 전시된 다양한 기뢰 전시물.

세계 각국 해군의 기착지가 되는 싱가포르 군항의 중요성

동남아 최고 전력을 자랑하는 싱가포르 공군

공군박물관 입구에는 현역에서 물러난 큰 덩치의 공중조기경보통제기(E-2)가 전시되어 있다. 1990년 4월, 최초 도입되어 싱가포르군의 눈과 귀가 되었다. 한국공군이 2011년 9월에서야 들여왔던 E-737(피스 아이 1호기)에 비해 무려 21년 앞섰다. 자주국방 의지를 엿볼 수 있는 상징적인 항공기다. 박물관 1층의 격납고에는 다양한 항공기·대공미사일과 중·대형 무인정찰기가 있다. 무인기 운용 요원은 미국·호주·뉴질랜드에서 교육을 받는다고 한다. 싱가포르 공군은 해외 재난지원작전에도 적극적이다. 태국의 대홍수 시 헬리콥터 부대는 패낭(Pahang)으로 파견되었고, 2015년 네팔(Nepal)지진 때에도 C-130 수송기부대가 현지 구조작업에 동참하였다.

또한, 공군은 최신형 조기경보통제기(G550-AEW) 지원 하에 미국 · 호주 · 영국 · 프랑스와의 주기적인 공중전투와 급유훈련을 실시한다. 아울러 공군부대와 비행학교는 중 · 고교, 청소년단체와의 긴밀한 교류로 우수 조종사 조기선발을 위해 온갖 노력을 기울이고 있었다. 2015년 8월 9일, 싱가포르 건국 50주년 기념행사에서 20대의 F-16 선도기와 50여 대의 다양한 항공기가 뒤따르는 공중분열식에 열광하는 국민들의 사진이 인상적이다.

Trip Tips

몸이 약한 안내병은 집에서 출퇴근한단다. 병역의무에 예외를 두지 않는 싱가포르는 정상적인 군 복무가 어려운 병사들에게는 가벼운 임무(soft duty)를 부여하고 있다고 했다.

공군박물관 입구에 전시된 싱가포르 공군 조기경보 통제기(E-2). 현재는 최신형 조기경보통제기(G-550-AEW) 4대를 운용하고 있다.

튼튼한 국방력과 원칙을 고수하는 외교 노선

1964년 인도네시아 해군 특수부대원 2명이 싱가포르 홍콩상하이은행에 들어와 폭탄을 터뜨리며 난동을 부렸다. 시민 3명이 살해된 이 사건의 재판은 무려 4년을 끌었다. 1968년 10월, 대법원은 마침내 2명에게 사형을 선고했다. 인도네시아의 회유와 협박이 시작되었다. “한주먹거리도 안 되는 작은 나라가 대국의 군인에게 감히 사형을 선고해”라는 분위기가 인도네시아에 팽배했다. 수하르토 보좌관이 싱가포르에 급파되어 리콴유 총리에게 사형을 집행하지 말고 무기징역으로 감형하라고 노골적으로 협박했다. 리콴유는 사형은 대법원의 최종적인 결정이었고, 정부는 대법원판결을 존중하는 것이 원칙이라고 대응했다.

1968년 10월 17일, 마침내 인도네시아군 범법자 2명의 사형을 집행했다. 1993년 미국 청년 마이클 페이(Michael Fay)는 장난삼아 20대의 차량에 페인트 스프레이를 뿌리고 공공기물을 훼손했다. 법원은 그에게 징역형과 태형(笞刑)으로 곤장 여섯 대를 선고했다. 전 세계에서도 태형의 비민주성과 인권 문제를 제기했다. 미국 정부도 이를 막기 위해 엄청난 압력을 행사했지만, 결국 마이클은 “으악!” 소리를 지르며 곤장을 맞고 교도소에 수감되었다.

출퇴근 인파로 넘쳐나는 조호르 국경 세관

외국인들은 싱가포르를 ‘좋은 나라(Fine country)’라고 부르지만, ‘벌금(Fine)의 나라’라고 조롱하는 뜻도 담겨있다. 화장실에서 물을 내리지 않거나, 침을 뱉어도 벌금을 문다. 말레이시아의 국경도시 조호르바루(Johore Bahru)에 가려고 전철을 탔다.

무더운 날씨에 물 한 모금을 마시려고 생수병을 꺼내는 순간, 반대편 승객이 황급히 오더니 빨리 물병을 집어넣으라란다. CCTV에 확인되면 바로 과태료가 부과된단다. 순간 싱가포르의 엄격한 공중질서를 다시 한번 깨달았다. 국경 세관을 거쳐 조호르바루에 도착하니 생각보다 큰 인구 50만 도시다. 1942년 2월, 일본군이 싱가포르 공략을 위한 조호르강 도하작전본부로 사용한 조호르바루 주청사의 탑은 출입이 금지되어 있었다. 퇴근 시간대 조호르강 연륙교는 일과를 마치고 본토로 돌아오는 말레이시아인들로 인산인해를 이룬다. 자국보다 훨씬 돈벌이가 좋은 싱가포르로 출근했던 사람들이다. 세관 입구에서 말레이시아에 영어연수를 와서 싱가포르로 단체여행을 가려는 어린 한국 학생들을 만났다. 일찍부터 해외 생활을 경험하는 신세대에서 세계를 주름잡는 인재들이 많이 나오기를 마음속으로 기원했다. 내일은 말레이시아 포트 딕슨(Port Dickson)에 있는 육군박물관과 신병훈련소를 답사하기로 계획했다.

싱가포르-말레이시아 국경 세관에서 만난 어학연수를 온 한국 학생들 모습.

말레이시아
Malaysia

열강의 수탈대상 자원부국 말레이시아

말레이시아와 인접 국가 지도.

말레이시아(Malaysia)는 남중국해로 나뉜 말레이반도와 보르네오섬으로 이루어져 있다. 태국 · 인도네시아 · 브루나이와는 육상으로, 싱가포르 · 베트남 · 필리핀은 해상으로 국경을 맞대고 있다. 국토면적 33만Km², 인구 3,223만(말레이계 60%, 중국계 25%, 인도계 8%, 기타 7%), 연 국민 개인소득은 1만 달러 수준이며 수도는 쿠알라룸푸르이다. 군사력은 현역 113,000명(육군 80,000, 해군 18,000, 공군 15,000), 준군사부대 22,500명과 예비군 51,000명을 보유하고 있다.

열강의 수탈 대상 자원 부국 말레이시아

말라카반도 서쪽 해협은 세계에서 가장 많은 교통량을 자랑하는 해로다. 옛날부터 중국 · 일본 · 타이 · 인도를 이어주는 중요한 뱃길이었다. 지금도 해적이 출몰할 정도로 세계의 부(富)가 이동하는 젖줄이다. 말라카 해협을 가진 자원 부국 말레이시아는 그만큼 세계열강의 침략에 시달린 역사를 가졌다. 포르투갈 · 네덜란드를 거쳐 1814년 영국이 말레이반도의 새로운 지배자가 되었다. 이곳에서 엄청나게 많은 고무나무를 발견한 영국은 부족한 노동력을 채우고자 수많은 중국인과 인도인을 끌어들였다.

Trip Tips

1910년대 말레이시아 고무는 세계 1위의 생산량을 차지했다. 세월이 흐르면서 상술이 뛰어난 중국인들이 도시의 주도권을 잡았지만, 말레이인들은 농어촌에서 빈민으로 남았다.

포트 딕슨으로 가면서 만난 택시 기사

쿠알라룸푸르는 서울 못지않게 깨끗하고 잘 정비된 도시다. 그 나라 역사는 전쟁기념관이나 군사박물관을 방문하면 더욱 생생하게 느낄 수 있다. 말레이시아 육군박물관은 수도에서 남서쪽으로 100Km 떨어진 포터 딕슨(Port Dickson)에 있었다. 시내 교통망은 도시철도 · 지하철 · 모노레일 · 시내버스로 거미줄처럼 얽혀 있다. 도시철도를 타고 교외로 1시간 가서 내린 곳은 시골역 세렘반(Seremban)이었다.

버스 정류소에서 만난 택시 기사 살렘(Sallem)은 친절하게 대중교통편을 설명해 주었다. 정직해 보이는 그를 믿고 곧바로 택시를 탔다. 차 안에서 운전기사가 들려주는 말레이시아 농촌 실상이다. 청년들이 대부분 도시로 나가 벼농사를 못 할 정도로 시골에는 일손이 부족하단다. 더구나 고무와 팜오일(palm oil) 가격 폭락으로 농민들의 어려움이 가중되고 있다. 자신도 매일 07:00부터 23:00까지 운전하지만, 수입은 시원찮다고 한다. 중간휴게소에 들리니 그는 가게주인을 반갑게 껴안고 얼굴을 부비며 포옹을 한다. "평소 잘 알고 지내는 친구냐?"고 물으니 "무슬림 신자들은 모두가 친구이며 형제"란다. 그러면 '같은 이슬람 국가들끼리 전쟁은 왜 하는지?' 정말 이해하기 힘들었다.

말레이시아 시골 역 세렘반 버스 정류소에서 만난 택시 기사.

말레이시아군 신병훈련과 육군박물관

말라카 해협 바닷가의 휴양지이며 군사도시인 포트 딕슨은 10만 주민이 거주한다. 거리 곳곳에서 부대 정문과 군인아파트를 쉽게 볼 수 있다. 군부대 옆의 잔디밭에서 학생들이 허들(hurdle) 수업을 하고 있었다. 체육 교사에게 물으니 군인자제들이 다니는 인근 초등학교 학생들이란다. 학교 반대편의 신병훈련소 대연병장에서는 우렁찬 함성이 들려온다. 부대 울타리는 없었고 개방된 관중석에서 일반인들이 훈련을 참관하고 있었다. 1,000여 명 신병들의 제식훈련을 지켜보는 한 여성은 남자친구를 만나기 위해 온 여군 키스티나(Qistina) 이병이다. 훈련기간은 12주이며 자신도 이 과정을 마치고 다른 부대에서 근무 중이란다. 무거운 방탄 헬멧과 전투조끼, 자동소총을 멘 신병들이 뙤약볕 아래 쉴 새 없이 대연병장을 돌고 있다. 쓰러지는 병사가 있을 것 같아 은근히 걱정되었다. 다행히 정복 차림의 훈련부사관보다 대부분 체격이 크고 건강해 보였다. 신병훈련 수료식을 앞둔 예행 연습처럼 느껴졌다.

신병훈련 수료식을 위한 분열훈련 장면. 사진 왼편에 사열대가 보인다.

정문 앞을 지나니 언덕 위에 군용항공기와 화포류가 전시된 육군박물관이 보였다. 말레이시아 육군은 영국군 지원으로 1861년에 최초 창설되었다. 1914년 제1차 세계대전이 발발하자, 일부 말레이시아 군인들도 참전했다. 1933년 말레이시아군 연대가 창설되었으며, 1957년 독립과 동시에 대규모 군대로 확장되었다. 박물관 전시실은 크지는 않았지만, 독립 이후 밀림에서 준동하는 공산게릴라 소탕 작전 전시물이 많았다. 마지막 전시 코너에는 게릴라들이 은거했던 땅굴 모형 속에 회의실 · 통신실 · 의무실 · 숙소가 실감 나게 만들어져 있다. 박물관 정원에는 4개의 삼각뿔 비석에 건국 이후 전사한 전몰장병의 명단이 빼곡히 새겨져 있었다.

육군박물관 야외의 전몰장병 추모 비석 전경.

일본의 민족 이간정책과 전쟁 후의 혼란

1941년 12월, 태평양전쟁이 발발하면서 순식간에 말레이반도는 일본군이 점령했다. 일본은 '대동아공영권(大東亞共榮圈)'을 내세우며 3년 6개월 통치 기간에 교묘하게 민족 이간 정책을 펼쳤다. 말레이인에게는 민족주의를 자극하면서 중국인은 매우 잔인하게 차별대우를 했다. 중국인들은 공산당의 지원을 받아 항일 저항군을 조직하여 일본군에 맞섰다. 인도인들은 영국과 싸우는 일본군에게 본국의 독립을 위해 협조했다. 말레이는 심각한 민족·인종 분열 상태로 빠져들었다.

전쟁이 끝나자 말레이인들은 통합 말레이 민족조직을 만들었고, 공산주의자들은 1948년 공산혁명을 시도했다. 영국은 비상상태를 선포하여 폭동을 진압했다. 흡사 대한민국 정부수립 직후 있었던 숱한 좌익 폭동과 너무나 유사했다. 공산주의 준동은 계속되었고 분열된 민족문제는 쉽게 치유되지 못했다. 1957년 8월 31일, 말레이시아는 영국으로부터 독립했지만, 비상사태는 12년이 지난 1960년에서야 겨우 해제되었다.

말레이시아 지방 도시의 한류 열풍

육군박물관 답사를 마치고 세렘반행 버스를 타기 위해서 한참을 기다려야 했다. 가까운 식당에 들어가니 종업원 전원이 "환영! 안녕하십니까?"라는 한글이 쓰인 유니폼을 입고 있다. 한류 열풍에 심취한 식당 주인의 작품이란다. 종업원과 한국 이야기를 나누니 옆자리의 중년 신사가 끼어든다. 자신을 신병훈련소 체육교관으로 오랫동안 근무했던 라잘리(Razali) 준위라고 소개한다. 청년같이 탄탄한 몸매를 가진 그는 전역 후 훈련소 근처에서 모텔을 운영한단다. 라잘리는 1993년 소말리아에 말레이시아 PKO 부대원으로 파병되어 모가디슈 전투에도 참전했다. '블랙호크 다운' 영화에서 나오는 미군 UH-60 추락사고 현장에 구조부대원으로 투입되었단다. 그는 한국군과 연합작전 경험은 없었다. 하지만 한국 상록수 공병부대의 소말리아 주민에 대한 헌신적인 대민작전 성과는 잘 알고 있었다. 한국 여행객들이 가끔 자기 모텔에 투숙했지만, 군사박물관을 방문하는 경우는 거의 없었다고 했다.

포트 딕슨 일반식당의 한글 유니폼을 입은 종업원.

한국이 세운 쿠알라룸푸르 최고명소 '트윈 타워'

1957년 탄생한 말레이시아는 영국 식민지배에서 벗어난 독립국이라기보다는 제2차 세계대전 이후 새로 탄생한 나라다. 말레이반도 술탄국들과 페낭 · 믈라카와는 그런대로 역사적 경험을 공유했다. 그러나 바다 건너 보르네오 섬의 사라왁 · 사바는 같은 역사를 단 한 번도 가진 적이 없다. 단지 영국 식민지였다는 이유로 이 나라에 합류했다. 흡사 동해를 사이에 둔 한국과 일본영토 일부가 하나의 국가를 억지로 형성된 것이다. 하지만 말레이시아는 이런 모든 난관을 극복하고, 동남아에서 싱가포르 다음으로 경제적 번영을 누리는 국가가 되었다.

쿠알라룸푸르의 최고 명소 '트윈 타워'

쿠알라룸푸르(Kuala Lumpur)는 1857년 '곰박강'과 '클랑강'의 합류 지역에 세워진 마을이다. 뒤이어 중국인들이 부근의 주석광산을 개발하기 시작하면서 도시로 변했다. 1896년에는 말레이 연방주의 수도가 되었고, 1990년대 들어서면서 연 10%대의 경제성장 붐을 타고 크게 발전했다. 곳곳에 고층 건물이 들어섰고, 동남아시아에서 가장 활기차고 깨끗한 도시로 거듭났다. 1998년 준공된 쿠알라룸푸르의 상징인 '페트로나스 트윈 타워'는 높이 451.9m로 당시 세계에서 가장 높았다.

1998년에 완공된 쿠알라룸푸르의 '트윈 빌딩' 전경.

이 건물 2번 타워는 한국의 삼성물산 · 극동건설이, 1번 타워는 일본 하지바 건설회사가 시공했다. 상대보다 더 빨리 완공하기 위해 양측은 치열하게 경쟁했다. 보이지 않는 국가 자존심 대결이었다. 일본 회사보다 늦게 공사를 시작했지만, 결국 한국인의 억측스러운 근성과 신공법 개발로 한국이 먼저 준공했다. 이 공사는 한국의 건축기술을 세계에 과시한 것으로 유명하다. 꼭대기가 보이지 않는 쌍둥이 빌딩 아래서는 건물 전체를 사진에 담을 수가 없다. 다소 먼 곳에서 누워서 찍는 수밖에 없었다. 빌딩 속의 다양한 상품점은 서울 유명백화점보다 더 깔끔하고 사치스러웠다.

공군박물관 대신 국립역사박물관으로

말레이시아 육 · 해군박물관은 포터 딕슨과 믈라카에 있다. 여행안내소에서 공군박물관을 확인하니 잘 모른다. 마침 공군기지 안에 있는 군사박물관을 안다는 택시기사를 만났다. 말레이시아 공군 역사를 볼 수 있다는 기대감으로 택시를 탔다. 하지만 부대 정문에 도착하니 박물관은 다른 기지로 이전하였단다. 텅 빈 주차장과 군인아파트들만 보인다. 택시는 목적지까지는 확실하게 왔다는 듯이 이미 사라졌다. 군인아파트에서 나오던 한 남자가 허탈한 모습의 필자에게 사연을 묻는다. 그는 차라리 국립역사박물관 방문을 권유한다. 시내버스를 타고 가면 쉽게 찾을 수 있다며 친절하게 노선을 가르쳐 주었다.

자그마한 규모의 역사박물관 외양은 특이했다. 건축 디자인은 전통 말레이 궁전의 특징을 살렸다. 4개의 전시관은 선사시대, 말레이왕국, 식민지시대, 현대 말레이시아로 구분되어 있다. 특히 믈라카가 포르투갈 식민지가 되는 과정부터 네덜란드-영국-일본 지배의 역사를 상세하게 보여주었다.

쿠알라룸푸르 시내의 국립역사박물관 전경.

역사박물관에 전시된 1500년대 포르투갈군 화승총과 화포.

수백 년간 계속된 강대국 지배역사

1511년 동방교역의 거점을 확보하고자 포르투갈 아폰소(Afonso)함대가 믈라카에 나타났다. 원주민들이 한 번도 구경하지 못한 함포 공격으로 포르투갈군은 손쉽게 믈라카를 점령했다. 박물관에 전시된 화포는 조잡했고, 화승총은 장난감 같았다. 1512년 1월 20일, 점령지에서 확보한 금은보화를 가득 실은 3척의 포르투갈 함정이 본국으로 출항했다. 항해 중 1척이 침몰하여 지금도 보물의 소재를 찾고 있단다. 포르투갈은 믈라카에 견고한 파모사요새를 건설했다. 1640년 이번에는 네덜란드 함대가 이 요새를 포위 공격했다. 포르투갈군은 성채 안에서 고립된 채 7개월 동안 필사적으로 저항했다.

식량이 바닥나자 개·고양이·쥐를 닥치는 대로 잡아먹었다. 130년 동안 난공불락을 자랑하던 파모사 요새가 끝내 함락되면서, 네덜란드는 믈라카와 인도네시아 섬들을 손아귀에 넣었다. 18세기에 접어들면서 영국이 나타나 네덜란드와 또다시 주도권을 다투었다. 영국은 인도산 아편을 중국 차와 바꾸어 엄청난 이득을 챙겼다. 믈라카해협은 무역로의 생명선이었다. 프랑스와 전쟁 중이었던 네덜란드는 영국에 대적할 여유가 없었다.

Trip Tips

1824년 영국이 말레이를 차지하는 대신, 네덜란드는 인도네시아 일대를 지배하는 조약이 체결됐다. 한 세기가 지난 1941년 태평양전쟁이 발발하자, 아시아의 신흥 강자(强者) 일본이 등장하여 말레이와 인도네시아를 몽땅 차지했다.

전략물자로 변한 말레이 천연고무

일본이 말레이반도를 지배하자 식량·의약품·생필품 부족 사태와 말라리아까지 창궐했다. 상상을 초월하는 인플레이션은 주민들을 고통 속으로 몰아넣었다. 일본 비밀경찰(Kempetal)은 식민정책에 반대하는 자는 가차 없이 처단했다. 전시관에는 전략물자 생산지가 된 고무농장에서 가혹한 노동에 시달리는 주민 생활이 생생하게 재현되어 있다. 매일 이른 새벽 헤베아(Hevea)로 불리는 고무나무에 강제 동원된 농민이 개미 떼처럼 달라붙었다. 나무 몸통에 홈을 파서 흐르는 고무 원액을 아침까지 깡통에 모았다. 한밤중 서늘한 기온에서만 원액이 굳지 않았다. 밤새 모은 고무원료는 자동차·장갑차·항공기 바퀴의 원자재가 되었다.

일본군 말레이시아 지배 시기의 무기류와 전략자원 고무나무 전경

고무나무에서 작업 인부가 고무 원액을 채취하는 모습.

일본은 말레이반도 승전기념 고무공과 신발을 대량생산하여 학생들에게 배급했다. 돼지 오줌보로 만든 공으로만 놀던 아이들은 고무공을 받고선 열광했다. 일본군 위용과 대동아공영권 선전을 위한 교묘한 술책이었다. 또한, 일본군은 의도적으로 말레이인 · 중국인 · 인도인 간 상호 불신을 조장했다. 결국 사이좋은 이웃 간의 인간관계는 갈가리 찢어지게 되었다.

은퇴 이주자의 말레이시아 이야기

쿠알라룸푸르 중심가 트윈 타워 부근에 50층 고층빌딩이 있다. 이 건물 대부분은 개인 취사도 가능한 여행자 숙소로 운용되고 있었다. 1층 찻집에서 커피를 마시는데 옆자리의 한국인 부부가 말을 건넨다. 5년 전 남편이 한국에서 교직을 정년 퇴임한 후, 말레이시아로 이주했단다. 사시사철 따듯한 기후, 저렴한 물가, 한국과 가까운 지리적 위치에 반해 이 나라로 왔다는 이 부부의 이야기다. 널찍한 아파트에 거주하지만, 연금만으로도 생활에 큰 불편함은 없다. 방학이 되면 손자와 그의 친구들까지 아파트로 몰려와 어학연수를 받고 간다. 또한, 친척 · 지인들이 방문하면서 먹을 것을 바리바리 싸 오는 덕분에 집에서 김치 한번 담아보지 않았다. 하지만 한국에 비해 좁은 인간관계로 가끔 외로움을 느끼기도 한다. 해외에서 생활하지만, 항상 한국 뉴스에 관심을 둘 수밖에 없단다. 동남아 최정상을 달리는 한국 위상처럼 그 부부는 조국이 세계 최고의 선진국이 되기를 바라는 마음 간절하다고 했다.

말레이시아 건국과 공산군 토벌작전

쿠알라룸푸르 역사박물관에서 멀지 않은 곳에는 국립경찰박물관이 있다. 정문 옆의 구형화포, 철로용 장갑기차, 전사자추모비는 흡사 전쟁기념관과 비슷한 분위기를 풍긴다. 그러나 전시관으로 들어서면 1957년 독립 이후, 말레이시아의 험난한 현대사를 알 수 있는 사진·기록물과 함께 오늘날의 국립경찰을 잘 홍보하고 있다.

경찰박물관 내부 전시관 전경. 주로 건국과정과 공산반군 토벌작전 자료들이 많다.

한반도와 비슷했던 말레이시아 건국 과정

1945년 8월 15일, 태평양전쟁은 일본의 무조건 항복으로 끝났다. 말레이반도에서 일본군이 물러가자 또다시 영국군이 돌아왔다. 국제정세는 급변하여 영국은 더는 식민정책을 지속할 수 없었다. 1948년 말레이 공산당이 다른 동남아 국가들처럼 공산 혁명을 시도했다. 영국은 즉각 비상사태를 선포하여 폭동과 공산당 준동을 막았다. 흡사 대한민국 정부수립 과정에 있었던 공산주의자 반란 책동과 너무나 유사했다. 말레이민족조직, 중국인연합, 말레이인도회 간의 갈등 문제를 치유하지 못한 채 말레이시아는 1957년 8월 31일 독립했다. 입헌군주국 형태의 말레이 연방은 이전에 영국이 지배했던 동남아 영토를 모두 합쳐 새로운 국가가 탄생됐다. 이에 비해 과거 네덜란드가 지배했던 모든 섬을 통합해서 만든 나라가 인도네시아다.

 말레이시아 현대사가 잘 정리되어 있는 경찰박물관 전경.

마하티르 개혁정책으로 동남아 선두로 부상

Trip Tips

말레이 연방은 다음과 같은 3대 건국 원칙을 세웠다. 첫째, 이슬람교를 국교로 삼으며 둘째, 9개 지역의 술탄들이 5년마다 국왕을 선출하며 셋째, 다양한 언어 중 말레이어를 국어로 선택했다.

그러나 1963년 브루나이가 연방 참여를 거부하고 떠났고, 1965년에는 중국계가 많은 싱가포르도 말레이시아와의 갈등으로 연방을 탈퇴했다.

중국·인도계 정당이 서로 다투는 가운데, 말레이민족 정당이 절대적인 주도권을 행사하면서 총리를 배출했다. 말레이인에겐 토지소유, 영업이권, 교육특권의 혜택이 주어지면서 민족 간의 경제적 수준을 개선하고자 했다. 이런 정책은 거의 성과를 거두지 못했다. 오히려 외국자본과 손잡은 중국계만 더 큰돈을 벌게 되자 사회갈등은 더욱 깊어졌다.

1969년 5월 31일, 대대적인 반중국인 폭동이 터졌다. 쿠알라룸푸르에서는 말레이계와 비말레이계의 충돌로 수백 명이 목숨을 잃었다. 비상사태 선포로 의회 기능은 중지되었고, 정부·국가·국교에 대한 비판을 금지했다. 정부는 더욱 말레이인 위주의 정책을 펼쳤고, 말레이시아 민주주의는 더 발전해 나갈 수가 없었다. 하지만 1970년대부터 정부 주도의 강력한 경제개발로 말레이시아는 연평균 7%의 놀라운 경제성장을 했다. 특히 1981년 마하티르 총리는 국왕권한 축소와 신개발정책으로 1997년 아시아 외환위기에서 유일하게 말레이시아를 벗어나게 했다. 또한, 급진주의 확산 방지를 위해 학교에서 이슬람 종교교육을 금지했고, 2003년에는 영어를 공용어로 채택하여 국제경쟁력을 높이기도 했다.

12년간 계속된 공산 게릴라 토벌 작전

경찰박물관에는 공산 게릴라 토벌사료들도 많았다. 1930년대 결성된 말레이 공산당은 영국의 식민지배에도 간간이 저항해 왔다. 그러나 태평양전쟁 중 영국은 일본군 전투력을 약화하고자 주로 중국계로 구성된 말라야 공산당에게 무기를 지원했다. 전쟁이 끝난 후, 공산당은 무기 반납을 거부하고 5,000명의 거대한 무장집단을 만들었다.

1948년 5월 16일, 프락(Perak)지역 농장에서 3명의 유럽인 농장관리자가 게릴라에게 살해당했다. 영국은 즉각 비상사태를 선포하면서 공산당을 포함한 좌파 정당을 불법화했다. 당시 말레이 인구 300만 중 50만 명이 중국계였다. 영국은 말라야 주둔군을 1만 명으로 증강했고, 17,000명의 말레이인 특수경찰단을 창설했다.

Trip Tips

1948년 이후 1년 사이 공산당 테러로 민간인 1,200명과 군인 450명이 목숨을 잃었다. 전시실에는 주민과 게릴라 분리를 위해 건설한 전략촌과 통행인 검문사진들이 빼곡히 붙어있다.

영국군은 정글 주민 50만 명을 전략촌으로 이주를 시켰다. 아울러 호주·뉴질랜드군, 네팔 구르카용병과 남아프리카공화국 및 짐바브웨 병사들이 포함된 대규모의 병력을 토벌작전에 투입했다.

게릴라 보급차단을 위한 정글 주민 전략촌 건설 전경.

공산 게릴라의 경찰서 습격과 민심 반전

전시관에는 부키트 케퐁(Bukit Kepong)경찰서의 영웅적인 전투사례를 상황도와 자료사진으로 자세하게 설명한다. 1950년 2월 23일 04:30분, 180명의 공산 게릴라가 말레이 남부 무아르(Muar)강 옆의 경찰서를 급습했다. 25명의 관공서 근무자들은 투항을 거부하고 건물 안에서 필사적으로 저항했다. 게릴라가 던진 화염병으로 목조건물에 붙은 불길은 걷잡을 수 없이 번져나갔다. 불길이 삼킬 듯 널름거렸지만, 겁에 질려 진지를 이탈하는 경찰관은 단 한 사람도 없었다.

경찰서에 있었던 민간사무원과 아이들까지도 탄약을 운반했다. 수 시간 동안 격렬한 전투가 계속되었고, 먼동이 터오자 결국 게릴라들은 철수하고 말았다. 전투 결과, 23명(경찰 13, 향토방위대 6, 민간인 4)이 목숨을 잃었고 단지 2명만 살아남았다. 건물 3동은 완전히 불탔고, 주변에는 40명의 반군 시체가 흩어져 있었다. 처절했던 이 전투의 소문이 순식간에 전국으로 퍼져나갔다. 국민들은 분노했고, 민심은 공산당에서 떠났다. 1960년 4월 19일, 말레이시아 의회의 게릴라 완전소탕 선언으로 전투가 종식되었다.

Trip Tips

12년간의 반군 토벌작전에서 사상자는 영국군 · 말레이군 5,000명과 공산게릴라가 13,000명에 달했으며, 수천 명의 민간인이 목숨을 잃었다. 이 작전의 성공 요인은 반란 초기에 대병력을 신속하게 투입했고, 전략촌 건설로 게릴라 보급원을 근본적으로 차단했기 때문이었다.

게릴라 용의자들을 검문하고 있는 영국 무장군인 모습.

한국을 사랑하는 중국계 청년 택시기사

총리공관 기념관을 관람한 택시 운전기사 '창(Chang)'.

쿠알라룸푸르에서는 승객이 호출하는 그랩(Grab) 택시가 일반화되어 있다. 스마트폰에 필요사항을 입력하면 택시 도착시각, 목적지까지의 소요시간까지 알 수 있다. 택시요금도 자동결제되어 추가 비용 시비는 자연스럽게 사라졌다. 20대의 젊은 택시기사 창(Chang)은 중국계 청년이다. 의외로 그랩 택시 운전사들은 젊은 청년들이 많다. 말레이시아 전몰장병의 대형추모 동상이 있는 공원을 가는 동안 '창'이 먼저 말을 건다. "한국 사람입니까?"라는 유창한 한국말에 깜짝 놀랐다. 그는 독학으로 한국어를 공부했고, 한국 드라마도 자주 보고 있단다. 만약 한국에 꼭 한 번 가려는 자신의 꿈이 이루어진다면 서울 명동을 활보하고, 강원도 설경도 구경하고 싶단다. 그는 일반인에게 공개되고 있는 과거 총리관저 방문을 권했다. 역사에 관심이 많다던 '창'은 나중에 관저에 도착하니 아예 택시 운행을 중단하고 2층 전시실까지 따라 올라왔다.

500년 동서양 문화가 농축된 항구도시 믈라카

쿠알라룸푸르 고속버스터미널은 시내 중심부에서 한참 떨어져 있다. 말레이시아 전국 대부분의 노선버스가 이곳에서 출발하고 도착한다. 엄청난 시설 규모를 자랑하는 이 터미널은 음력 설날 연휴로 북새통을 이루고 있었다. 빠른 시간 내 출발하는 믈라카행 승차권은 대부분 매진이다. 겨우 3시간 후에 출발하는 표를 구했다. 무슬림 국가에서 음력 새해는 큰 의미가 없을 것으로 예단한 것이 잘못이었다. 말레이시아 인구의 1/4을 차지하는 중국계는 음력설(춘절)이 최대 명절이다.

4번의 설날이 공휴일인 말레이시아

버스표를 사는 매표소 창구에서 여권을 요구한다. 비행기로 출국하는 것도 아닌데 왜 여권이 필요한지 이해하기 힘들었다. 승객 대기실로 들어갈 때와 버스 승차 시에 반복해서 검표원이 표를 확인한다. 복잡한 탑승 과정으로 불필요한 인력을 운용하고 있는 듯했다.

약 2시간 30분 걸리는 믈라카까지의 고속버스 요금은 5,000원 내외. 차내는 쾌적하고 의자 간격까지 널찍하여 불편함이 없다. 고속도로로 접어드니 귀성 차량이 가득하다. 말레이시아에서는 양력설, 음력설, 인도설, 이슬람설 모두가 공휴일이란다. 다양한 민족이 모여 사는 국가의 독특한 전통이다. 차창 밖의 우거진 수목은 대부분 고무나무라고 한다. 평소보다 약 30분 늦게 도착한 믈라카 버스터미널 주변은 한국의 시골 읍과 비슷한 분위기다. 햇볕은 뜨거웠지만 한산한 시골길을 걷는 기분으로 예약된 숙소로 찾아갔다.

쿠알라룸푸르 고속버스터미널 매표창구 전경.

도시 전체가 세계 문화유산으로 지정

"믈라카에 와보지 않았다면, 말레이시아에 왔다고 말하지 말라!"라고 흔히 이야기한다. 믈라카는 도시 전체가 유네스코 세계문화유산이다. 14세기 해상 실크로드로 이어진 항구도시이며, 수에즈·파나마운하와 함께 세계 3대 항로로 꼽히는 해협과 맞닿아 있다. 현재도 연간 8만여 척의 선박이 믈라카 해협을 통과하며, 한국이 수입하는 원유의 90%가 이 항로로 운송된다.

Trip Tips

포르투갈, 네덜란드, 영국, 일본으로부터 식민 지배를 겪은 세월만 500년! 자연스럽게 세계 각국의 문화가 뒤섞였고, 그 흔적이 도시 곳곳에 남아 있다. 오죽하면 믈라카 시내 중심부를 하모니 거리(Harmony street)라고 부를까?

도교 사원인 '청운정(青雲亭)' 옆에는 이슬람 회당인 '깜뽕끄링 사원'이 있고, 바로 왼편에 힌두사원이 자리 잡고 있다. 높은 언덕에는 천주교 성당이, 네덜란드 거리에는 개신교 교회가 위치한다.

믈라카 상징탑과 네덜란드가 건립한 개신교 교회 전경.

거리에서 만나는 인종도, 생활문화도 조화롭다. 이슬람으로 대표되는 말레이문화, 중국인들의 화교문화, 인도인들의 힌두문화, 유럽식민지에서 배태된 유럽문화까지 어우러져 있다. 한 때, 세계무역의 최대 교차점과 합류점으로 번성했던 믈라카! 선박 대형화와 퇴적에 의한 얕은 수심으로 싱가포르에 그 위상을 넘겨주고 금세기에 점점 쇠퇴하기 시작했다. 하지만 최근 관광을 통해 믈라카의 역사와 문화는 다시 만들어지고 있다.

치열했던 생존을 위한 믈라카 왕국 전쟁

중세 이후, 믈라카 해협은 동서양을 잇는 무역 중심지였다. AD 1400년 무렵, 말레이시아 최초의 이슬람국가인 믈라카 왕국이 이곳에 세워졌다. 왕국은 해상 무역을 통해 강성한 국가로 번성했다. 당시 말레이반도는 강대국 시암(Siam: 현 태국)이 대부분 지배했다. 믈라카가 시암의 패권을 거부하자, 오야 차크리(Oya Cakri)가 이끄는 침공군이 몰려왔다. 하지만 늪지대를 활용한 방어 전술로 적군을 격퇴했다. 이어서 두 번째의 시암군 공격은 함선을 이용한 상륙작전이었다. 믈라카는 야간에 도시 해안선의 모든 나무에 횃불을 밝혔다. 기만 작전에 속은 시암 군대는 머뭇거리며 공격을 주저했다. 병사들이 선상에서 지쳐 가자, 믈라카의 함정 특공대가 시암군을 급습했다. 결국, 우유부단한 행동을 취하던 침공군은 철수하고 말았다. 그러나 1511년 장거리 화포와 화승총을 가진 포르투갈군의 공격은 달랐다. 믈라카는 코끼리를 탄 궁사와 성곽 대포로 대항했다.

믈라카 왕국의 코끼리부대가 침공군과 전투하는 모습.

심지어 적 접근로에 지뢰까지 매설했지만, 육지로 부는 풍향을 이용한 함포의 집중 포격에 믈라카군은 무릎을 꿇어야만 했다. 성안으로 진입한 포르투갈인들은 말레이인 모두를 살육했고, 이슬람 사원을 불태웠다. 심지어 묘지에서 모든 표지석을 뽑아 버렸고, 도시 이름조차 '에이 파모사'로 바꾸었다. 이후에도 믈라카는 끊임없는 전쟁에 시달리면서 차례로 네덜란드, 영국, 일본의 지배를 받았다.

500년 동·서양 문화가 농축된 도시

믈라카를 점령한 포르투갈인들은 높이 3.6m, 넓이 2.4m의 성채를 도시 주변에 쌓았다. 중간중간에는 18~24m 높이의 8개 탑을 세웠으며, 밑바닥에는 병사와 말들을 수용할 수 있는 병영을 만들었다. 이 성채는 군용막사와 대포 탑을 둔 믈라카 최초의 건축물이다. 500년이 지난 지금에는 단 1개의 성채 출입구와 일부 성곽만 남아 있다. 믈라카의 높은 언덕에는 동남아에서 가장 오래된 '세인트 폴 성당'이 우뚝 솟아있다. 1521년에 지어진 이 성당은 천장 없이 하늘로 뻥 뚫려 있으면서 벽만 남아 있다. 외벽에는 포르투갈과 네덜란드 전쟁 때 남겨진 총탄 자국이 선명하다. 1641년 2번째 믈라카 주인이 된 네덜란드가 도시 광장에 개신교 교회를 지으면서, 이 성당은 폐쇄되었다. 네덜란드는 본격적으로 믈라카에 근대적인 도시를 건설했다. 현재도 당시의 황갈색 건물들이 도시 전체를 차지하며, 유적발굴도 계속되고 있다. 영국 점령기에 세인트 폴 성당은 탄약저장소로 그 운명이 바뀌었다. 성당 언덕에서 시내로 내려가면서 보이는 웅장한 건물은 영국 총독저택이다. 인근 역사박물관에는 일본 식민지 시대의 사진 자료들이 많이 전시되어 있다. 이처럼 500년간의 동·서양 문화를 한꺼번에 볼 수 있는 곳이 바로 믈라카다.

믈라카를 점령한 후 네덜란드가 건설한 도시 전경.

다양하고 풍성한 믈라카 음식문화

Trip Tips

시내 중심부에는 매주 금요일과 주말에 야시장이 펼쳐진다. 다양한 민족이 얽혀 사는 믈라카는 음식도 가지각색이다. 식당 종업원이 현지인들이 즐겨 먹는 '나시르막(Nasi Lemak)'을 적극적으로 추천한다.

찐쌀에 소스와 멸치볶음, 콩, 오이를 섞어 만든 이 음식은 고소하고 담백하다. 나르시막은 '기름진 밥'이라는 뜻으로 물 대신 코코넛 밀크를 넣어서 만들기 때문에 기름지고 부드럽단다. 흔히 말레이시아를 음식의 천국이라고 부른다.

향이 독특한 말레이요리부터 재료와 맛이 풍부한 중국요리, 인도로부터 전래한 음식과 유럽요리까지 수많은 메뉴를 저렴한 가격으로 맛볼 수 있다. 한국의 절반에도 못 미치는 음식 가격으로 식사 해결이 가능하다. 노천음식점은 이보다 더 저렴하며, 독특하고 이국적인 맛을 자랑하는 열대과일까지 언제나 즐길 수 있다.

말레이시아 대표 음식 '나시르막'.

지금도 해적이 출현하는 믈라카 해협

도시 중심부의 믈라카 강변에는 여행객들이 망중한을 즐기고 있다. 내륙으로 연결된 이 강은 믈라카를 해상무역의 거점항구로 만들었다. 500년 전, 수많은 선박이 이 강을 오가며 내륙 깊숙한 곳에서 물자를 운반했다. 선박의 화물 적재량은 육상운송 수단의 몇 십 배다. 말레이반도의 엄청난 자원들이 이 강을 통해 쏟아져 나왔다. 지금은 화물선 대신 관광객을 가득 실은 유람선들이 오르내린다.

관광객을 태우고 믈라카 강을 오르내리는 유람선.

전쟁역사에 해박한 호주인 이야기

강변 카페에서 주변 경관을 음미하고 있는 호주인 케리(Kerry)를 만났다. 교사 출신인 그는 세계여행 중 믈라카에 반해 한동안 이 도시에서 머무르고 있었다. 때마침 영어 강사도 겸할 수 있어 여행경비까지 보충하고 있단다. 한국에 2번이나 방문한 경험이 있는 그는 전쟁 폐허에서 불과 70년 만에 선진국으로 도약한 한민족 저력에 대한 칭찬으로 입이 마를 지경이다. 작년에 돌아가신 자신의 삼촌도 한국전 참전용사라며, 전쟁역사에 대해서도 해박하다.

특히 1950년 6월 9일부터 23일까지, 일본주둔 호주군 스투아트 소령 일행은 한국 38선 상황을 면밀하게 확인 후, '한국군은 공격작전이 불가하다'라는 조사 결과를 UN에 보고했단다. 뒤이어 6월 25일, 북한군 기습남침이 시작되자 이 보고서가 UN군을 한반도에 신속하게 파병되는 결정적인 계기가 되었다고 하였다. 캔버라 전쟁기념관에 당시의 사료들이 한국전쟁 전시실에 비치되어 있다고 했다. 필자도 호주 답사 시 직접 확인한 자료를 그가 정확하게 알고 있는 것을 보고 깜짝 놀랐다.

Trip Tips

영연방국가인 호주는 역사적으로 말레이시아와 깊은 인연을 가졌다. 많은 호주군이 1950년대 말레이 공산 반군 토벌작전과 1964년 보르네오섬에서의 말레이시아-인도네시아 영토 분쟁 시 영국군과 함께 참전했다.

500년을 관통한 해양 역사박물관

강변을 따라 내려가니 짙은 밤색의 웅장한 목제 범선이 해안에 걸쳐 있었다. 해양역사박물관인 이 선박은 믈라카항의 변천 과정을 그림 · 사진 · 모형으로 설명한다. 함선 내부의 항해 장비들은 당시의 실물 크기로 재현했다. 특히 1519년 9월 20일, 에스파냐를 출발하여 3년간의 세계 일주를 마치고 1522년 9월에 귀환한 마젤란 탐험역사도 상세하게 소개한다.

선박 내부공간은 의외로 넓었고, 3층 격실이 계단으로 연결되어 있다. 마젤란은 이 범선과 비슷한 다섯 척의 함정과 270명의 선원을 이끌고 미지의 세계로 떠났다. 세계일주 항해를 하는 동안 선원들은 괴혈병과 굶주림에 시달렸다. 망망대해 태평양에서 식량이 떨어지자, 돛대에 씌운 가죽과 널반지 톱밥까지 먹었다. 선상 반란이 일어났지만, 항해는 멈추지 않았다. 1521년 4월 27일, 마젤란은 필리핀 마크탄섬 부족과의 전투에서 전사했다. 그러나 마젤란의 세계일주로 '지구는 둥글다!'라는 가설은 과학적으로 입증되었다.

신항로 개척에 힘입어 포르투갈과 에스파냐는 해외영토를 확장해 나갔다. 새롭게 나타난 서양인들에게 믈라카 원주민들은 따듯하게 대해주었지만, 개척자의 본능적인 탐욕으로 처절한 쌍방간의 전쟁은 피할 수 없었다.

목조 선박으로 건립한 믈라카 해양역사박물관 전경.

믈라카 해협 해적과 '크라 운하' 건설 계획

박물관 선상으로 나와 믈라카 해협을 바라보니, 자욱한 안개로 건너편 인도네시아의 수마트라섬은 보이지 않는다. 1,000Km에 달하는 이 해협은 말레이반도와 수마트라섬 사이의 좁은 공간이다. 매일 엄청난 선박들이 통항하지만, 많은 위험성을 가지고 있다.

믈라카 해협의 가장 좁은 곳은 폭이 2.8Km, 수심도 25m에 불과하다. 초대형 선박의 최소 안전 통항 수심은 23m. 이 정도 수심이 나오는 주항로는 정말 가느다란 실에 비유할 수 있을 정도다. 수시로 나타나는 해적도 골칫덩이다. 만약 상선이 믈라카 해협 통과를 포기하고 수마트라섬 남단을 우회하면, 무려 1,600Km를 더 항해해야 하고 시간도 3일 더 걸린다.

이 해협에서 복잡한 사건 사고가 끊이지 않자, 말레이반도에 '크라 운하'를 건설하자는 의견이 대두되었다. 건설 예정지역의 폭은 40Km, 해발 고도도 100m에 불과하다. 기술적 어려움은 없지만, 관련국 이해관계가 복잡하다. 만약 새 운하가 생긴다면, 미국 영향권 아래에 있는 믈라카 해협의 우회로 개통으로 중국 봉쇄망이 뚫릴 수 있다. 예나 지금이나 국가 간의 이해관계는 실타래처럼 복잡하다.

검토 중인 말레이반도의 '크라 운하' 위치도.

말레이시아 해군의 '바다로 세계로!'

플라카 해군박물관 접수대의 민간인 근무자가 태극기 문양이 찍힌 티셔츠를 입고 있다. 마음이 따듯한 한국인들과 대화는 언제나 기분이 좋다고 한다. 말레이시아 해군은 1934년 4월 27일, 최초 싱가포르에서 일부 자원봉사자들로 발족하였다. 1941년 태평양전쟁 당시에는 1,450명의 병력으로 영국군을 도왔다. 전쟁이 끝난 후 일시적으로 해체되었다가, 1957년 독립 시 영국 해군자산을 인수하여 부대를 확장했다.

현재는 18,000명의 병력과 최신함정을 가진 동남아 최정상급 해군전력을 갖추고 있다. 최근 중국의 남중국해 영유권 주장에 대해 말레이시아도 예민하게 대응한다. 보르네오섬 북쪽의 배타적 경제수역이 중국의 영유권 주장 수역과 겹친다. 또한, 인접국 필리핀과도 보르네오섬 사바주의 영토권 분쟁을 겪고 있다. 전시실 마지막에는 말레이시아판 "바다로 세계로!"의 표어와 함께 최신잠수함과 대형군함 사진들이 가득 차 있다.

플라카 해군박물관 입구 전경. 태극기 문양 티셔츠를 입은 근무자(사진 오른편)가 보인다.

동남아 분쟁 불씨 남중국해 갈등

Trip Tips

믈라카 술탄궁전을 개조한 역사박물관에는 '동양의 콜럼버스'로 불리는 중국 명나라 정화(鄭和) 제독 기념관이 있다. 환관 출신인 그는 영락제 시대인 1405년, 62척의 대함대를 이끌고 믈라카를 거쳐 인도까지 진출했다. 이후에는 아프리카 동부까지 진출하여 해로를 개척했다. 콜럼버스보다 100년 앞선 탐험 항해다.

정화의 역사적 업적은 600년이 지난 지금, 남중국해 영유권을 주장하는 중국의 외교 논리로 일부 활용된다. 특히 난사군도(南沙群島)는 말레이시아, 필리핀, 베트남의 영토로 둘러싸여 있다. 이곳에는 200개의 암초와 산호초가 있지만, 국제법적으로 영유권을 주장할 수 없다.

1973년 9월 19일, 남베트남군과 중국군이 남중국해 내의 탐항도(探航島) 영유권을 두고 전투를 벌였다. 결과는 중국 승(勝). 남베트남군 160명 중 90명이 전사하고 10명이 행방불명이 되었고, 나머지는 포로로 잡혔다. 이전의 쌍방 해전 사상자를 포함하면 남베트남 측은 300명, 중국 측은 60명에 달했다. 이처럼 살벌한 남중국해는 한국 수출입 물동량의 99%, 원유 90%가 통과하는 운송로다. 이 해상교통로(Sea Lane)는 국가생존을 위한 대동맥과 같다. 내일은 믈라카 해협을 건너 인도네시아 자카르타로 가기로 계획했다.

믈라카 역사박물관 옆에 있는 정화 제독 동상.

인도네시아

I n d o n e s i a

인도네시아까지 끌려온 한인 징용자

인도네시아 공화국(Republic of Indonesia)은 동남아시아와 오세아니아에 걸쳐 있는 17,000여 개의 섬으로 이루어진 국가다. 국토면적 190만Km^2, 인구 2억 7천만 명으로 세계 4위이며, 연 국민개인소득은 3800달러 수준이다. 인도네시아는 350년 동안 네덜란드 지배를 받았으며, 태평양전쟁이 끝나자 1945년 8월 17일 건국을 선언했다. 하지만 네덜란드와의 4년 전쟁을 치른 후인 1949년 비로소 완전한 독립을 쟁취했다. 군사력은 현역 395,500명(육군 300,400, 해군 65,000, 공군 30,100), 준군사부대 280,000명, 예비군 400,000명을 보유하고 있으며, 선택적 징병제(24개월)를 시행하고 있다.

'수카르노 하타' 국제공항의 디지털 호텔

자카르타 공항은 초대대통령 '수카르노'와 부통령 '하타' 이름을 합하여 "수카르노 하타 국제공항"으로 부른다. 인도네시아의 수도 자카르타는 인구 1,057만 명으로 동남아에서 가장 큰 도시다. 이 나라는 아세안(동남아시아국가연합) 10국의 선도국이다. 인구 · 영토 · 국내총생산(GDP)의 아세안 내 비율이 42%, 41%, 34%이며, 세계에서 인구가 가장 많은 이슬람 국가다. 밤늦게 도착한 공항에는 여행객들을 위한 디지털 공항호텔이 있었다. 부대 시설이 전혀 없는 벌집 같은 캡슐형 침실이다. 숙박비는 저렴하지만, 관속으로 들어가는 오싹한 기분은 감수해야만 한다. 그러나 깨끗하고 좁은 공간 내 에어컨과 텔레비전도 있다. 내일 새로운 여행지의 모습을 상상하며 곧바로 깊은 잠에 빠져들었다.

자카르타 국제공항 청사 내의 디지털 호텔 전경.

350년 식민역사를 증언하는 독립기념탑

다음날 청사를 벗어나 공항 열차역을 찾아갔다. 기관단총을 비켜 맨 붉은 베레 군인이 곳곳에 순찰 중이다. 인도네시아에서 가끔 일어나는 테러 사건에 대한 무력시위인 듯했다. 공항 열차를 타고 가다가 중간에서 자카르타 두리(Duri)역으로 가는 전철로 갈아탔다. 목적지에 도착하니 기차 출입구보다 승강장이 거의 1m 아래에 있었다. 안전근무자가 노약자들을 부축하여 하차시켰고, 개찰구로 나가려면 철로를 횡단해야만 했다. 안전시설의 열악함을 보니 말레이시아보다는 교통시설이 다소 낙후된 느낌이다.

자카르타 서부지역 두리 전철역 주변 전경.

이 전철역에서 멀지 않은 메르데카 광장에는 높이 137m의 독립기념탑이 우뚝 솟아 있다. 꼭대기에는 32kg의 황금을 입힌 14.5m 크기의 청동 불꽃 조형물이 있다. 1961년에 착공하여

1972년에 완공한 독립기념관 건축비는 국민의 자발적인 성금으로 모두 충당했단다. 광장 주변에는 녹음이 우거진 공원까지 있어 시민들이 주말을 보내는 호젓한 휴식공간이기도 하다. 기념탑 지하의 역사박물관에는 독립선언서 원본과 51개의 디오라마(diorama)가 인도네시아 역사를 시대별로 구분하여 보여준다. 파노라마처럼 펼쳐진 지하박물관은 가로세로 80m, 높이 8m로 웅장하다. 전시실은 선사시대, 불교왕국, 힌두왕국, 유럽(포르투갈, 영국, 네덜란드)식민지, 일본군정기, 독립전쟁, 수하르토(Suharto)시대, 동티모르합병, 현대 인도네시아로 구분되어 있었다.

전 국민 성금으로 건립한 인도네시아 독립기념탑 전경.

독립기념탑 주변에 설치된 역사적 인물들의 비각 전경.

일본 낙하산부대의 유전 지대 강습작전

일본군 낙하산부대의 최초 강습작전을 묘사한 그림.

역사박물관에는 태평양전쟁 당시 일본군의 인도네시아 점령과정과 자원수탈 전시자료가 있었다. 1940년대 석유자원의 보고(寶庫)였던 수마트라섬 팔렘방 유전은 세계 최대의 생산시설을 갖추었다. 연 원유생산량이 800만 톤으로 일본의 석유 소비량 500만 톤을 상회했다. 1942년 2월 14일 11:30, 일본군은 이 유전 확보를 위해 최초의 공수작전을 기습적으로 감행했다. 제1 정진단(挺進團) 2연대 329명이 유전지대 외곽 '팡카란밴탕' 비행장에 낙하했다. 공수병들은 수류탄과 권총으로 무장했고, 주요 화기와 탄약은 별도 수송기에서 투하했다. 예상치 못한 일본군 급습에 네덜란드군과 영국군은 경악을 금치 못했다. 조종사들까지 권총을 들고 대항했지만, 공수병들의 상대가 되지 않았다. 21:00경, 결국 연합군은 비행장 내의 많은 항공기를 파괴하고 퇴각하고 말았다. 일본은 이 강습작전의 성공을 대대적으로 선전했다.

공수부대원들은 '하늘의 신병(神兵)'으로 영화와 군가에서 영웅으로 등장했다. 1942년 3월, '대동아공영(大東亞共榮)'을 내세우며 인도네시아를 해방한 일본군을 현지인들이 처음에는 뜨겁게 환영했다. 그러나 본격적인 군정이 실시되면서 그 음흉한 실체가 들어났다. 젊은 남자들의 강제징용과 혹독한 노동착취로 주민들의 분노를 샀다. 하지만 청년들의 군사훈련은 전쟁이 끝난 후, 인도네시아로 다시 들어온 네덜란드군을 격퇴하는 데 큰 힘이 되기도 했다.

인도네시아 한인 징용자들의 한맺힌 역사

Trip Tips

인도네시아에는 현재 23,000여 명의 교민이 있으며, 한류열풍으로 한국에 관한 관심은 뜨겁다. 이 나라에 최초 이주한 한국인은 '장윤원'으로 알려져 있다. 그는 1919년 3 · 1운동 자금책으로 가담했다가 1920년 9월, 자카르타로 망명했다.

장윤원은 네덜란드 총독부 일본어 통역반장으로 새로운 삶을 시작하며 중국계 여인과 결혼했다. 그러나 1942년 3월 초, 그는 일본군에게 체포되어 갖은 고문을 당한 후 교도소에 수감되었다.

1942년 8월 19일에는 1408명의 조선인이 집단으로 자카르타에 상륙했다. 인도네시아 내의 포로수용소 감시원으로 뽑힌 군속들이었다. 뒤이어 종군위안부, 강제징용자 등 수많은 조선인이 인도네시아 땅을 밟았다. 당시 노예 신분과 같았던 조선인들의 원치 않은 해외 진출이었다. 1945년 전쟁이 끝나자, 포로수용소는 '조직적 테러의 온상'으로 낙인찍혔다. 조선인 감시원 대부분은 전범 재판에 넘겨졌고, 아무도 그 억울함을 대변해 주지 않았다. 일본정부는 변호인단까지 만들어 일본인들을 적극 옹호했지만, 조선인 군속은 모른 체 했다.

Trip Tips

가까스로 석방된 장윤원은 조선인 구명운동과 민간인 귀환문제를 해결하느라 동분서주했다. 그러나 고문 후유증으로 그는 1947년 64세의 나이로 숨을 거두었다.

동남아 역사를 연구하는 전자공학 교수

끝이 잘 보이지 않는 독립기념탑 광장을 걸어 다니기에는 너무 시간이 걸렸다. 역사박물관 입장권은 광장 내의 소형 트램까지 이용할 수 있다. 공원 출입구에서 만난 여행객이 한국인처럼 보여 말을 거니, 중국 계림(桂林)의 전자과학대에 재직 중인 중국인 교수다. 세계역사에 관심이 많은 그는 방학 기간에 틈틈이 해외 답사를 다닌다.

전자공학을 전공하는 젊은 교수이지만, 동남아 상권을 쥐고 있는 화교 역사에 대해 많은 관심이 있단다. 인문학에 대한 풍부한 소양을 갖춘 이런 공학전공 교수에게 강의를 듣는 학생들은 정말 재미있는 수업을 경험할 것 같았다.

세계역사 공부를 병행하는 중국 계림 전자과학대 교수.

병주고 약을 준 일본의 인도네시아 점령

인도네시아는 적도 아래의 나라다. 뜨거운 햇볕, 적절한 강우량, 비옥한 토양으로 풍부한 농산물과 다양한 과일로 먹거리가 넘친다. 또한, 자연 혜택에 감사하는 토속신앙과 이슬람의 결합으로 사람들은 개방적인 신앙관을 가졌다. 하지만 350년의 네덜란드 · 일본 식민지배에서 벗어나기 위한 처절했던 투쟁의 흔적은 자카르타 곳곳에 남아있다. 한국인이 인도네시아에 첫발을 디딘 지 어언 100년. 그 한인의 험난한 역사 또한 교민들의 입과 입을 통하여 전해 내려오고 있다.

인도네시아에서 생산되는 각종 향신료.(출처: Google 이미지 자료).

인도네시아 조선인의 항일투쟁

이역만리 인도네시아에도 조선인들이 고군분투한 항일투쟁의 역사가 있다. 또한, 양같이 순한 조선의 처녀들이 짐승처럼 갇혀 지옥 같은 생활을 했던 종군위안부 숙소도 일부 남아있다. 1944년 12월 29일, 조선인 포로감시원 이억관 외 9명이 최초로 비밀 항일조직(고려독립청년당)을 결성했다. 해외독립운동사의 굵직한 한 페이지를 장식하는 역사적 사건이었다. 1945년 1월, 3명의 결사대원이 일본군을 사살하고 자결했다. 뒤이어 연합군 포로 운송선 '스미레 마루호'를 영국군 · 네덜란드 장교포로들과 함께 탈취하여 인도양으로 가려 했으나 실패했다. 뒤늦게 알려진 인도네시아 조선인 항일투사들은 모두 독립유공자로 지정되었다. 이처럼 잘 알려지지 않은 선조들의 애환이 서린 곳이 인도네시아다.

자카르타 시내의 인도네시아군 무명용사 기념탑.

한인 포로감시원들의 비극적인 종말

전쟁 초기 일본군은 미국 · 영국 · 네덜란드 · 호주 등 수십만 연합군 포로를 억류했다. 1942년 8월, 일본군은 백인 포로 1,000여 명을 조선으로 데려와 강제로 행진시켰다. 서울 · 부산 · 인천에서 20만 명이 포로행렬을 구경하고자 몰려나왔다. '조선인의 영 · 미 숭배인식 불식과 황국신민화'에 이용한 얄팍한 술책이었다. 뒤이어 포로관리 조선인 군속모집 공고문을 전국에 붙였다. '혈서지원', '지원자 쇄도'라는 과장된 홍보를 하며 3,065명을 선발했다.

1942년 9월, 1,408명은 인도네시아로, 나머지는 다른 나라로 보냈다. 대부분 일본군 포로수용소에서 말단으로 일했다. 영양실조, 전염병으로 포로들은 부지기수로 죽어 나갔다. 조선인들은 상부지시에 맞춰 무조건 포로들을 공사판으로 내몰았다. 차질이 생기면 일본군의 폭언과 폭력이 가해졌다. 일본식 이름으로 바꾼 조선인을 포로들이 일본인과 구별하는 것은 불가능했다. 동남아 연합군 포로사망률은 27%, 유럽에서는 5%에 불과했다. 종전 후, 조선인 감시원들은 고스란히 포로의 지목을 받았다. 누구 한 사람 조선인의 처지를 대변해 주지 않았다. 129명이 유죄판결을, 14명이 처형당했다.

1957년 수감자들은 석방되었지만, 조국으로부터도 친일 협력자로 손가락질 받았다. 귀국했다가 자살한 사람도 있고, 일본으로 다시 돌아간 사람도 있었다. 참전할 때는 일본 황민이었으나, 전후에는 일본 국적이 상실됐다. 일본은 이들에게 보상도 하지 않았다. 한일 두 나라로부터 모두 버림받은 신세였다. 생존자들은 "석방되고 나서가 진짜 전쟁이었다!"라고 회고했다.

정직한 바자이(삼륜차) 청년 운전사

Trip Tips

2011년 국내 일간지가 한국을 포함한 세계 10개국의 50대 여성 행복도를 조사했다. 미국, 캐나다, 호주, 핀란드, 덴마크, 한국을 제치고 의외로 인도네시아가 1위였다.

이 나라 서민사회에서 중요한 핵심어는 '화합'과 '가족'이다. 남을 배려하고, 자녀 양육을 큰 덕목으로 여기는 인도네시아는 자연스럽게 어머니가 가정의 중심이다. 가정교육의 영향인지 시민들은 대부분 외국인에게 친절하고 따뜻하다.

두리(Duri)역 주변은 노천시장과 교통혼잡으로 어수선했다. 역사박물관으로 가기 위해 바자이(Bajaj: 오토바이 삼륜차) 운전사에게 교통편을 물었다. 젊은 기사는 비싼 택시 대신 자기 차량을 이용하란다. 선한 인상의 청년 바자이에 탑승하여 박물관에 도착했다. 요금을 내미니, 청년은 깜짝 놀라며 돈을 돌려준다. 정상요금이 30,000루피아(2,700원)인데 100,000루피아 3장(27,000원)을 주었던 것이다. 현지 화폐에 익숙지 못해 10배를 냈으나, 운전기사는 정당한 요금만 받고자 했다. 시내를 다니면서도 온종일 기분이 좋았다.

자카르타 두리 전철역 주변 전경. 오토바이 삼륜차와 노천시장(사진 오른쪽)이 보인다.

네덜란드 총독부 건물을 개수한 인도네시아 국립역사박물관 전경.

세계 최초 채권을 발행한 동인도회사

넓은 파타힐라 광장의 하얀색 유럽풍 건물이 국립역사박물관이다. 네덜란드 총독부를 박물관으로 개수한 것이다. 박물관 정원에는 네덜란드군 화포와 포탄, 지하창고가 눈에 띈다. 전시관은 인도네시아 역사를 이해할 수 있도록 시대별 유물과 그림들이 많았다. 전시실마다 어미 닭을 좇아다니는 병아리 떼처럼 인솔교사를 졸졸 따라다니는 단체관람 학생들로 가득하다.

1598년, 22척의 네덜란드 선박이 인도네시아 군도를 향해 암스테르담에서 출항했다. 이듬해, 14척이 엄청난 수익을 남기는 향료를 싣고 귀환했다. 인도네시아는 고추, 카레 외 월계수 · 계피 · 박하 · 겨자 등 나무껍질과 뿌리 · 잎 · 열매가 모두 향신료인 특유의 수목이 많았다. 향신료로 떼돈을 번다는 소문이 퍼지자, 수많은 네덜란드 선박회사가 향료무역에 뛰어들어 큰 손해를 입었다. 경쟁이 과열되자 1602년 3월, 네덜란드는 동인도회사를 설립했다. 의회는 무역독점, 현지인 군대조직, 국가 간 조약체결권 등 파격적인 특권을 이 회사에게 주었다.

Trip Tips

1623년, 동인도회사는 최초로 채권을 발행했다. 왕실은 무역의 수익성을 적극적으로 홍보했다. 몰려드는 자본금을 활용하고, 남는 이익을 투자자들에게 분배했다. 획기적인 이 투자방식은 오늘날의 주식회사를 탄생시켰다.

주체할 수 없는 수익으로 네덜란드는 번영을 누렸다. 하지만 현지인들은 농노로 전락했고, 향료 재배지 확장으로 쌀 농지는 줄어들었다. 식량부족으로 고향을 버리고 도망치거나, 강제노역으로 굶어 죽는 원주민이 속출했다.

역사박물관에 현장 체험학습을 온 인도네시아 학생들.

독립 계기가 된 일본의 인도네시아 점령

1942년 3월, 일본군의 동남아 점령은 서구 열강의 식민주의 붕괴를 가져왔다. 약소민족이 수백 년 동안 신앙처럼 여기던 백인불패(白人不敗)의 인식이 깨졌다. '아시아인을 위한 아시아'라는 일본의 구호는 현지인들을 현혹하기에 충분했다. 그러나 일본의 음흉한 속셈은 자원수탈, 민족차별, 위안부 강제차출로 서서히 드러났다. 일본 역시 백인들과 마찬가지 약탈자에 불과하다는 것을 민중은 깨달았다.

1945년부터 전국에서 항일 게릴라전이 잇달았다. 전쟁 패색이 짙어지자, 인도네시아인들은 일본군에게 처음 약속한 독립을 요구했다. '독립준비 위원회'는 종교적 중립에 입각한 민족주의를 주장하는 수카르노(Soekarno)를 대표로 내세웠다. 일본이 항복한 이틀 후인 1945년 8월 17일 오전 10:00, 수카르노는 몇몇 이웃들만 모인 자택의 앞뜰에서 독립을 선언하였다.

1945년 8월 17일 독립선언 후 민병대가 인도네시아 국기를 게양한 전경.

뉴니기 섬에 얽힌 통한의 조선인 역사

자카르타 중심부의 인도네시아 군사박물관 전경.

인도네시아 군사박물관은 야외의 다양한 육·해·공군 장비와 실내 74개 디오라마로 근·현대 군사역사를 보여준다. 태평양전쟁에서 일본이 항복하자 인도네시아는 독립을 선언했고, 1945년 10월 5일 군대를 창설했다. 목총을 매고, 민간복장으로 창설기념행사를 할 정도로 인도네시아군의 출발점은 초라했다. 한반도 해방정국에서 일본군 군복 차림의 '남조선 국방경비대' 모습을 연상케 한다. 전시관 디오라마는 제2차 세계대전 시 인도네시아군도 주변 전투, 군대창설과 독립전쟁, 뉴기니·동티모르 분쟁사를 보여주고 있었다.

약자의 배려문화 여성 전용 전동차

역사박물관 주변은 네덜란드 식민지 시대의 구건물들이 많다.

자카르타는 식민시절 바타비아(Batavia)로 불렀다. '파타힐라 광장'은 식민지 수탈의 중심이면서, 가장 근대화된 거리였다. 지금은 예술갤러리, 도자기박물관, 소극장까지 몰려있다. 관광객과 젊은 연인들이 가장 많이 몰리는 명소다. 이 지역 답사가 끝난 후, 군사박물관으로 가고자 역 청사를 통과하여 전동차 안으로 들어갔다. 차창 밖의 도시풍경을 보면서 한동안 서 있는데, 역무원이 찾아와 무엇이라 이야기한다. '왜 나에게 지적을 하나?'라는 태도로 쳐다보니, 히잡을 쓴 여성이 조용히 다가와 영어로 통역한다. 이곳 여성 전용칸은 남성 출입금지란다. 주변을 돌아보니 전부 여자들이고, 어린아이 몇 명이 있다. '후다닥!' 놀란 수탉처럼 전용칸을 튀어나왔다.

건국을 위한 독립전쟁과 외교전략

1942년 3월, 일본군이 인도네시아를 침공하자, 네덜란드군은 대응할 준비를 갖추지 못했다. 본토는 이미 독일군이 점령했고, 인도네시아에서는 빈약한 장비와 훈련되지 않은 군대만 주둔했다. 짧은 전투 후 네덜란드군이 항복하자, 군인 4만과 민간인 9만 명이 수용소에 갇혔다. 훗날 군인들은 공사판으로, 네덜란드 여성 수백 명은 종군위안부로 끌려갔다. 뒤이어 일본군은 취업과 학교진학을 미끼로, 인도네시아 여성들도 반강제적으로 위안부로 차출했다. 이러한 만행과 악랄한 식민통치를 지켜보면서 현지인들은 분노했다. 전쟁이 끝날 무렵 자생적인 항일저항군이 전국에서 결성되었고, 일부 병력은 일본군 비행기지를 습격했다. 탈취한 일본산 훈련기는 공군창설의 주력 장비가 되었다. 뒤이어 네덜란드군과의 4년 독립전쟁에서 수만 명이 목숨을 잃었다.

결국, 수카르노의 미국과 유엔을 통한 외교적 압력으로 네덜란드는 1949년 12월, 독립승인 협정에 서명했다. 인도네시아군은 최초 육·해·공군 및 경찰군으로 편성했지만, 1999년 경찰군은 내부부 소속으로 분리되었다.

독립전쟁 당시 인도네시아군이 네덜란드군 장갑차를 공격하는 모습.

갈등·분열을 거듭한 인도네시아 현대사

현대사전시실은 인도네시아의 사회변화과정도 보여준다. 1940년대 일본점령 3년, 네덜란드전쟁 4년으로 경제는 파탄지경이었다. 정치체제도 서구민주주의, 공산주의, 이슬람국가주의 주장으로 국론은 분열했다. 초대 대통령 수카르노는 국민의 자유와 권리를 조국을 위해 제한할 수 있다는 '교도민주주의(教導民主主義)'를 내세웠다.

Trip Tips

1960년대 군부도 좌 · 우익으로 나누어졌다. 1965년 9월 30일, 좌파 장교들이 쿠데타를 일으켜 우익 장군 7명을 무자비하게 살해했다. 제2인자 수하르토(Suharto) 장군은 신속하게 반란을 진압하고, 공산당을 감싸는 수카르노의 정치활동을 금지시켰다.

수하르토는 '인도네시아식 민주주의'를 내세워 개발독재로 큰 성과를 거두었다. 연 경제성장률은 7.1%에 달했지만, 1997년 밀어닥친 외환위기에 시민들은 수하르토 퇴진을 외쳤다. 32년 권력자 수하르토는 1998년에 하야했다. 군사박물관에는 수하르토 전시실이 별도로 있었다.

30여 년 인도네시아를 통치한 수하르토 대통령 기념전시실 모습.

태평양전쟁 최초의 함대 결전 자바해전

인도네시아 군도(群島) 주변은 태평양전쟁 해상전의 주전장터였다. 1945년 2월 26일부터 약 1주일 동안 자바섬 앞바다에서 일본과 연합군 사이 대규모 해상전투가 최초로 벌어졌다. 연합군은 함선수에 있어 일본군에 비해 많았지만, 대패하고 말았다. 일본해군은 91식 산소어뢰의 뛰어난 성능과 함장들의 탁월한 전투지휘로 영국 중순양함 엑세타(8390톤)호를 포함한 많은 미국·호주·네덜란드 군함을 격침했다. 자바해전이 일본해군의 일방적인 승리로 끝나면서, 인도네시아는 완전하게 일장기로 덮였다. 일본이 국가적 차원에서 우수한 해군장교 육성을 위해 오랜 기간 전력투구한 결실이었다.

1868년 메이지유신(明治維新) 이후에 창설된 히로시마현의 '에다지마' 일본 해군병학교(海軍兵學校: 해군사관학교). 학교건물 신축공사에 필요한 붉은 벽돌은 영국에서 직수입했다. 운송 중 파손을 막기 위해 벽돌 한 장 한 장을 신문지로 포장할 정도로 교사 건립에 정성을 쏟았다. 이곳에서 더글라스(Douglas) 대령과 34명의 영국해군 장교가 전국에서 선발된 우수한 청소년들에게 항해술과 근대과학을 가르쳤다. 사관생도들은 3년 교육 후, 6개월 실무경험을 마치고 소위로 임관했다. 일본은 '강군(强軍)의 핵심은 우수한 간부 확보'임을 일찍이 간파하고 있었다. 항해술, 포술, 해상전술을 전수한 일본해군이 훗날 세계 최강의 영국 군함을 격침할 줄이야 누구도 상상치 못했다.

150년 전에 지어진 이 학교는 현재도 해상자위대 교육기관으로 활용되고 있다. 1893년 조선도 근대적인 해군장교 교육을 위해 강화도에 통제영학당(統制營學堂: 해군사관학교)을 건립했다. 뒤늦게 초빙된 영국군 장교가 사관생도들을 훈련시켰지만, 불과 1년 후 일본 강압으로 폐교되었다. 더구나 조선 수군도 해체되어 망국의 암울한 먹구름이 몰려오기 시작했다.

1800년대 중반에 건립된 일본 에다지마 해군병학교 (해군사관학교) 본청 전경.

파푸아뉴기니 라바울의 태평양전쟁 한국인희생자 추모비 전경.

뉴기니섬에 얽힌 통한의 조선인 역사

인도네시아 군도의 맨 아래 공룡처럼 생긴 뉴기니섬은 그린란드에 이어 세계 두 번째로 큰 섬이다. 1963년 네덜란드령 서뉴기니아는 인도네시아로, 1975년 동쪽의 파푸아뉴기니는 호주로부터 독립했다. 이 섬에서는 태평양전쟁 당시 가장 긴 전투가 벌어졌다. 남쪽의 호주대륙 진격을 위한 일본군의 공격 발진기지였기 때문이다. 싱가포르전투 2개월, 필리핀전투 6개월에 비해 뉴기니는 2년 8개월 동안 전쟁역사에서 가장 참혹한 전투가 계속되었다. 15만 일본군 전사자 중 총·포탄 사망자보다 말라리아·설사·뎅기열 등의 질병과 굶어 죽은 사람들이 더 많았다.

겉으로는 미군·호주군·일본군의 전투처럼 보였지만, 의외로 수많은 조선인 군인·노무자·위안부들이 목숨을 잃었다. 1943년 서울에서 뉴기니로 출전한 일본군 제20사단의 조선인 병사는 약 3,000명. 전쟁이 끝난 후, 살아서 고국 땅을 밟은 자는 생환율 5%에 불과한 150여명 정도였다. 그 섬에 강제로 끌려간 조선인 노무자, 위안부는 아직 그 숫자조차도 정확하게 알 수 없다.

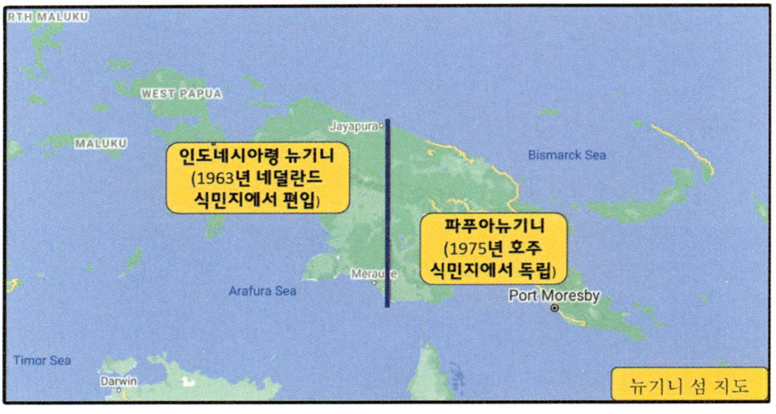

세계에서 두 번째로 큰 뉴기니섬 지도.

3개의 이름을 가진 전쟁영웅 '양칠성'

인도네시아 국토는 약 17,000개의 섬으로 이루어져 있다. 그중 6,000개의 유인도에서 300개 종족이 살고 있으며 약 400개의 화산이 있다. 지구상의 화산분화 70~80%는 인도네시아에서 일어난다. 이처럼 광대하고 복잡한 영토에서 강력한 행정력의 필요성으로 경찰력은 군대 일부로써 운용되었다. 하지만, 1999년 이후 경찰은 국방부 소속에서 벗어나 독립된 조직으로 현재 운용되고 있다.

수도 자카르타 보르네오섬으로 이전

자카르타는 인구 1,057만의 거대도시이지만, 2019년 지하철 1호선이 개통될 정도로 교통인프라는 미흡하다. 세계 최악의 차량정체로 자카르타는 매년 100조 루피(약 8조 2천억 원)를 낭비한다. 열악한 주거환경, 출퇴근의 어려움, 빈번한 홍수·지진으로 1950년대부터 수도 이전을 계획했다. 하지만 입지선정 난항, 경제난, 정치적 혼란으로 지지부진하였다. 그 사이 인구·자본의 자카르타 쏠림 현상은 더욱 심화되어 국가적 위기 상황에 직면했다.

더구나 도시 전체 면적의 40%가 해수면보다 낮다. 도심 난개발이 계속되면서 지반 침하 현상까지 빠르게 진행됐다. 수도 이전지는 자카르타에서 1,200km 떨어진 보르네오섬 '동칼리만탄'. 40조 원의 예산으로 서울 면적 4배 넓이(2,560km^2)의 부지에 새 수도 건설공사가 올해부터 시작된다. 이 천도계획은 한국 세종시 사례를 적극적으로 참고한 것으로 알려졌다.

알 아자르(Al-Azhar)대학의 캠퍼스 이야기

군사박물관에서 기획촬영 중이던 PD가 추천한 경찰박물관과 영웅묘지 답사를 위해 거리로 나섰다. 지하철 역청사 같은 버스 정류장은 개찰구를 통과하여 대기실에서 버스를 기다려야 한다. 경찰박물관 근처에는 무슬림 회당이 정문 옆에 있는 알 아자르(Al-Azhar)대학이 있었다. 마침 기도를 마치고 나온 대학생 모하메드(Mohamed)를 만나 캠퍼스로 같이 들어갔다. 대학 부근 골목길에는 수레형 간이음식점이 즐비하다. 시간에 쫓기는 학생들이 이런 곳에서 간단히 식사를 해결하곤 한단다.

그는 집에서 매일 통학하면서, 점심은 대부분 학교 밖 음식점을 이용한다. 교내식당은 저렴하지만, 학생들이 많이 몰리기 때문에 식사를 빨리해야 한단다. 교정 곳곳에서 모여앉아 수시로 "까르르" 웃으며 수다를 떠는 여학생 대부분은 머리에 히잡을 쓰고 있다. 인도네시아에서는 이슬람 율법을 어긴 여성에게 공개태형을 가하는 뉴스가 가끔 나온다. 그러나 이슬람문화에 익숙한 이 여학생들에게는 이런 율법들이 불편하지 않은 듯했다.

알 아자르 대학 정문 부근의 이슬람 회당 전경.

'발리 테러 사건'과 인도네시아의 종족 분쟁

경찰박물관 1층 전시관에는 박격포, 중기관총 등 무기류가 가득하다. 1945년 독립전쟁 이후 주변국 분쟁, 무장단체 토벌작전에서 인도네시아 경찰은 전투임무를 병행했다. 2층에 올라서면 수사 · 테러대응 등 경찰 본연의 역사자료들이 전시되어 있다. 특히 '발리 테러사건'은 현장사진과 기록물로 상세하게 설명한다. 2002년 10월 12일 23시경, 세계적 관광지 발리 시내의 나이트클럽은 수백 명 여행객의 여흥으로 후끈 달아올랐다. 이 광란의 분위기를 냉소적 시선으로 지켜보던 이슬람 과격주의자 '패리'는 폭탄조끼 폭파스위치를 눌렀다. 이어서 밖에서 또 다른 테러범 '아나산'도 밴 차량 폭약을 폭발시켰다.

반경 120m 내의 모든 건물이 파괴되면서 호주인 88명, 한국인 2명을 포함하여 202명의 사망자와 300명의 부상자가 생겼다. 경찰 수사로 체포된 용의자 34명 중 3명은 사형이 선고됐다. 사건 당시 파괴된 건물모형, 범인압송 및 재판결과가 전시실에 진열되어 있다. 다양한 민족과 종교가 어우러진 인도네시아에서는 수시로 무장 테러가 발생한다. 특히 뉴기니섬에서는 분리독립을 요구하는 무장단체까지 있어, 10만의 군과 경찰이 항시 파견되어 있다.

2002년 발리 테러 사건에서 폭파된 건물 모형물.

2002년 발리 테러 사건 현장의 추모비 전경.

3개 이름을 가진 전쟁영웅 '양칠성'

Trip Tips

인도네시아에서 조선인의 비극을 상징적으로 보여주는 역사적 사건은 3개의 다른 이름으로 불렸던 '양칠성(梁七星)' 이야기다. 1919년 전북 완주에서 태어난 그는 1942년 9월, 야나가와 시치세이(梁川七星)라는 창씨개명으로 자바섬의 포로감시원으로 건너왔다.

1945년 8월, 전쟁이 끝나면서 인도네시아 독립군에 가담한 양칠성의 이름은 또다시 코마루딘(Komarudin)으로 바꿨다. 300명 규모의 '파팍 왕자부대'에 소속된 그는 폭파전문가로 명성을 날렸다. 3년의 게릴라전 와중에 린쩨(Lience)라는 현지 여인을 만나 아들 에디 자완(Eddy Jawan)까지 두었다. 1948년 11월, 네덜란드군 포로가 된 양칠성은 다음 해 8월 10일 총살형에 처해졌다.

그는 일본인 이름으로 묻혔지만, 옛 전우 다홀란(Dahlan)의 증언으로 뒤늦게 국적회복과 '외국인 독립영웅'으로 추서되었다. 1995년 8월 19일, 아들 '에디'와 사촌 여동생이 지켜보는 가운데 가루트 국립묘지의 양칠성 비석은 한글 이름으로 교체되었다. 자카르타의 또 다른 칼리바타 영웅묘지는 한국대통령이 인도네시아 방문시 직접 헌화하는 성지다. 이곳에는 독립투쟁에서 희생된 중국인 · 일본인, 심지어 네덜란드 군인까지도 함께 안장되어 있다. 끝이 보이지 않는 묘역의 비석은 "피 흘리지 않고 세운 국가는 지구상 단 한 나라도 없다!"라는 불변의 진리를 보여주었다.

인도네시아 독립전쟁에서 네덜란드군 포로가 된 양칠성(사진 왼쪽)의 모습.

부활하는 비운의 섬 동티모르

2002년 5월 20일, 인도네시아로부터 독립한 동티모르(East Timor)는 자카르타에서 동쪽으로 2,200km 떨어진 작은 섬나라다. 면적 15,000km^2(강원도 크기), 인구 150만 명, 연 국민개인 소득은 2,263달러 수준이다. 19세기 후반부터 서티모르는 네덜란드가, 동티모르는 포르투갈이 지배했다. 태평양전쟁 발발 후, 이 섬을 점령한 일본군은 700km 남쪽의 호주 공격을 위해 20,000명의 병력주둔과 비행장을 건설했다.

원주민들은 호주군과 함께 게릴라전을 전개하면서 60,000명이 희생됐다. 1942년 2월 19일, 동티모르·뉴기니섬에서 발진한 300대의 일본군기가 호주 북부 도시 '다윈'을 기습 폭격했다. 이후 100여 차례 공습을 퍼부었으나, 필사적인 호주인들의 저항으로 일본군 남태평양 진출선은 동티모르에서 그치고 말았다. 뒤이어 1975년 포르투갈군 철수 후의 인도네시아군 공격, 1999년 친 인도네시아 민병대의 주민학살로 수십만이 또 목숨을 잃었다. 이런 학살극은 한국군이 포함된 다국적군 상륙으로 끝났다. 다행히도 최근 동티모르 주변 해역에서 엄청난 석유·가스매장지가 발견되었다. 질곡(桎梏)의 역사를 극복한 동티모르 민족에게 신이 내린 축복인지 모른다. 내일은 동남아 관광대국 태국으로 건너가기로 했다.

동티모르와 주변 해역 지도.

태국
Thailand

열강의 식민지배를 벗어난 유일의 나라 태국

동남아 대륙 중심부에 있는 태국 지도.

태국은 미얀마 · 라오스 · 캄보디아 · 말레이시아에 둘러싸인 동남아 중심부에 위치한다. 대부분의 아시아 국가들이 20세기 열강의 식민지가 되었지만, 태국은 유일하게 독립을 지켰다. 국토면적 51.3만km^2(한국 5배), 해안선 3,200km로 천혜의 관광자원을 가진 나라다.

인구 6,750만, 연 국민개인소득 7,200달러 수준의 태국은 6 · 25전쟁 당시 육 · 해 · 공군을 한반도에 파견하여 1,268명의 사상자가 발생했다. 현재 한국과 혈맹관계를 유지하고 있는 태국군은 현역 360,850명(육군 245,000, 해군 69,850, 공군 46,000), 준군사부대 93,700명, 예비군 200,000명을 보유하고 있으며, 선택적 징병제(24개월 복무)를 운용하고 있다.

태국 여행이 주는 참을 수 없는 매력

태국은 관광대국이다. 매년 한국을 방문하는 외국인은 1,500만 명 내외, 이 나라는 3,500만을 넘어선다. 관광의 기본요소인 볼거리, 놀거리, 먹을거리를 다 갖추고 있으면서, 물가까지 저렴하여 여행객을 편안하게 한다. 태평양과 인도양을 끼고 있는 환상적인 백사장, 수많은 섬에는 원시의 넉넉함과 아름다움을 그대로 가지고 있다. 태국 음식 또한 값도 싸고 맛있다. 중국과 태국 고유의 문화가 뒤섞여 만들어진 음식은 정부 뒷받침에 힘입어 세계적인 경쟁력까지 갖추었다.

방콕 인근 관광지 파타야 해변 백사장의 관광객 모습.

일찌감치 외래문물을 받아들인 태국은 나라 전체가 관광객으로 먹고사는 데 정책초점이 맞추어져 있다. 현지인들은 외국인에게는 훈련된 친절이 몸에 배어있다. 공항 근처 저렴한 작은 호텔에 투숙했는데, 깔끔한 수영장까지 식당 옆에 있었다.

태국의 소규모 호텔 부대시설인 수영장 전경.

식민 지배를 피해간 동남아 유일의 국가

1800년 말 태국 국왕 라마 5세는 외교역량이 탁월했다. 16세에 왕좌에 오른 그는 국가 현대화와 개혁에 앞장섰고, 안정된 경제와 개방사회를 앞세워 영국과 프랑스 간섭을 막아냈다. 당시 영국은 미얀마 · 말레이시아를, 프랑스는 베트남 · 라오스 · 캄보디아를, 네덜란드는 인도네시아를 식민지화했다. 1896년 라마 5세는 영국 · 프랑스가 태국을 식민지화하는 대신 완충국가 역할을 담당토록 하는 절묘한 조약을 체결했다. 경제개혁정책으로 쌀 수출국으로 부상한 태국은 세계 쌀 수출의 70%를 차지하기도 하였다. 1914년 제1차 세계대전 시에는 영국 · 프랑스 편에 섰으며, 미국 참전 이후에는 유럽에 원정군까지 파병했다. 하지만, 20세기 초 세계적인 민족주의 물결은 태국의 왕조 체제를 무너뜨렸다.

1932년 군사쿠데타로 입헌군주국이 되면서, 국왕권력의 박탈과 동시에 의회민주주의가 채택되었다. 그러나 1992년까지 60년 동안 군부통치가 계속되면서, 잦은 쿠데타로 정권은 수시로 바뀌었다.

1800년대 말 개보수된 방콕 시내 중심부의 옛 성곽 전경.

태평양전쟁 초기 태국 · 일본의 정략적 타협

Trip Tips

방콕시내 중심부에는 고색창연하고 웅장한 국방부청사가 있다. 대형 국왕 초상화가 내려다보는 넓은 정원에 줄지어 진열된 화포는 수백 년 주권 수호를 위한 상징물이다. 태국은 태평양전쟁 당시 사실상 일본 지배하에 추축군 대열에 가담한 뼈아픈 역사를 가졌다.

1941년 12월, 태국은 50,000명의 육군 병력과 소규모의 해군 함정, 240대의 항공기를 보유했다. 전쟁 발발 직전, 일본은 버마 · 말레이시아를 공격할 터이니 태국에게 길을 열어달라고 요구했다. 1592년 임진왜란 때 '명나라 침공의 길을 빌려달라(征明假道)'는 것과 흡사했다.

송크람 태국 수상은 일본군의 말레이반도 상륙은 받아들였지만, 방콕 통과는 거부했다. 일본은 '태국이 1905년 영국에게 빼앗겼던 버마의 샨 지방을 되돌려주겠다'라는 조건을 내걸었다. 그러나 연합군 입장을 고려한 수상은 영국 측에 '태국이 일본군 침공을 받을 것 같다'라는 언질을 남기고 잠적했다. 12월 8일 새벽, 일본군은 말레이반도 싱고라와 파타니에 상륙하면서 태국군과 충돌했다. 이로써 태국은 일본군에 침공당하는 모양새를 갖추게 되었다. 그러나 일본군 제15군의 근위사단, 제33 · 55사단은 태국 영토를 쾌속으로 진격하여 12월 9일 저녁 방콕을 장악했다.

일본기와 태국공군의 공중전이 벌어졌지만, 태국 공군기 3대가 격추되었다. 12월 10일, 영국 전함 프린스오브웨일스와 리펄스가 격침되면서 일본의 승세는 굳혀졌다. 결국 태국은 1942년 12월 11일 11:00, 일본과의 동맹조약을 체결했다.

콰이강 다리, 레도 로드의 건설역사

태국은 태평양전쟁에서 일본 · 독일 · 이탈리아 편에 가담하여 영국군 · 미군과 싸웠다. 덕분에 버마 · 말레이시아 · 라오스 국경에서 영토를 넓혔다. 이 무렵 일본군은 영국군 포로와 아시아인 수십만을 동원하여 버마와 태국 국경 근처에 '콰이강의 다리'를 건설했다. 이 다리는 공사 간 11만 6천 명이 사망하여 '죽음의 철교'로 불려졌다. 1942년 일본군이 버마 북부를 점령하자, 연합군은 차단된 버마 로드 대신 중국군을 위한 신보급로 공사를 추진했다. '인도 레도에서 중국 쿤밍까지'의 험준한 산악을 관통하는 1,000km 도로건설이었다.

해발 2,600m의 능선과 협곡, 급류를 극복하는 난공사에 공병대원 28,000명, 원주민 35,000명이 투입되었다. 이질 · 장티푸스 · 거머리 · 열병과 일본군 습격에 시달렸고, 공사장 보급은 노새부대와 낙하산 화물투하로 극복했다. 1945년 1월 12일, 2년 난공사 끝에 신보급로가 완공되었다. "승리의 길"로 명명된 이 산악도로로 매일 5,000대의 차량이 34,000톤 군수물자를 쿤밍으로 실어 날랐다. 전쟁 승리의 뒷면에는 항상 이런 피눈물나는 희생이 감추어져 있다.

일본군이 연합군 포로와 현지인들을 강제 동원하여 건설한 '콰이강 다리' 전경.

미국 의용비행대가 남긴 공중전 신화

1942년 일본군은 태국을 거쳐 파죽지세로 버마까지 석권하며, 인도 인팔지역까지 진출했다. 연합군은 지상전에서 굴욕적인 패배를 거듭했지만, 태국과 버마 북쪽 상공에서는 미국 의용비행대(플라잉 타이거즈)가 눈부신 전과를 올리고 있었다.

튼튼하지만 미국산 P-40 전투기는 일본 제로센 전투기보다 성능이 뒤졌다. 민첩함을 자랑하는 일본기는 P-40의 2배 속도로 선회하고 상승했다. 그러나 무서운 상어 눈알과 톱날 같은 이빨을 동체에 그린 이 전투기는 물불을 가리지 않고 일본기에 달려들었다. '플라잉 타이거즈'는 중국을 지원하고자 달려온 미국인 의용비행대였다. 112명의 조종사 전직 직업은 세일즈맨 · 교사 · 음악가 · 만담가 · 은행원 · 야구선수 등 다양했다.

1942년 2월 25일, 일본기 166대가 양곤을 공습할 때, 플라잉 타이거즈 9대의 전투기가 적기 24대를 격추시켰다. 전쟁이 끝날 때까지 이 부대는 태국 · 버마 · 중국 · 인도 전역에서 1,220대의 일본기를 격추했다. 조종사의 확고한 소명감, 뛰어난 조종술, 피눈물 나는 훈련이 항공기 성능의 열세함을 극복한 좋은 공중전 사례이다.

 P-40 전투 앞의 미국 의용비행대 '플라잉 타이거즈' 조종사들의 모습.

아버지는 파병부대장, 아들은 철군부대장

태국은 아시아에서 700여 년 동안 타국의 식민 지배를 받지 않고 독립을 지킨 유일한 국가다. 19세기 거세게 밀려오는 서구열강의 세력을 막아냈고, 20세기 세계대전과 동서 냉전의 물결 속에서도 굳건하게 주권을 지켰다. 이는 강대국과의 노련한 외교력 발휘와 강력한 국방력 덕분이었다. 때로는 굴욕적인 불평등 조약과 영토 상실도 있었다. 그러나 태국은 '작은 손실'을 감수하는 대신 국가 보존이라는 '큰 이득'을 지키는 지혜를 발휘했다.

군사박물관 대신 '군대스리가' 경기 관전

방콕은 만성적인 교통체증으로 선 듯 택시 타기가 부담스럽다. 이런 여건에서 서민들을 위한 오토바이가 큰 역할을 한다. 골목골목의 오토바이 운전사들이 매의 눈초리로 바쁜 사람을 귀신같이 알아본다. 단지 자동차 틈새와 골목길을 요리조리 빠져나가는 곡예 운전이 다소 위험해 보인다. 국방부 청사에서 육군박물관을 잘 안다는 오토바이 운전사 말을 믿고 함께 탔다. 쏜살같이 달려간 오토바이가 도착한 곳은 무장 초병이 있는 웅장한 부대 정문.

출입문에 들어서니 방탄조끼를 입은 덩치 큰 위병장교가 막아선다. 넓은 잔디연병장 건너편으로 2~3층 청사가 보이는 이곳은 바로 육군본부였다. 본청에 연결된 2개 층이 군사박물관이다. 아쉽게도 박물관은 일시적으로 폐쇄됐단다. 곰 같은 위병장교는 정문 가까운 영내 출입과 사진 촬영도 허용했다. 넓은 잔디밭에서는 태국군 장교들의 축구 시합이 한창이다.

연병장 주변의 알록달록한 천막을 보니 부서 대항 축구 시합인 모양이다. 산뜻하게 통일된 유니폼은 경기 격조를 드높인다. 예상치 않았던 태국판 '군대스리가' 축구 경기 관전. 목이 터지라고 소리 지르는 동료 응원에 선수들은 사력을 다한다. 위병장교 역시 결정적인 골인 기회에는 주먹을 불끈 쥔다. 뜨거운 단체경기의 야성 속에서 사기 앙양과 단결을 도모하는 것은 어느 나라 군대나 똑같다. 박물관에 들어가지 못한 아쉬움은 위병장교가 건네주는 태국군 소개 책자로 대신해야만 했다.

육군본부 연병장에서 축구경기 전 선수들 모습. 노란 천막 뒤편 건물이 육군 군사박물관이다

알려지지 않은 태국-프랑스 전쟁 비화

19세기 프랑스가 인도차이나를 식민지화하고 서진해 오자, 태국은 캄보디아 국경영토 일부를 넘겨주어야만 했다. 제1차 세계대전이 발발하자, 국민의 분노를 누르고 태국은 오히려 프랑스와 영국을 도왔다. 제2차 세계대전으로 아시아의 프랑스군이 유럽으로 이동하자, 1940년 10월 캄보디아 국경에서 프랑스-태국 간 전쟁이 발발했다. 본국 지원을 받지 못한 50,000명의 프랑스군은 절대적으로 불리했다.

1941년 1월 28일 일방의 결정적인 승리 없이 전쟁은 끝났고, 5월 9일 일본 도쿄에서 평화협정을 체결했다. 태국은 빼앗겼던 영토를 프랑스로부터 돌려받았다. 국토회복에 국민은 열광했고, 특히 태국 공군의 역할이 지대했다. 강대국을 꺾은 태국인의 자부심은 하늘을 찔렀다. 방콕에는 이 전쟁 승리를 기념하는 높은 승전탑이 세워졌다. 기념탑의 5개 총검형 비석은 육·해·공군·경찰·시민의 총화단결을 상징한다.

태국-프랑스 전쟁 간 활약한 태국공군기 모습.

"추워! 추워!"부터 배운 한국전쟁의 태국군

Trip Tips

태국은 6 · 25전쟁 당시 아시아에서 필리핀과 함께 육 · 해 · 공군부대를 한국에 보내준 고마운 나라다. 1950년 7월 20일, 태국 국가안전보장회의는 최초 1개 여단 규모의 전투부대 파병을 결정했다. 파병부대 지원병 모집에 14,998명의 청년이 몰려왔다. 지원자 대부분은 한국이 어디 있는지도 몰랐다.

단지 공산주의자 침공으로 고통을 받고 있다는 것만 알았다. 1950년 10월 22일, 제21 연대전투단 제1제대 1,163명이 방콕항을 출발했다. 11월 7일, 부산항에 입항한 태국군이 본 한국의 첫인상은 헐벗은 산야, 판잣집, 버려진 고아들밖에 보이지 않았다. 대구에서 3주간 적응훈련을 거친 태국군은 12월 4일, 평양에 도착하여 미군의 철수작전을 엄호했다. 영하 15도의 혹한에서 장병들이 가장 먼저 배운 한국어는 "추워! 추워!"였다.

평양-개성 철수작전에서 36명의 태국군이 동상에 걸렸으며, 일부는 발가락을 절단했다. 아울러 태국해군 호위함 3척은 동해안에서 해상 초계작전을, 공군 C-47 수송기 3대는 일본의 미군기지에서 보급품 · 환자후송 공수작전을 지원하였다.

60M 박격포를 거치 중인 한국전쟁 시의 태국군 모습.

수송기와 함께 한국전쟁에 파견된 태국 공군장병 모습.

포크찹(Porkchop)전투와 별칭 '리틀 타이거'

1952년 10월 하순, 태국군 대대는 임진강 상류 역곡천 234고지에 배치되었다. 11월 1일 새벽부터 1개 연대의 중공군이 강력한 포병 화력 지원하에 방어진지를 공격했다. 10일간 계속된 적의 인해전술에 태국군은 백병전으로 맞섰다. 진내사격 요청으로 아군 포탄은 피아를 가리지 않고 머리 위에 떨어졌다. 예비부대가 없어지자, 대대장 프라유트(Prayuth) 중령은 행정요원까지 전방으로 투입했다.

11월 11일 새벽, 중공군은 300여 구의 시체를 남기고 도주했고, 태국군은 전사 25명, 부상 76명의 피해를 입었다. 낮은 피해율은 전원 방탄조끼 착용과 깊은 엄체호 덕분이었다. 이후 태국군은 "작은 호랑이(The Little Tiger)"라는 별칭을 얻었다.

아버지는 출전부대장 아들은 철군(撤軍)부대장

1972년 6월 21일, 유엔군사령부에서는 작지만 성대한 행사가 벌어졌다. 태국군 157명 1개 중대가 주인공이었지만 국무총리, 유엔군 사령관 태국군 총참모장 등 VIP가 대거 참석했다. 이 행사는 주한태국군이 22년 만에 본국으로 귀환하는 철군식 이었다.

1972년 한국을 떠나는 태국군 철군식 행사 전경.

태국군은 전쟁 중 6,326명이 참전하여 전사 129명, 부상 1,139명의 희생을 감내하며 한국을 도왔다. 1950년 최초 태국군 지휘관은 '보리분 줄라짜릿' 대령! 철군부대장은 그의 아들 '음삭 줄라짜릿' 소령이었다. 아버지는 22년 후 그 아들이 부대를 이끌고 한국을 최종 떠나게 될 줄은 꿈에도 몰랐을 것이다. 한국과 줄라짜릿 가문의 고맙고도 질긴 인연이다. 주둔기간 22년 동안 태국군인 11,776명이 교대로 한국 생활을 경험했다.

태국 관광지 파타야로 가는 길목 '촌부리'에 한국전쟁 참전기념탑이 있다. 숱한 한국 관광객 가운데 혈맹의 상징 이 기념탑을 찾는 사람은 거의 없다. 한국대사관 직원들만 때가 되면 찾을 뿐이다. 2010년 태국 신혼여행 한국인 부부 100쌍 설문조사에서 '태국이 한국전쟁 참전국이라는 것'을 아는 부부는 단 2쌍. 반면 태국 명문 출라롱콘 대학생 100명에게 똑같은 설문의 응답은 34

명이 "알고 있다"로 나타났다. 선진국이 된 대한민국 국민은 한겨울 "추워! 추워!"라며 일하는 한국의 태국 노동자들을 볼 때마다, 그들의 선조들이 우리를 위해 바친 고귀한 희생을 한 번쯤은 생각해야 할 것이다.

태국 '촌부리'에 있는 한국전쟁 참전기념탑 전경.

국왕이 후원한 100년 전의 태국공군

태국 공군박물관은 다소 시내 중심부에서 벗어나 있었다. 박물관을 찾아가는 길은 어렵기만 하다. 승객용으로 개조한 소형트럭과 전철을 교대로 갈아탔지만, 최종 전철역에서는 택시를 이용해야만 했다. 고가도로 · 하수도 공사까지 차량흐름을 막는다. 운전기사도 미안한지 연신 경적을 울렸지만, 해결될 문제가 아니니다. 지겹도록 택시 안에 갇혀 있다가 겨우 박물관에 도착했다. 하지만 장난감 같은 옛 항공기들이 가지런히 정렬된 박물관 전경을 보는 순간 모든 피로는 잊어버렸다.

태국 공군박물관 실내에 전시된 다양한 항공기.

방콕의 뱃길 은행과 골목길 재래시장

아침이 열리는 방콕 중심부의 짜오프라야강의 뱃길! 이 뱃길은 주로 시민 출퇴근용, 관광객 유람코스로 쓰이면서도 심지어 수상 은행까지 있다. 이 은행은 강변을 따라 즐비하게 늘어선 수상가옥 주민들을 위해 만들어졌단다. 은행선박이 수상가옥 촌으로 들어가면 단골고객들이 반가운 웃음으로 맞이한다. 배를 세우고 은행직원이 장대 끝에 달린 바구니를 수상가옥으로 내민다.

고객이 바구니에 입금할 돈이나 공과금 명세서를 집어넣는 것으로 거래는 끝난다. 바구니가 오가는 동안 간단한 안부 인사나 궁금한 소식을 주고받는 모습은 한국의 시골 집배원이 편지를 전달하는 모습과 흡사하다. 재래시장으로 연결된 선착장에 내려 골목으로 접어드니 관광객을 붙잡는 상인들의 목소리가 요란하다. 작은 수레를 개조한 노점상에서 아내는 연신 과일을 다듬고, 남편은 손님들에게 음료를 건넨다.

싱글벙글 웃으며 관광객에게 손짓하는 에는 몰려오는 한국 여행객들을 배려하여 "날치기와 도둑 조심!"이라는 한글 경고간판도 있었다.

방콕 재래시장에서 과일 음료를 판매하는 노점상 부부.

100년 전통의 태국공군 국왕이 뒷받침

태국 공군박물관은 한국 공군사관학교 항공박물관보다 규모면에서 훨씬 크다. 1910년 11월에 즉위한 국왕 라마 6세는 영국육사(샌드허스트)를 졸업했고, 옥스퍼드 대학 유학경험도 있었다.

1910년대 육군항공대 창설을 주도한 태국 국왕 라마 6세(사진 중앙).

그는 청소년 준군사조직 '스아빠(Wild Tiger)'를 조직하여 국방의 기틀을 다졌고, 항공부대 창설에도 심혈을 기울였다. 유럽에서 본격적으로 항공기가 군사용으로 활용되자, 국왕은 청년장교 3명을 프랑스 비행학교로 보냈다. 조종기술을 배운 이들은 귀국 후, 왕실의 적극적인 후원으로 육군항공대를 창설했다. 비슷한 시기 한반도의 대한제국은 1907년 8월 1일, 일본에 의한 군대 강제해산으로 항공대 창설은 꿈도 꾸지 못했다. 뒤늦게나마 한국인의 창공에 대한 열정은 피어나기 시작했다. 1922년 12월 10일, 일본 오쿠라 비행학교를 졸업한 안창남이 한국인 최초로 여의도 비행장에서 단독비행 시범을 보였다.

5만 시민이 운집한 가운데 손에 땀을 쥐게 하는 곡예비행은 관중을 열광케 했다. 나라 잃은 국민에게 민족적 자부심과 긍지를 일깨운 안창남은 일약 민족 영웅으로 부상했다. 하지만 이 시기 태국공군은 제1차 세계대전에서 이미 실전 경험을 가진 막강한 항공부대를 건설하고 있었다.

1910년대 항공기를 정비하고 있는 태국 항공부대.

세계대전 승전국 반열에 선 태국 원정군

1914년 7월 제1차 세계대전이 발발하자, 태국은 중립을 선포했다. 하지만 미국의 연합군 참전이 이루어지면서 1917년 7월 22일, 독일 · 오스트리아 · 헝가리 등 동맹국에 대해 선전포고를 했다. 뒤이어 태국은 가할레마크스(Cahalermaks) 대령 지휘하에 1,250명의 병력을 프랑스에 파견했다. 그중 400명의 육군항공대는 랑(Lrang) 소령이 지휘했다. 1918년 7월 30일, 프랑스 마르세유 항구에 도착한 태국항공대는 비행학교에서 106개 종목의 다양한 훈련과 시험을 거쳤다.

선발된 95명의 전투조종사는 항공작전에 참여하여 다양한 실전 경험을 쌓았다. 1918년 11월 11일, 제1차 세계대전이 끝나면서 태국은 승전국 반열에 합류했다. 태국군은 런던 · 파리 · 브뤼셀의 승전기념 대행진에 당당하게 참가했고, 베르사유 평화회담에서 피 흘린 대가로 상당한 국익을 확보했다.

태국 공사 하늘공원의 전쟁역사 이야기

Trip Tips

박물관에는 실내전시관과 항공기전시장 이외 태국공군 홍보관도 있었다. 학생들에게 멋있는 파이럿트 지원 과정을 상세하게 소개하는 전시실이다. 비행사로서의 신체조건이 완벽한 학생은 조종사과정으로, 아니면 정비 · 관제 등 기술 분야의 진로 선택을 그림으로 알기 쉽게 설명한다.

박물관 밖으로 나오니 공군사관학교 정문이 길 건너편에 보였다. 사관학교 정문임에도 무장 초병은 보이지 않고 경비아저씨만 있다. 영내 출입이 가능한지 물으니 들어가도 좋다는 손짓을 한다. 정문 옆의 넓은 하늘공원에는 F-16/ F-5기가 선도하는 실물 크기의 4대 전투기가 하늘로 치솟는 웅장한 동상이 있다.

태국 공군사관학교 정문 부근의 하늘로 치솟는 항공기 동상.

원형으로 설계된 대리석벽에 흑백사진으로 항공전의 역사를 시대별로 소개한다. 프랑스 · 일본군과의 공중전, 한국전쟁 · 베트남전쟁 수송기 파견, 재난구호작전 등 다양하다. 또한 태평양전쟁 당시 태국 · 버마 북방지역의 목숨 건 연합군 수송기 공수작전도 이렇게 소개했다. 1942년 봄, 일본군이 태국을 거쳐 버마를 점령하자 연합군의 인도-중국보급로는 차단됐다. 장제스 군대가 일본군을 물고 있어야만 연합군은 다른 지역 전쟁이 가능했다. 결국 인도와 중국 쿤밍까지 C-46 수송기로 해발 4,500m가 넘는 히말라야산맥을 통과하는 800km의 공수 특공작전을 결정했다.

Trip Tips

초속 100m의 제트기류, 1분에 1,000m를 오르내리는 난류, 강력한 회오리바람과 뇌우는 조종사 생명을 위협했다. 3년 작전에서 600대의 수송기가 추락했고 1,000여 명이 전사했지만, 총 65만 톤의 군수물자 수송작전은 성공했다.

1942년 해발 4,500m의 히말라야산맥을 넘고 있는 미군 C-46 수송기.

베트남전에서 얻은 태국군 별칭 '흑표범'

현재 한국 육사 · 공사 · 간호사관학교에 각각 4명의 태국 생도들이 수탁교육 중이다. 한국사관학교 입교를 위해 국방어학원에서 준비 중인 생도들을 합하면 모두 15명에 달한다. 태국은 6 · 25전쟁 참전국일 뿐만 아니라, 베트남전쟁에서도 한국군과 함께 피를 흘린 우방이다. 남베트남 정부 요청으로 태국군은 1964년 '빅토리 비행단'이라 명명한 C-47 수송기부대를, 1966년에는 해군 수송함까지 파병했다. 뒤이어 1967년 육군 연대급 전투부대가 참전했고, 1969년 10월에는 11,214명 규모의 사단급 부대가 파병되었다.

한국전쟁에서 '리틀 타이거'로 불렸던 태국군은 베트남전쟁에서도 그 용맹성을 유감없이 발휘하여 '흑표범'이라는 별칭을 얻었다. '호랑이 시리즈'로 이어지는 태국육군의 용맹성은 장병 정신교육에서도 가장 강조되는 덕목이란다. 내일은 5,000여 명의 한국군이 자유 수호를 위해 고귀한 목숨을 바쳤던 베트남의 전쟁 유적지로 떠나기로 했다.

베트남
Vietnam

베트남 역사를 바꾼 '디엔 비엔 푸' 전투

베트남 지도와 디엔 비엔 푸 위치.

베트남은 인도차이나반도 동부에 있으며, 정식국호는 베트남 사회주의 공화국이다. 국토면적 33만 km²(한국의 3.3배), 인구 9,900만, 연 국민개인소득은 3,500달러 수준이다. 북으로는 중국, 서로는 라오스 · 캄보디아와 국경을 접하며, 남북 국토길이는 1,650km에 달하고 동서의 가장 좁은 곳은 50km이다. 3,260km에 달하는 해안선은 수려한 자연경관과 풍부한 해양자원을 가졌다. 베트남 군사력은 현역 482,000명(육군 412,000, 해군 40,000, 공군 30.000), 준군사부대 40,000명, 예비군 500만을 보유하고 있다.

동 · 서양 세력의 결전장 '디엔 비엔 푸' 현장

하노이 공항을 이륙한 지 1시간! 항공기는 하노이 서북방 350km의 '디엔 비엔 푸(Dien Bien Phu)' 상공에 다다랐다. 창밖 아래로 보이는 직경 10km 의 편편한 평야 주변은 해발 500~1,000m 정도의 산이 둘러싸고 있다. 바로 이곳이 베트남 역사의 물줄기를 바꾼 디엔 비엔 푸 전쟁터다. 이 전투의 승리가 1859년 프랑스군이 사이공을 점령하면서 시작된 100년의 식민 지배를 종식시켰다.

하늘에서 내려다 본 디엔 비엔 푸 전경.

1953년 11월, 프랑스군 나바르(Navarre) 중장은 중국 · 라오스-하노이 간의 전략요충지 이 촌락을 결전장소로 택했다. 월맹군을 의도적으로 이곳으로 끌어드려 완전 섬멸시키겠다는 야심찬 구상이었다. 정예 공수부대 3,000명의 낙하산 집단강하와 단

5일 만에 임시 비행장까지 건설했다. 경전차와 105M 야포가 투하되었고, 길이 16km, 폭 10km 공간에 거미줄같이 얽힌 요새에 15,000명이 몸을 숨겼다.

나바르의 고민은 "혹시 유인하려는 월맹군이 공격해 오지 않으면 어떻게 하나?"라고 할 정도로 자신감이 넘쳤다. 그러나 월맹군 총사령관 '보 구엔 지압'은 호락호락 프랑스군 계략에 말려들지 않았다. 즉, '적이 원하는 시간 · 장소 · 방법으로 싸우지 않는다'라는 '3불(不) 전략'으로 맞섰다. 49,000명의 병력과 쌀 4,200톤, 채소 100톤, 소금 80톤이 최후 결전을 위해 프랑스군 진지 주변에 차곡차곡 쌓이기 시작했다.

디엔 비엔 푸 전투지역으로 보급품을 옮긴 수레.

승리의 원천은 불굴의 전투의지

한산한 시골 공항은 프랑스 단체여행객들로 북적였다. 전쟁유적지만 있는 이곳을 찾는 여행객은 자신의 선조가 이 지역전투에 참전했거나, 전쟁역사에 관심이 있는 사람뿐이다. 전쟁기념관 규모는 작았지만, 사진자료나 전쟁유물로 당시의 치열했던 전투상황을 충분히 상상할 수 있었다. 1954년 초, 프랑스군은 조잡한 무기로 무장한 농민군이 길도 없는 정글과 험준한 산악을 극복하고 중화기를 운반하리라고는 상상조차 하지 않았다. 수십 대의 수송기가 매일 300톤의 보급품을 방어진지에 투하했다. 하지만 월맹군은 중장비 · 야포를 분해하여 수십 명이 달라붙어 산 정상으로 밀고 올라갔다.

디엔 비엔 푸 전쟁기념관에 전시된 프랑스군 공수부대 복장과 무기류.

심지어 무거운 포신은 토막 내어 운반한 후, 다시 용접하여 사용했다고 일부 사람들이 주장하나 기술적으로 불가능한 이야기다. 33,500명의 민초들이 수백km 밖에서 등짐·자전거로 27,400톤의 식량·탄약을 전선으로 운반했다. 20,000대의 자전거가 동원됐고, 한 대에 최대 352kg의 보급품을 실었다. 1954년 3월 13일 새벽, 전혀 예상치 못한 월맹군의 소나기 같은 집중 포격은 프랑스군을 공황 상태로 몰아넣었다.

디엔 비엔 푸 주변 고지 위로 야포를 끌어올리는 월맹군 병사들.

이틀 만에 방어거점 '베아트리에'와 '가브리엘'이 어이없이 무너졌다. 박물관 뒤편 격전지 현장에는 진지 중앙에 10m 깊이의 시꺼먼 웅덩이가 남아있다. 월맹군이 두더지처럼 땅 밑으로 토굴을 파고들어 와 폭발물로 요새를 날려버린 흔적이란다. 전우의 시체를 밟고 쇄도해 들어오는 적군에 프랑스군은 총검으로 맞섰으나, 더는 버틸 수가 없었다.

Trip Tips

5월 7일 오후, 일부 진지 위로 백기가 올라갔다. 프랑스군은 전사 1,600명, 부상 4,800명, 포로 8.000명을 남겼고, 포위망을 뚫고 탈출한 병사는 70명에 불과했다. 월맹군 피해는 전사 7,900명, 부상자가 15,000명에 달했다.

프랑스군의 악전고투 쳐다만 본 우방국

처절한 디엔 비엔 푸 전투가 계속되는 동안 프랑스는 우방국 지원을 간절히 요청했다. 미국은 산악지역 공중폭격의 비효율성과 전쟁개입 반대여론으로 주저했다. 영국은 홍콩 보호를 위해 중국과의 원만한 관계를 유지하려고 이 전쟁을 못 본 체했다. 결국 우방국의 적극적인 개입은 없었다. 프랑스군은 적 포위망 속에서 애타게 지원을 요청하는 아군에게 필사적으로 공중보급을 시도했다. 치열한 대공포화에 격추된 수송기는 모두 167대. 낙하산에 매달린 보급품의 50%는 프랑스군에게, 30%는 월맹군 진지에 떨어졌다. 심지어 프랑스군 현지 사령관 '카스트리' 장군 부인이 남편에게 보내는 편지와 선물을 월맹군이 보급품에서 발견하여 정중하게 주인에게 전달하기도 했다. 월맹군의 거센 마지막 공세가 시작되자 프랑스군은 탈출을 시도했다. 그러나 1954년 5월 7일 17:00, 카스트리 장군이 생포되면서 55일간의 참혹했던 전투는 막을 내렸다.

70년 전의 임시철교와 지하 전투지휘소

시내 중심부의 작은 강 위에는 70년 전 프랑스군 공병이 건설한 임시 철제다리를 주민들이 현재도 유용하게 활용하고 있다. 부근에는 프랑스군 지하사령부, 폐기된 비행장 활주로와 대공포가 남아있었다. 전쟁유적지로 지정된 지하벙커는 플라스틱 지붕을 덧씌워 훼손을 막도록 했다. 프랑스군 사령관을 생포한 두 병사 '따꿔루엇과 담반티엔'이 벙커 지붕에서 베트남 국기를 열광적으로 흔드는 대형사진은 그날을 기억하게 만든다. 계단을 따라 지하로 내려가면 수많은 격실이 나온다. 긴박하게 지원을 요청하는 통신실의 무전기 수신음과 상황판 앞에서 고래고래 소리 지르며 작전을 지시하는 장교들의 목소리가 들려오는 듯했다.

디엔 비엔 푸의 프랑스군 전투사령부 지붕 전경. 지하에 지휘통제실 등 각종 시설이 갖춰져 있다 ·

가난하지만 순박한 베트남 시골농부

 지휘소 벙커를 나와서 철제다리를 건너가니 과일과 생선을 늘어놓은 노천시장이 나왔다. 생선가게에 달려드는 파리떼를 쫓기 위해 곳곳에 설치해 둔 바람개비가 인상적이다.

바나나, 망고, 파인애플을 수레에 잔뜩 쌓아둔 주인이 손을 흔들며 반갑게 인사한다. 한국에서 왔다고 하니 당장 한국산 스마트폰을 내보이며 친근감을 나타낸다. 한국 TV 드라마와 축구감독 이야기 등 한류 마니아임을 과시하면서, 그는 사탕수수대를 내밀며 먹어 보란다. 장난삼아 씹어보니 달짝지근한 즙이 나온다. 뒤이어 여행객들이 좋아한다는 망고를 적극 권한다.

한 바구니 과일을 봉지에 담았지만, 단돈 1,000원이 되지 않아 횡재 맞은 기분이다. 내일은 시내 외곽의 프랑스군 요새와 라오스 국경으로 가보기로 계획했다.

프랑스군 임시철교 부근의 과일 노점상 전경.

베트남의 38선 '북위 17도선' 탄생 과정

1954년 3월, 프랑스에서 식민지 인도차이나는 너무 멀리 떨어져 있었다. 인도차이나전쟁에서 프랑스군은 본국의 즉각적인 지원을 기대하기 어려웠고, 국민들도 관심이 없었다. 좌익 세력의 반발이 두려워 정부는 국회에 전쟁 지원을 호소할 수도 없었다. 제2차 세계대전이 끝난 지 10년도 되지 않아, 프랑스인들은 전쟁에 대한 극도의 혐오감까지 있었다. 해외파병을 위한 추가징집은 불가능했고, 시민들은 전선의 부상병들을 위한 헌혈도 기피했다. 프랑스인들의 눈에 디엔비엔 푸 전투는 '머나먼 전쟁'일 뿐이었다.

적 능력 오판이 부른 참담한 패배

디엔 비엔 푸 격전지 현장에는 프랑스군 지하사령부를 중심으로 10여 개의 크고 작은 거점들이 펼쳐져 있다. 병력 배치지역에는 대부분 긴 교통호와 노출된 공용화기 진지들만 남아있다. 마지노 요새처럼 견고한 콘크리트 방어시설은 찾아보기 힘들다. 하노이와 350km 떨어진 이곳까지 시멘트·철근 등 축성 자재의 공중수송이 쉽지만은 않았을 것이다.

목재와 흙더미로 만든 엄체호는 강력한 집중 포격에 견딜 수가 없었다. 베트민군 포병 화력은 105M 36문, 12.7mm 대공화기 36문, 다연장로켓포 12문 등 다양했다. 프랑스군이 가진 10대의 M24 채피(Chaffee) 경전차도 57M 대전차포를 가진 적군 앞에서는 무력했다. 정보 면에서도 베트민군은 프랑스군 배치를 손금 보듯이 파악할 정도로 우세했고, 무기류는 중공군이 국민당 군대로부터 노획한 미국산이 많았다. 1949년 10월, 마오쩌둥은 국민당군을 본토에서 타이완으로 내몬 후 확보한 엄청난 무기를 호찌민 군대에게 지원했다.

베트민군이 노획하여 전시한 프랑스군 M24 경전차.

심리전에 무너진 타이족 현지인 부대

1954년 4월, 디엔 비엔 푸는 우기가 시작되었다. 안개로 뒤덮인 상공에서 프랑스 수송기들은 애절한 지원요청에 보급품의 정확한 투하를 위해 더욱 고도를 낮추었다. 하지만 베트민군의 치열한 대공사격에 화물을 투하하기도 전에 수송기는 피격당했다. 빈사 상태에 빠진 우군을 도울 수 있는 길은 증원군의 공수 투하밖에 없었다. 보병부대인 제3·5 외인연대에서 전우를 구하려고 지원자들이 쇄도했다.

그들은 단 한 번도 낙하산 훈련을 받은 적도 없었다. 상당수가 적진으로 떨어져 사살되었고, 아군지역 낙하 병력도 적의 맹렬한 공격에 전멸하고 말았다. 이런 상황에서 비행장 활주로 북단 안 마리(Anne Marie) 진지에서는 어처구니없는 사태가 벌어졌다.

Trip Tips

베트민군의 교활한 심리전에 넘어간 제3타이대대 병사들의 적전도주 사건이다. 진지 건너편 스크린에서 이민족 병사들의 항복 장면이 비춰지면서, 프랑스를 위해 목숨을 버릴 이유가 없다는 적 확성기 심리전에 병사들이 동요했다.

프랑스인 장교·부사관이 설득하고 전우애를 강조했지만 소용없었다. 중대장이 항명 병사의 즉결처형을 결심하자 부사관들이 만류했다. 참호에서 병사 한 명이 도주하자, 순식간에 타이족들은 소총을 내팽개치고 적진으로 달음질쳤다. 죽음을 무릅쓰고 전우를 구하려는 군인이 있는 반면, 이런 비겁한 군인도 있는 것이 실전 상황이다.

확성기 심리전을 펼치고 있는 디엔 비엔 푸의 베트민군.

디엔 비엔 푸 평원 주변의 험준한 산악지형 전경.

프랑스군과 함께 베트남으로 간 한국인 병사

6 · 25전쟁 당시 프랑스군 대대에서 근무했던 '이수복' 씨 증언이다. 1950년 프랑스는 1개 대대의 전투부대를 한국에 파병했다. 이 씨는 17세 나이로 60명의 한국군이 포함된 프랑스군에 입대했다. 1953년 7월, 전쟁이 끝나자 프랑스군 대대는 베트남으로 건너갔다. 한국인 대부분은 한국군 부대로 복귀했지만, 전병일(1929년생) 등 10여 명은 프랑스군과 함께 이동했다. 현지에서 외인부대에 지원한 한국인들은 치열했던 디엔 비엔 푸 전투에 참전했다. 구사일생으로 살아남은 전병일은 또다시 알제리 독립전쟁에 투입되었다. 그는 무공훈장 수령과 동시 전역하기 직전, '알제리 독립군과 내통했다"라는 동료 모함으로 군 교도소에서 1년 복역 후 1961년 석방되었다.

Trip Tips

'함남 함주군 주복면'이 고향인 그는 프랑스 체류허가서에는 '북한인', 참전증서에는 '남한인'으로 기록되어 있다. 결국, 전병일은 무국적자 신분으로 파리에 홀로 남아 여생을 보내야만 했다.

베트남 분단 북위 17도선 탄생

1954년 5월 8일, 디엔 비엔 푸 전투가 끝나자 제네바 국제회의가 열렸다. 인도차이나 문제해결을 위해 미국 · 프랑스 · 영국 · 소련 · 중국 · 캄보디아 · 라오스, 베트남 북쪽 호찌민 정부와 남쪽 바오 다이 정부를 포함하여 9개국 대표가 참석했다. 7월 21일에 종결된 회담 결과는『①북위 17도 선을 경계로 호찌민군은 그 이북으로, 프랑스군은 그 이남으로 철수한다. ②민간인은 17도선 이남과 이북으로 거주 이전을 할 수 있다. ③군사경계선은 잠정적이며, 정치문제는 1956년 7월 이전 총선거로 결정한다. ④프랑스군은 총선거 때까지 주둔한다. ⑤캐나다 · 폴란드 · 인도 3개국이 협정이행을 감시한다』였다. 미국과 바오 다이 정부는 베트남 절반이 공산화된 데 불만을 품고 협정에 서명하지 않았다. 제1차 베트남전쟁으로 프랑스연방 군대는 17만 2천 명, 호찌민군은 51만 6천 명의 사상자가 있었으며, 15만 민간인이 목숨을 잃었다. 1955년 5월 중순, 프랑스의 마지막 부대가 북베트남 하이퐁 항구를 떠났다. 이때 프랑스군을 따라 남하한 민간인은 90만, 그중 60만 명이 가톨릭 신자였다. 남쪽의 호찌민군과 게릴라 부대도 17도선 이북으로 올라갔으나, 이들과 함께 북으로 간 민간인은 소수에 지나지 않았다. 이 회담은 결국 제2차 베트남전쟁을 불러왔고, 그 주역에 프랑스 대신 미국이 등장했다.

프랑스군 진지 부근의 베트민군 전사자 묘역.

디엔 비엔 푸 지역의 프랑스군 진지 교통호.

국경 오지마을 아이들의 해맑은 웃음

디엔 비엔 푸 평원을 벗어나 베트민군이 포진했던 주변 산악지역을 답사했다. 라오스 국경이 멀지 않은 이 지역은 대부분 깊은 협곡과 울창한 밀림으로 덮여있다. 이런 지형에서 무거운 대포를 끌어 올리고, 등짐과 수레로 군수품을 운반한 베트남인의 억척스러움에 고개가 절로 숙여진다. 라오스 국경으로 가는 도로는 한창 확장공사 중이다. 깊은 산속에서 가끔 눈에 띄는 마을 주민들이 어떻게 생계를 유지하는지도 궁금했다. 마침내 도착한 능선 도로의 정상에는 국경세관 건물만 우뚝 서 있다. 한가로운 세관원이 약간의 달러만 내면, 현장에서 바로 라오스 입국비자를 발급해 주겠단다.

적막한 산 정상에서 갑자기 생기발랄한 아이들이 몰려왔다. 주변 국경마을에서 사는 모양이다. 오래간만에 보는 외국인이 신기한지 함께 사진을 찍자고 한다. 스마트폰 사진 속의 자신 얼굴을 보고 "까르르!" 웃는 천진난만한 표정에서 때 묻지 않은 산골 소년 · 소녀들의 순박한 마음을 엿볼 수 있었다.

베트남-라오스 국경 산골마을 아이들의 모습.

'호' 아저씨의 생애와 베트남 독립 과정

'호 아저씨(Bac Ho)'라는 표현은 베트남 독립과 건국의 아버지인 호찌민 주석을 국민들이 부르는 애칭이다. 그는 평생을 독신으로 살면서 민족 해방과 양분된 조국 통일에 일생을 바쳤다. 청빈 · 겸손 · 소탈 · 친근함으로 일관된 생활 자체도 존경심을 자아낸다. 그의 숨결은 현재도 베트남 곳곳에서 살아 숨 쉰다. 남베트남 점령전쟁은 "호찌민 작전", 사이공은 "호찌민시", 남북 1,700km 국도는 "호찌민 국도", 정치사상 교육 최고기관은 "호찌민 아카데미"로 부른다. 또한, 수천 명의 국내외 참배객들이 매일 호찌민 영묘를 찾는다. 죽어서도 더 빛을 발하는 위정자 모습에서 진정한 지도자의 덕목을 찾아볼 수 있다.

베트남 서민들의 일상적인 새벽 운동

하노이 시내 중심부의 새벽 5시! 가까운 공원에서 흘러나오는 음악 소리에 잠을 깼다. 창밖을 보니 잔디밭이나 공터에서 많은 사람들이 스포츠 댄스 형태의 신명 나는 운동을 하고 있다. 베트남 특유의 덥고 습한 날씨를 피해 주로 새벽이나 저녁 시간에 몸 관리를 한단다.

현란한 춤솜씨로 아침부터 부부애를 과시하는 중년 커플의 모습은 보기에도 아름답다. 호안끼엠 호수 옆에서 빠른 리듬 음악에 맞추어 신나게 온몸을 흔들어대는 에어로빅 운동 그룹은 보는 사람의 어깨를 들썩이게 만든다. 이런 활기찬 사회적 분위기를 보면서 베트남인은 다소 소극적이고 느릴 것이라는 잘못된 선입견은 깨끗하게 날아갔다.

공원에서 새벽운동을 하는 하노이 시민들의 모습.

바딘 광장의 웅장한 호찌민 영묘

하노이 바딘(Ba Dinh) 광장 주변은 대통령궁, 당중앙위원회, 외무부 등 주요 행정부서가 집중되어 있다. 길이 320m, 폭 100m의 광장은 1945년 9월 2일 호찌민이 베트남민주공화국 독립을 선언한 곳이다. 1969년 9월 2일, 호찌민은 독립선언을 하고 정확하게 24년 후 79세로 사망했다. 그는 유언에서 시신을 화장하여 그 재를 베트남의 북부, 중부, 남부에 질그릇에 담아 묻어달라고 했다. 하지만 유언과는 달리 광장 묘소에 안치되었고, 시신은 방부 처리되어 일반인에게 공개되고 있다.

이 묘소에 들어가기 위해서는 소지품 보관, 검색대 통과가 끝나면 대기선에서 한참을 기다려야 한다. 여위고 창백한 유리관 속의 호찌민 주변에는 하얀 제복의 의장병이 미동도 하지 않고 부동자세로 서 있다. 1년 중 3개월은 시신을 다시 러시아에서 보존처리를 하느라 묘소는 문을 닫는다.

Trip Tips

영묘 관람 후 주변 커피점에서 한국 청년 두 명 만났다. 군대 동기생인 이들은 전역과 동시에 석 달 동안 동남아 배낭여행 중이란다. 최전방에서 군 복무를 마쳤다는 자신감 넘치는 이들은 '베트남 화폐는 마지막 0을 제거하고 2로 나누면 한국 돈과 같다(10만 동=5천 원).'라는 조언까지 해주었다.

바딘 광장 부근의 소박한 호찌민 관저 일부 전경.

검소하고 소박했던 호찌민의 삶

영묘 뒤편에는 1954년 프랑스로부터 독립한 이래 호찌민이 사망할 때까지 거주한 관저가 있다. 호찌민 숙소는 나무로 만든 허름한 2층 작은 집이다. 1층 회의실에는 회의용 탁자와 전화기가, 2층에는 침실·서재와 구형 라디오 등이 진열되어 있다. 화장실은 게으름을 없애고자 침실과 떨어진 곳에 일부러 두었단다. 평생 독신으로 살아 온 그의 유산은 카키 옷 2벌, 고무 샌들 한 켤레, 골동품 시계 한 개, 타자기 한 대뿐이다. "사치는 부패보다 더 나쁘다."라고 주장했던 그가 즐겨 읽었던 책은 정약용의『목민심서』. 호찌민이 변함없이 존경받는 가장 큰 이유는 바로 이런 정직하고 검소한 삶이었다.

호찌민 관저 내의 1층 회의실과 2층 숙소 전경.

호찌민 생애와 베트남 독립과정

1890년 5월 19일 출생한 호찌민은 프랑스에 대한 독립운동으로 관리직을 박탈당한 아버지로부터 민족주의 사상을 배웠다. 1911년 외항선의 주방 심부름꾼으로 유럽에 건너간 그는 아프리카, 북미를 여행했다. 요리사, 정원사, 가축 사육사, 웨이터, 댄서, 사진사, 기자 등 다양한 직업을 가졌던 그는 자본주의와 인종차별에 대해 비판의식을 갖게 된다. 이런 척박한 환경과 풍부한 해외 견문을 바탕으로 영어·스페인어·독일어·중국어·러시아어를 익혔다.

'8년 세계 일주'를 마친 호찌민은 프랑스사회당에서 정치활동을 시작하였다. 1942년 초, 장제스 지원을 받으려고 충칭에 갔다가 국민당 군대에 붙잡혀 18개월 동안 투옥당하기도 했다. 그러나 민족 해방을 위해 호찌민은 '26년간 지하활동'을 끈질기게 이어갔다. 일본이 패망하자 1945년 9월 2일, 베트남은 독립을 선언했지만, 일본군 무장해제 명목으로 북위 16도선 북쪽에는 중국군이, 남쪽에는 영국군이 진주했다. 당시 38도선을 경계로 소련군과 미군의 한반도 진주 상황과 판박이다. 뒤이어 영국군은 철수하고 프랑스군이 다시 들어왔다.

Trip Tips

호찌민은 중국군 철수를 전제로 프랑스군 진입을 허용하면서, 북부 일부 지방을 근거로 '베트남민주공화국'을 수립했다. 베트남 공산당의 거센 반발을 호찌민은 "평생 중국의 똥을 먹는 것보다는 잠시 프랑스 구린내를 맡는 것이 낫다."라며 설득했다.

베트남의 투쟁대상으로는 프랑스군만 남게 되었고, 1954년 5월 디엔비엔푸 전투 승리로 결국 북베트남에 완전한 공산정권을 세웠다. 17도선 북쪽에는 호찌민 정부가, 남쪽에는 응오딘디엠 정부가 들어서면서 베트남은 또다시 분단되었다. 호찌민은 북베트남을 '해방된 반쪽'으로 보았으며, 완전한 통일을 위해 혁명역량 구축에 매진했다. 남베트남에 '민족해방전선(National Liberation Front), 일명 베트콩'이 창설되었고, 호찌민은 미국과의 전쟁 중 파리평화협상이 진행되던 1969년 사망하였다.

호찌민 관저 부근의 호찌민 박물관 전경.

군사박물관에서 본 베트남 공산화 과정

하노이에는 옛 성곽과 구식건물을 개조한 군사박물관이 있다. 입구에는 찢어져 널브러진 항공기 잔해로 높게 쌓아 올린 기념탑이 우뚝 서 있다. 제2차 베트남전쟁에서 월맹군은 미군기 30,000대를 격추했다고 비각에 기록하고 있으나 과장된 전과다.

기념탑은 격추한 미군 항공기 동체가 땅에 처박히면서 꼬리가 하늘로 치솟은 형상이다.

부러진 앞날개에 그려진 선명한 미 공군의 하얀 별 표식은 "세계 최강국 미국을 굴복시켰다!"라는 이미지를 관람객에게 각인시킨다. 내부 전시관에는 파리평화회담을 깨고 무력으로 남베트남까지 완전하게 점령하는 과정의 역사자료가 가득하다. 1975년 4월 30일, 사이공 대통령궁 정문을 깨부수면 진입했던 T-54 전차 843호가 붉은 깃발과 함께 그날의 역사를 증언하고 있다. 마지막 전시 코너는 대형사판 위에서 "사이공 최후의 전투"를 자세하게 묘사한다. 월맹군 진격로를 표시하는 붉은 불빛은 남베트남군의 마지막 숨통을 꺾고 있었고, 승리를 자축하는 요란한 군가는 베트남의 완전한 공산화를 선언하는 듯했다.

1975년 4월 30일 남베트남 대통령궁에 진입했던 동일 모형의 월맹군 T-54 전차 전경.

하노이 군사박물관 입구에 격추한 미군 항공기 잔해로 건립한 기념탑 전경.

'통킹만 사건'과 제2차 베트남전쟁

베트남은 '신이 여행하기 좋은 나라'라는 말이 있을 정도로 천혜의 관광자원이 많다. 해발 2,400m 이상의 산이 11개나 되며, 가장 높은 산 판시판(Phan Si Pan)은 높이가 3,143m에 달한다. 3,260km에 이르는 긴 해안선과 연계된 대표적인 관광명소는 하롱베이다. '용이 내려앉은 곳(下龍)'이라는 의미를 가진 이곳은 1,533km^2 넓이에 1,969개의 기암괴석이 장관을 이룬다. 또한, 하롱베이에서 가까운 하이퐁은 역사적으로 외침의 통로가 된 전략요충지이며, 현재 베트남 해군사령부가 있는 도시다.

세계문화유산으로 지정된 하롱베이 절경과 유람선.

강인한 생활력을 보여주는 선상 노점상

하롱베이 앞바다에 솟아오른 수많은 섬 사이로 유람선이 느긋하게 운항하면, 조그마한 쪽배들이 순식간에 달라붙는다. 열대과일, 잡화, 선물용 액세서리를 잔뜩 실은 선상 노점상들이다. 어떤 배에는 어린아이들이 학교 대신 부모님 일을 돕고자 배에 같이 타고 있다. 반지 · 팔찌 · 목걸이를 파는 한 젊은 여성은 상품바구니를 가지고 아예 유람선에 승선한다. 손가락으로 가격 표시를 하며 흥정하는 그 여자 열정에 감동하여 여행객들이 한두 가지 선물을 집어 든다. 경쟁 업체를 따돌리기 위한 적극성이 대단하다.

상품 대부분을 고객에게 떠넘긴(?) 점주는 싱글벙글 웃으며 흐뭇한 표정으로 하선한다. 이런 영업전략을 바탕으로 이 여성은 먼 훗날 큰 상가의 주인이 될지도 모른다는 생각이 들었다.

하롱베이 유람선의 여행객들에게 상품을 판매하는 선상 노점상 모습.

베트남해군의 본향 하이퐁으로 가는 길

하롱베이 선착장에서 하이퐁행 버스터미널로 가고자 택시를 탔다. 목적지에 도착하여 아무리 찾아도 여객청사가 보이지 않는다. 알고 보니 일정한 승차장 없이 지나가는 중형버스를 세워 타야 한단다. 몇 번이나 행선지를 확인하고서야 겨우 하이퐁행 버스를 탔다. 차비는 청년 차장이 차내 승객들을 비집고 다니며 직접 받는다. 착오 없이 정확하게 개인별 요금계산을 하는 차장이 신통해 보였다. 시골 촌락을 거쳐 가는 버스는 길거리에서 누구든지 손만 들면 정차한다. 한 시간 반 정도 달리니 진짜 터미널이 있는 하이퐁이 나타났다. 인구 200만의 이 도시는 베트남에서 3번째로 크며, 해군기지가 있는 전략요충지다.

1874년 프랑스가 하이퐁을 조차 받아 하노이에서 가장 가까운 항구도시로 변모시켰다. 제2차 베트남전 중에는 미 해·공군 공격이 이 도시에 집중되었고, 1972년 소련의 군수지원을 끊기 위해 미 해군은 항구 입구에 기뢰를 촘촘하게 부설하기도 했다.

하이퐁 해군박물관의 북베트남 해군 기뢰.

2차 베트남전쟁의 신호탄 '통킹만 사건'

하이퐁 버스터미널에서는 정식 택시가 아닌 일반 승용차가 영업을 했다. 요금은 운전기사와의 흥정으로 결정한다. 해군박물관에 가려고 했지만, 기사가 내려 준 곳은 엉뚱하게도 해군복지회관 앞이다. '미끄러진 김에 쉬어 간다.'라는 말처럼 여유 있게 베트남군 복지시설 수준을 살펴보았다. 이곳에서 멀지 않은 해군박물관에 들어가려니, 갑자기 군복차림의 여군 해군장교가 나타나 가로막는다. 작은 별 3개를 견장에 부착한 예비역 상위였다. 휴관일이라 외부인 출입은 곤란하단다. 온갖 난관을 극복하고 이 박물관을 보고자 한국에서 왔다는 간청에 야외 관람만을 허락한다.

고대 화포로부터 베트남전 해상전투에서 사용된 소형 함정과 무기류가 즐비하다. 특히 베트남 · 미국 간 전쟁의 불씨가 된 '통킹만 사건' 어뢰정 사진과 전투요도가 흥미로웠다. 1964년 8월 4일, 미 존슨 대통령은 "미 제7함대 구축함 매독스(Maddox)호가 8월 2일 북베트남 어뢰정 3척의 공격을 받았다"라고 공식 발표했다. 매독스호 지원을 위해 추가 파견한 구축함도 연이어 공격을 받자, 존슨은 하이퐁항 보복 공습을 명령한다. 8월 7일, 정부의 군사행동에 대한 백지 위임요청을 미 의회는 만장일치로 통과시켰다. 이 '통킹만 결의안'은 북베트남 폭격과 미 지상군 투입의 길을 열어주었다.

Trip Tips

1965년 3월 8일, 미 해병 3,500명 파병을 필두로 연말에는 18만 4천 명의 미군이 베트남 땅을 밟았다. 뒤이어 한국군 맹호 · 청룡 전투부대도 함께 파병되면서, 10년의 기나긴 제2차 베트남전쟁은 시작되었다.

하이퐁 해군박물관의 구소련제 스틱스 함대함 미사일.

영원한 적과 우방이 없는 냉혹한 국제사회

해군박물관 야외전시물은 대부분 중국군과 구소련군 군사장비다. 곳곳의 자료사진과 설명문은 30년 베트남 전쟁역사를 생생하게 소개한다. 북베트남이 프랑스·미국을 상대로 싸우는 동안 중국은 우방 공산권 국가를 위해 지원을 아끼지 않았다. 이런 무기·자금이 없었다면, 북베트남은 결코 두 강대국을 이길 수 없었다. 그러나 호찌민은 중국의 병력지원 제안을 한사코 거부했다. 뿌리 깊은 중국에 대한 경계심 때문이다.

1975년 베트남 통일 이후, 양국 갈등은 수면 위로 떠올랐다. 중국은 캄보디아를 침공한 베트남군의 철수 유도를 위해 1979년 2월 17일, 20만 병력으로 베트남을 전격 침공했다. 정규군 대부분이 캄보디아에 가 있는 베트남은 10만 지방민병대로 맞섰다. 승자도 패자도 없이 3월 16일에 끝난 이 전쟁에서 중국군 2.3만, 베트남군 2만(민간인 1만 명 포함)의 사상자를 낳았다. 박물관에 전시된 여자 민병대원들이 중국군 포로를 감시하는 당시 사진은 베트남인들의 높은 항전 의지를 보여준다.

최근 베트남 동쪽 난사군도(스프래틀리 군도)에서는 잦은 도서분쟁이 일어난다. 1988년 베트남과 중국의 해상충돌에서 베트남 해군은 함정 2척이 침몰하고, 400명의 사상자가 생겼다. 국제사회에서 '영원한 우방, 영원한 적'이 있을 수 없다는 것을 다시 한 번 보여주는 사건이다. 실내 전시관의 많은 자료를 보지 못한 아쉬움을 뒤로하고 하노이행 버스를 타기 위해 발길을 돌렸다.

하이퐁 역사박물관 야외에 전시된 전쟁유물 전경.

한국 교민이 본 베트남의 속살

하이퐁-하노이는 왕복 4차선 도로로 연결되어 있다. 1시간 20분 소요되는 버스 구간의 중간 정류소에 도착하면 예외 없이 회사 직원이 올라와 탑승객 수를 확인한다. 버스 기사나 차장의 요금착복 방지책이란다. 하노이 터미널에 도착하니 버스 안에서부터 필자를 지켜봤다며 함께 탔던 한국인 K 씨가 먼저 인사를 한다.

"테리 킴(Terry Kim)"이라는 영어식 이름을 가진 그는 베트남 10년 거주 경험을 이렇게 들려주었다. "베트남 여성들은 생각보다도 생활력이 엄청나게 강하다. 호찌민시에서 자전거 1대로 모터 수리를 하며 겨우 생계를 유지하는 남베트남군 전직 장군을 만났다. 1975년 월맹군의 사이공점령 시 베트남을 탈출했던 보트피플 귀국자들이 최근 국내 투자를 많이 하고 있다. 자신은 틈틈이 베트남 상류층에게 골프를 가르치는데, 한국보다 2배 비싼 현금 레슨비를 받는다. 그만큼 눈먼 돈이 많다는 의미다."라고 말했다.

일반도로 옆의 하롱베이 버스정류소 전경.

'힐튼 호텔'로 불려진 미군조종사 포로수용소

제2차 베트남전쟁에서 17도선 이북은 폭격, 대공방어, 피해복구의 반복이었다. 연합군 특수부대의 장거리 침투나 포로구출 작전도 간간이 있었지만, 대량 인명피해와 침략전쟁 이미지 부담으로 지상군 북진은 없었다. 연합군은 폭격 · 무력시위로만 북베트남 전쟁의지를 꺾어야만 했다. 베트남에서 미 해 · 공군이 퍼부은 폭탄량은 제2차 세계대전의 3배, 한국전쟁의 15배. 우거진 밀림, 라오스 · 캄보디아를 통한 군수보급, 반전 여론으로 결국 공중폭격은 평화회담의 압력 수단으로 변했다.

친절하고 정직한 시내버스 차장 청년

버스 정류소는 어느 곳이나 복잡하고 혼란스럽다. 주변 승객들에게 공군박물관행 시내버스를 확인하여 32번을 탔다. 젊은 차장은 탑승객들에게 현금으로 차비를 받는다. "공군박물관" 하차를 부탁하며 7,000동(350원)을 내미니 돈을 받지 않는다. 잘못 승차했다며 24번 버스로 바꾸어 타라며 친절하게 안내한다.

고교 시절 한국의 시내버스는 콩나물시루처럼 승객을 빼곡히 태우곤 했다. 아슬아슬하게 버스 문짝에 매달린 안내양이 "오라이!"를 외치면, 운전기사는 기막힌 곡예 운전으로 순식간에 승객들을 안쪽으로 밀어 넣곤 했다. 대부분의 베트남인은 더 나은 미래를 향해 땀 흘리며 정직하게 일하고 있다. '잘살아 보세'를 외치며 경제개발에 매진했던 과거의 한국인 모습과 너무나 비슷하다. 공군박물관은 부서진 미군항공기, MIG전투기, 대공포 · 미사일들이 꽉 차 있었는데, 흡사 이제 막 전투가 끝난 격전지 같았다.

하노이 공군박물관 실내전시관 전경. 입구 왼편에 MIG 21형 전투기가 전시되어 있다.

10년 폭격 · 방공작전이 담긴 공군박물관

미군항공기 잔해 옆에는 보란 듯이, 여군 대공포부대원들이 하모니카 반주에 맞추어 춤을 추는 대형사진이 같이 있다. 전시 장비에는 F-5, A-37 등 미국산 항공기도 많았다. 1975년 사이공 함락 시 북베트남군의 노획 장비다. 남베트남군은 항공기 1,100대, 야포 1,200문, 탱크 500대, 소화기 100만 점을 적군에게 고스란히 넘겼다. 보급품 창고에는 포장도 채 뜯지 않은 수리부속품이 가득했다. 50억 불 상당의 노획품이 해외로 밀수출되었다. '꿩 먹고 알 먹기'식의 북베트남군 횡재였다.

전시관에는 전몰조종사 사진, 공중전, 대공미사일 운용, 민방위 체계 등 다양한 자료들이 있었다. 미군은 해군함재기, 태국·남베트남 기지의 전투기 및 폭격기, 괌의 B-52 전략폭격기가 17도선 이북을 폭격했다. 북베트남은 미그전투기·지대공미사일을 보유했지만, 훈련 부족으로 대공방어는 한계에 부딪혔다. 소련·중국에 공군 파병을 요청했지만, 확전을 우려해 거부됐다. 결국, 6·25전쟁을 통해 미군과 실전경험까지 가진 북한공군 지원을 요청하였다.

Trip Tips

전시자료에서 북한군 참전기록은 찾아볼 수 없었다. 미묘한 외교문제와 투명하지 못한 공산권 역사인식이 문제인 듯했다. 1971년 김일성은 평양방문 재일한국인들에게 "월맹 하늘은 우리 인민군 조종사가 지키고 있다."라고 말했다. 하노이 북동쪽 박장성의 북한군 전사자 묘역에는 14개 비석과 무덤까지 있었다.

하노이 공군박물관 야외전시장 전경.

북한군 베트남전 참전과 남북 대결

북한은 한국군의 베트남 파병을 '미국 용병'이라고 집요하게 비난해 왔다. 하지만, 정작 자신들은 전투기, 대공포 및 공병부대, 특수전부대 등 상당 규모의 파병에 대해서는 침묵한다. 북한 공군은 1966년 1월부터 베트남에서 한국군이 철수하는 1972년 말까지 파병했다. 1개 비행연대 조종사 60명과 지원 병력 40명이 3~6개월 단위로 교대하여 연인원 1,000명 이상 참전했다. 고사포부대는 최대 2개 연대 규모로 하노이 대공방어 임무를 맡았다. 공병부대는 1964년 8월, 통킹만 사건 이후 북베트남 주요 기관이 들어갈 갱도 공사를 담당했다.

심리전 및 특수전부대의 연 참전 인원도 100~1,000여 명에 달했으며, 이들의 임무는 생포 한국군의 북송이었다. 냉전이 극한으로 치달을 때, 이역만리 베트남에서는 보이지 않는 가운데 남과 북은 치열한 대결을 하고 있었다. 베트남전쟁 이후, 북한은 군대와 군사고문단의 해외파병을 계속했다. 1973년 제4차 중동전쟁 당시 북한군은 베트남에서 실전경험을 쌓은 공군조종사들을 이집트와 시리아로 파병했다.

소련이 북베트남에 지원해준 MI-25 대형헬기.

미군기에 대공포를 사격하는 북베트남군 모습.

‘힐튼호텔’로 불린 미군 포로수용소

Trip Tips

하노이 중심부에는 베트남판 서대문 형무소 ‘호아라’ 감옥이 있다. 프랑스가 베트남을 보호령으로 한 직후인 1887년 10월에 완공되었다. 담장 높이 4m, 벽 두께 0.5m, 고압 전류가 흐르는 전깃줄까지 설치했다.

500명 정원의 감옥에 1953년에는 2,000명까지 수용했다. 1964년부터 1973년까지 이 시설은 월맹 폭격 시 격추된 미국 조종사들을 수용했다. 포로들은 이 수용소를 ‘하노이 힐튼(Hanoi Hilton)’이라고 불렀다. 전시관에는 미군 포로 생활 사진들이 많았다.

활짝 웃으며 농구 경기를 즐기는 모습, 정성 어린 태도의 의사 진료 등 공산주의 특유의 선전성 전시물로 가득했다. 특히 매케인 해군 소령(2008년 미 공화당 대통령 후보)의 생포 당시 사진과 그가 포로 생활 중 입었던 의복류가 인상적이었다.

1887년에 완공된 호아라 감옥 최초의 전경.

미 상원의원 '매케인'의 포로 생활

1967년 10월 26일 이른 아침! 매케인의 A-4 스카이호크기는 항공모함 활주로를 박차고 이륙했다. 목표는 하노이 쭉 바익(Truc Bach)호수옆 화력발전소. 3,000m 상공에서 대공미사일이 솟구쳐 오르는 것을 보면서, 과감하게 기수를 내리꽂았다. 회피기동을 하는 순간, 미사일이 오른쪽 날개를 관통했다. A-4기는 나선을 그리며 추락했고 낙하산 사출기를 당겼지만, 몸이 동체와 충돌했다. 왼팔이 부러졌고, 오른팔은 뼈가 세 조각나면서 호수에 떨어졌다. 그가 정신을 차렸을 때, 몇백 명의 베트남인들이 몰려왔다. 옷을 벗기고 침을 뱉고, 몽둥이로 때렸다. 누군가가 소총으로 강타하면서 어깨뼈까지 부러졌다.

'호아로'수용소에서 그는 또다시 고문을 당했다. 포로가 된 지 4일 후, 갑자기 심문관 태도가 달라졌다. 매케인 아버지가 미 태평양사령관이라는 것을 알았다. 북베트남이 그의 조기 석방을 제의했을 때, 부자(父子)는 의연하게 거절했다. 매캐인은 "자신보다 앞서 붙잡힌 포로들이 먼저 석방된 뒤 나가겠다."라고 말했다. 그의 체중은 25kg 빠져 겨우 45kg을 유지했다. 5년 6개월의 포로 생활을 끝낸 이후 그는 단 한 번도 자기 머리를 제 손으로 빗지 못했다. 매케인 아들 역시 해군으로 이라크전에 참전했다. 전시실 한쪽에는 종전 후 매케인이 수용소를 재방문한 사진도 있다. 당시 그는 "난 포로들을 잔인하게 고문한 그들을 아직도 용서할 수 없다."라고 해 베트남인들을 난처하게 만들었다.

매캐인 미 상원의원의 호아라 수용소 재방문 모습.

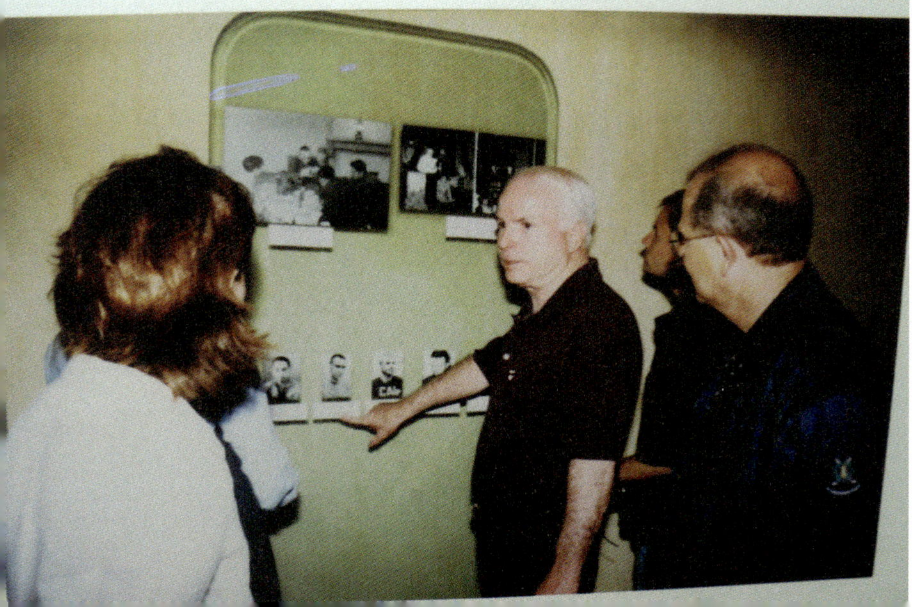

관광명소로 변한 베트콩 지하사령부

1964년 9월 11일에 10명의 한국군 태권도 교관단이, 9월 22일에는 130명의 제1이동외과병원 장병이 베트남에 첫발을 내디디었다. 대한민국 정부수립 이후 해외파병 첫 사례다. 1965년 3월에 건설지원단이, 10월에는 청룡 · 맹호부대가 파병되었다. 이어서 백마부대, 백구부대(해군), 은마부대(공군)가 참전하면서 파월병력은 5만여 명에 달했다. 1973년 3월 23일, 최종 한국군이 철수할 때까지 연 참전인원 324,864명 중 5,099명의 장병이 베트남전에서 고귀한 목숨을 바쳤다.

베트남 신세대의 한국어 학습 열풍

한국 베트남전쟁 참전자협회가 주최하는 '고엽제 피해자 후원' 관련 하노이대학 학술세미나에 참석했다. 현지 대학생들에게 한국군의 베트남전 참전에 관해 물으면 대부분 엉뚱한 답변을 한다. "한국군이 전쟁에 참여했는가요?" 하다가 "아! 항미전쟁(American War)을 말하는군요"라고 한다. 그들은 베트남전을 '세계 최강 미국과 싸워 이긴 전쟁!'으로만 기억했다.

통역을 맡은 '다롱'이는 하노이대학에서 한국어를 전공한 여성이다. 외모까지 한국인을 닮은 그녀의 통역은 완벽했다. 베트남 대학의 최고 인기학과는 단연 한국어학과란다. 한국기업에 취업하면 베트남 평균 급여의 5배를 받는다. 하노이대학을 견학 중에 만난 학생들은 명문 대학에서 공부한다는 자부심이 넘쳐나는 것 같았다.

베트남 최고의 명문 하노이대학 본관 전경.

한 · 베트남 우호 증진을 위한 진정한 노력

세미나 참석자들은 한국기업이 건립하여 기증한 고엽제환자 재활센터를 방문했다. 깔끔한 복지시설에는 많은 장애인이 기술교육을 받고 있었다. 그러나 환자치료와 시설관리에 상당한 어려움을 겪고 있단다. 간호인력 부족으로 환자가 환자를 서로 도와

주는 실정이며, 숙소와 교육시설의 주기적인 보수도 힘들다고 한다. 동행했던 베트남군 예비역 장교는 전후 세대가 한국을 보는 시각을 이렇게 말했다. "신세대는 한국을 아픔을 준 국가라기보다는 잿더미 위에서 놀라운 경제성장을 이룬 배우고 싶은 국가로 인식한다. 과거사를 이야기하는 것보다 한국에 대한 이해를 확대하는 노력이 필요하다. 학교 · 병원 · 취업교육 등 한국의 앞선 분야를 전수해 주는 것이 우호친선에 훨씬 더 효과적이다."라고.

한국 기업이 건축하여 기증한 고엽제 환자 수용시설 전경.

전쟁범죄를 부각한 호찌민 전쟁기념관

호찌민시 '탄손나트' 국제공항 청사 밖에 출 · 입국객의 환송 · 환영을 위해 엄청나게 많은 인파가 몰려있었다. 한국도 해외 출타가 동경의 대상이 되었던 시절, 김포국제공항도 똑같았다. 오축하면 출입국하는 당사자 외는 공항에 나가지 말 것을 정부에서 홍보까지 했을까? 호찌민시는 프랑스가 계획도시로 건설하여 한때 '극동의 파리'로 불렸다. 베트남 현대사를 잘 보여주는 곳은 역시 '호찌민 전쟁박물관(War Remnants Maseum)'이다. 최초 '전쟁범죄박물관'으로 불렸으나, 외국 관광객의 거부감으로 현재는 전쟁박물관으로 소개한다. 미군으로부터 노획한 항공기 · 탱크 · 야포 · 폭탄들이 야외에 그득하다. 전시관은 온통 전쟁범죄 관련 사진 · 그림 · 증언록으로 채워져 있다. 한국군 사진은 딱 1장. 부대 마크를 전투복에 부착한 한국군 병사가 농가에 불을 지르는 모습이다. 베트콩 용의자 고문, 발에 족쇄를 채운 수감자 모형 등 전시물이 지나치게 한 분야에만 치우쳐진 느낌이다. 베트남통일의 정당성을 염두에 두고 설계한 독특한 전쟁박물관이었다.

전쟁범죄 자료를 주로 전시한 호찌민 전쟁박물관 전경.

호찌민 전쟁박물관의 노획한 남베트남군 항공기 전경.

베트남전의 변곡점 '구정 공세'

Trip Tips

1965년 3월, 미 해병대의 베트남 상륙 이후 미군병력은 계속 증강되었다. 1965년 184,000명, 1967년 485,000명, 1968년에는 540,000명으로 최고조에 달했다. 한국군을 포함한 우방국 군대도 69,000명에 이르렀고, 남베트남군도 800,000명까지 증강되었다.

1968년 초, 베트콩과 북베트남군은 30만 명. 동조 세력을 모두 합쳐도 60만 명 수준에 불과했다. 1968년 1월 31일, 베트콩의 '뗏(구정) 공세'가 일어났다. 공산군 8만 명이 남베트남 모든 도시를 일시에 공격했다. 미 대사관 구내까지 침투했지만, 반격으로 24시간 만에 물러났다. 공산군 4만, 남베트남군 2,300명, 미군 1,100명이 전사했다. 베트콩은 막대한 병력의 상실뿐만 아니라, 베트남인들의 호응도 끌어내지 못했다. 공산당조직의 뿌리가 다 드러나 존립까지 위태로웠다. 미국은 전술적 승리에도 불구하고, 정치적으로 큰 타격을 받았다.

미국민의 베트남 정책 비난이 쏟아졌고, 반전 물결 또한 거세었다. 결국, 북폭 제한과 동시에 전쟁은 협상 테이블로 옮겨졌다. 한국전쟁의 휴전 협상이 2년 이상 끌었던 것처럼, 베트남 평화협상 역시 무려 5년이나 걸렸다. 터무니없는 북베트남 요구에 미국은 이리저리 끌려 다녀야만 했다.

베트남인 항전 의지의 상징 '구찌 터널'

호찌민 북방 40km에 베트콩 사령부로 운영된 "구찌 땅굴"이 있다. 1940년대 후반부터 25년간 호미 · 곡괭이 · 삼태기와 순수 인력으로 건설한 땅굴 길이는 250km. 정확한 구조와 규모는 지금도 공개하지 않는다. 이곳은 항불 · 항미투쟁의 상징이며, 베트남 학생들의 순례지다. 지하 3~4층에 숙소, 창고, 무기제작소, 야전병원, 주방, 지휘통제실까지 만들었다. 공중폭격을 하면 할수록 더 깊고 넓게 터널은 번져 나갔다. 관광객을 위해 일부 개방한 두더지 굴 통과체험을 지원했다. "아뿔싸!" 몸통이 굴속에서 낀 것 같아 식은땀이 흘렀다. 체격이 작은 베트남인에게 맞추어 판 땅굴에 무리하게 비집고 들어왔던 것이다.

플래시를 가지고 앞에서 기고 있는 안내인에게 소리를 질러 일부러 주의를 끌었다. 응용포복 자세로 전진하면서 "물러섬은 불가하다. 전진 아니면 죽음이다!"를 뇌까리며 앞사람을 놓치지 않으려고 발버둥 쳤다. 겨우 지옥 굴을 빠져나오니 부분적인 터널 구조를 그린 그림판을 해설사가 설명한다. 사이공 강과 연결된 땅굴의 수중 출입구를 보면서 흡사 만화 속의 비밀요새를 보는 듯했다. "무기가 칼집이면 정신력은 칼날이다."라는 격언이 거짓이 아님을 깨달았다.

구찌 터널 입구에서 출입 시범을 보이는 안내인.

부분적인 구찌 터널 단면도 모습. 사진 오른쪽 하단에 사이공 강과 연결된 수중 출입구가 보인다.

외화벌이에 내몰린 북한식당 종업원

호찌민시 중심가에는 상호만 봐도 북한식당임을 알 수 있는 2층 건물이 있다. 이곳을 자주 이용한다는 지인과 함께 식당에 들렀다. 수려한 미모의 한복 차림 여종업원들이 공연 중이다. 일부는 손님 사이를 오가면 음식을 나른다. 24시간 이 건물에 갇혀 생활하는 이들은 3년 파견기간 중 외출이나 개인행동은 일절 허락되지 않는다. 이들을 감시하는 감시원과 이 감시원을 지켜보는 감독관이 또 있단다. 종업원 가족들은 북한에 인질로 남아있다. 똑같이 공산주의를 지향하는 북한과 베트남이 왜 이렇게 다른지 답답한 생각이 들었다.

'파리 평화협정', 다음 전쟁을 위한 시간벌기

1973년 1월 28일, '파리평화협정'으로 제2차 베트남전은 끝났다. 미국 · 남베트남-북베트남 · 민족해방전선(베트콩)이 서명하고, 협정 감시국(캐나다 · 이란 · 헝가리 · 폴란드)과 보증국(영국 · 프랑스 · 소련 · 중공) 외무장관들이 동의했다. "협정 문안의 잉크가 피로 변할 것." 이라며 두려움에 빠진 남베트남인들을 진심으로 걱정해 주는 나라는 아무도 없었다. 5년 협상에서 공산주의자들은 강온 양면전략을 구사했고, 유리한 협정문을 위한 집요함이 상상을 초월했다. 그리고 협정 서명과 동시에 전 국토 공산화를 위한 전쟁준비를 착착 진행했다.

패전국 군인의 비참한 말로

호찌민 전쟁박물관에서 독립궁으로 가려고 자전거 인력거(시클로)를 탔다. 한국인임을 알아본 나이 지긋한 운전사의 유창한 영어 실력을 보면 상당히 교육 수준이 높아 보였다. 한국사회의 사소한 부분도 알고 있는 폭넓은 상식까지 갖추었다. 현지 교민의 이야기로는 전직 관료였거나, 군 장교 출신일 가능성이 크단다. 베트남 공산화 이후, 월남의 고위공무원과 군 장교 10만 명은 혁명화수용소에 갇혀 세뇌교육(Blain Washing)을 강요당했다. 가혹한 수감생활에서 일부는 미쳐버리기도 했다. 70만 하급 관리와 병사들은 100여 곳의 신경제구역으로 집단이주시켰다. 오랜 기간 비참한 생활을 하다가 상당수의 수용·이주자들이 다시 도시권으로 돌아왔다. 물론 주민등록증도 없는 불법 전입이다. 상당수가 생계유지를 위해 손쉬운 시클로 운전사가 되었단다.

휴짓조각이 된 파리 평화협정

미국은 평화협정을 반대하는 남베트남 대통령 티우를 달래며 5가지의 안전장치를 약속했다. 『①만약 월맹이 협정을 위반하고 공격하면 미 해·공군이 즉각 자동 개입한다. ②협정 성실이행을 조건으로 월맹에게 40억 달러 복구자금을 제공한다. ③미군 철수시 각종 군사장비를 월남군에게 이양한다. ④국제감시단 250명이 사이공·하노이에서 협정이행을 철저히 감시한다. ⑤사이공 체류 월맹군 연락단 250명을 협정의 인질로 활용한다.』

하지만, 미군 철수에 따른 베트남인의 심리적 불안감과 군대 사기저하는 걷잡을 수 없었다.

Trip Tips

"평화!"라는 말 자체가 무색할 정도로 쌍방의 전투는 그칠 날이 없었다. 농촌 지역 전투로 한 달 평균 1,000여 명의 남베트남군이 죽어 나갔다. 공무원들이 밤사이 쥐도 새도 모르게 살해되어도 속수무책이었다.

1973년 파리 평화협정 당시 악수하는 북베트남의 레둑토(사진 왼편)와 미국의 키신저.

대통령궁을 폭격한 공군조종사 트롱

독립궁(대통령궁) 내부는 호화로왔다. 회의실의 고급탁자, 만찬장의 금은 집기류, 푹신한 의자의 안락한 영화관 등. 청사 옥상에 있는 2개의 붉은 색 원은 남베트남군 조종사가 2발의 폭탄을 명중시킨 표식이란다. 1975년 4월 8일 08:22분, 트롱(Trung) 중위의 F-5 전투기가 갑자기 이곳으로 날아들었다. 4발의 500파운드 폭탄 중 2발은 정원에, 2발은 옥상에 명중했다. 트롱은 폭격 후 하노이로 도주했다. 어느 나라나 공군조종사는 군대 최고의 엘리트 집단이며, 국가관이 확고하다. 그러나 남베트남의 조종사 선발과정은 너무나 허술했다. 트롱 아버지는 공산당원으로 1963년 남베트남군과의 교전에서 사망했다.

첫째 · 둘째 형은 좌익분자로 교도소에 수감 중이었고, 셋째 형은 북베트남 공산당원으로 활동하고 있었다. 이런 집안 배경을 트롱은 교묘히 속이고 조종사로 선발되었다. 이 사건은 당시 퇴진 압력을 받던 티우에게 결정타를 가했고, 전세에도 큰 영향을 미쳤다. 더 기막힌 일은 대통령 정치고문 '부 응옥 냐', 경찰청장 '찌에우 꾸억 마잉', 총참모부 장성 '응웬 휴 하잉' 등 수많은 공산첩자들이 정부 기관에서 활동했다.

남베트남군 트롱 중위의 F-5 전투기가 폭격한 위치가 표시된 독립궁 청사 옥상.

모래성같이 무너진 남베트남군

Trip Tips

제3차 베트남전 발발 직전, 남베트남군 병력은 109만 명(육군 99만, 해군 4만, 공군 6만)에 달했다. 해군력은 세계 3위, 1,350대의 항공기를 가진 공군력은 세계 4위였다. 북베트남군 병력은 47만 2천 명(육군 452,200, 해군 5,000, 공군 15,000), 추가하여 베트콩이 154,000명이었다.

평화협정은 17도선 이남에 이미 포진한 16만 6천 명의 북베트남군 주둔까지 인정했다. 1974년 12월, 공산군은 2개 사단으로 국경지역 '푹록성'을 공격했다.

1975년 1월 7일, 적군이 남베트남 일부 영토를 점령했지만, 미군은 못 본 체하였다. 북베트남은 남베트남군의 무기력함과 미군의 미온적인 태도를 확인했다. 1975년 3월 10일 02:00, 공산군은 17도 선을 넘어 전면 공격을 개시하였다. 평화협정의 공식적인 파기 선언이다. 티우가 중부고원지대의 제2군단 철수를 명령하자, 순식간에 50만 군인 · 민간인이 뒤섞여 아수라장이 되었다. 지휘관 · 장교는 도망쳤고, 병사들은 군복 · 군화를 벗어 던지고 민간인 속으로 숨어들었다.

북베트남군 공격 시 남베트남군이 도주하며 버린 군복과 군화류.

소금 묻힌 주먹밥, 폐타이어 신발, 속옷을 입지 못한 '거지 군대' 북베트남군 사기는 충천했다. 가는 곳마다 풍족한 보급물자가 넘쳐났고, 도망간 군대가 남긴 최신장비는 지천으로 깔려 있었다. 1975년 4월 30일 11:30분, 북베트남군 T-54 전차가 대통령궁 정문을 박차고 들어섰다. 티우는 미국으로 망명했고, 후임 '즈잉 반 민' 대통령은 항복을 선언했다. 총참모장까지 도주하여 잔존 군대에 "무기를 버리라!"라고 명령할 장군이 없었다. 결국 공산 첩자이면서 전쟁지휘본부에 남은 유일한 장성 '응웬 휴 하잉' 준장이 최종 항복 명령을 하달했다. 세계전쟁역사에서 이처럼 완벽한 패배는 그 유례를 찾아볼 수 없다.

1973년 4월 30일 북베트남군 T-54 전차의 대통령궁 진입 장면.

독립궁 정원에 전시된 T-54 전차 앞에서 기념촬영 중인 베트남 대학생들 모습.

베트남 공산화와 그 이후의 이야기

남베트남 패망을 지켜본 외신기자의 글이다. "…1975년 4월 30일 오후부터 사이공 시내에는 월맹군이 들어왔다. 남루한 복장의 군인들 눈에는 핏발이 섰다. 대부분 시민은 겁에 질린 채 문을 걸어 잠그고 행진을 지켜보았다. 일부 동조 시민들과 지하 조직원들이 월맹군을 환영하고 있을 뿐이다. 월맹군 병사들은 어리둥절했다. 미제 압제 하의 남부를 해방시켰는데 환영 열기는 없었고, 시민 눈초리는 차가웠다." 사이공 접수 즉시 북베트남은 신속한 '북화(北化)' 사업에 착수했다. 모든 상공업의 국영화와 농촌의 집단농장화였다.

티우 정부 반대투쟁에 앞장섰던 시민단체·종교계는 숙청되었고, 그물코 같은 갖가지 조직으로 인민들을 숨이 막힐 정도로 올가 묶었다. 경제파탄과 농업생산력 저하로 아사자가 속출했다. 수십만 베트남인들이 이른바 '보트 피플(boat people)'로 내몰렸고, 하노이 지도자들이 자신들의 미숙함을 깨닫기까지는 10년 세월이 걸렸다. 1986년 마침내 '도이 머이(개혁·개방)' 정책이 채택되면서 베트남 사회는 겨우 안정을 되찾기 시작하였다.

베트남 공산화 이후 대통령궁에서 명칭이 변경된 독립궁 전경.

'한국군 주월사령부', 그 위치를 아무도 모른다

베트남은 대륙과 바다를 이어주는 지리적 위치로 여러 국가의 침탈대상이 되었다. 역사적으로 중국 · 몽골의 침략에 이어서 인접 캄보디아 · 태국과도 전쟁을 치렀다. 1858년 프랑스 침공은 베트남의 투쟁대상이 주변국으로부터 서구로 바뀠다. 1940년 9월 일본군이 진주한 후, 베트남은 인도차이나전쟁의 병참기지가 되었고, 200만 명이 굶어 죽었다. 1945년 제2차 세계대전이 끝나자, 다시 9년간의 대불 항쟁이 계속되었다. 결국, 1954년 북위 17도 비무장지대를 경계로 남 · 북베트남 정권이 수립되었다. 뒤이어 공산주의 확산을 막고자 하는 미국의 진출로 새로운 30년 전쟁 수렁으로 빠져들었다. 현재 33만km^2(한반도 1.5배)의 국토, 1억 인구를 가진 베트남은 연국민개인소득은 3743달러 수준이다. 군사력은 총병력 482,000명(육군 412,000, 해군 40,000, 공군 30,000)과 예비군 5,000,000명을 보유하고 있다.

탄손누트 국제공항의 베트남 공군박물관

호찌민의 국제공항 탄손누트는 1930년대 프랑스가 최초로 건설했다. 이후 1956년 미국이 확장하여 공군기지로 활용했는데, 곳곳에는 격납고를 포함한 일부 미군시설이 아직 남아있다. 20년 전 베트남 방문 당시 탄손누트 입국장은 인산인해였다. 출·입국자의 환송·환영 인파가 공항청사 바깥까지 꽉 차 있었다. 하지만 지금은 인천공항 분위기와 비슷하다. 베트남인들도 해외여행이 자연스러운 생활 일부가 되었기 때문이다.

공항 근처의 한인 식당 건너편에는 다양한 항공기가 전시된 낡은 건물이 있었다. 식당 사장은 베트남군 병영인 것 같다며 정확하게 모른다. 미국산과 공산권 항공기가 뒤섞여 있는 야외전시장 끝부분의 2층 건물은 공군박물관이었다. 관리인이 없어 전등을 켜고 전시관에 들어가니, 베트남공군 역사를 간직한 사진 자료들이 진열되어 있었다. 내부전시물을 살피고 나오니, 갑자기 초등학생 꼬맹이가 나타났다. 아빠가 관리인인데, 출타 중이라 대신 사무실을 지키고 있었단다. 참전공군의 전우회 사무실 느낌을 주는 박물관이다. 알고 보니 이곳은 베트남전 당시 은마부대 주둔지 일부였단다.

Trip Tips

한국공군 제5 공수비행단 제8 비행대대는 1966년 6월 1일 창설되어 C-54 수송기로 한·월간 장거리 공수임무를 수행했다. "은마부대"로 명명된 한국공군의 첫 해외 파병이었다.

김포기지에서 출발하여 필리핀 클라크를 경유하는 7,360km 항로의 15시간 비행거리였다. 당시 탄손누트 한국공군 해외공수 취급소 사진과 현 공군박물관 형태는 비슷하나 동일 건물이라고 확신할 수는 없었다.

탄손누트 공항 부근의 베트남 공군박물관 전경.

탄손누트 공항 부근의 베트남 공군박물관 전시실 전경.

한국을 닮아가는 호찌민의 서민 생활

호찌민 숙소 옆에는 수백 세대 규모의 아파트 단지가 있었다. 퇴근 시간 무렵 놀이터에는 아이들을 돌보는 젊은 부부들이 많았다. 종일 어린이집에 있었던 아이들이 엄마 · 아빠와 함께 시간을 보내니 더 신이 나는 모양이다. 한국 아파트 놀이터와 비슷한 전경이다. 한국인임을 밝히니 한류열풍의 영향인지 모두 반갑게 대해준다. 한국과 베트남의 유교문화 동질성으로 정서적으로 가깝게 느껴지는 모양이다. 특히 가족과 이웃 사랑의 소중함을 한국 드라마를 통해 베트남 사람들이 재확인하면서 한류 열풍이 더 휘몰아쳤다. 한때 일일 한류 시청률이 16%에 달했단다.

호찌민시 아파트 단지의 어린이 놀이터 전경.

1억 베트남 사람 중 매일 1,600만 명이 한국 드라마를 시청한 셈이다. 아파트 단지를 벗어나면 골목골목 음식점들이 많다. 베트남 음식은 쌀과 채소, 고기로 만들어지며 건강식이다. 진한 육수, 쌀로 만든 면, 허브와 소고기·닭고기를 넣은 쌀국수는 한국인들이 즐겨 찾는 음식이다. 어느 식당이나 쌀국수 가격은 60,000동(약 3,000원)을 넘지 않았다.

호찌민 전쟁박물관과 베트남인의 상흔

전쟁박물관을 목적지로 그랩(Grab) 택시를 예약하니, 정확하게 숙소에 도착했다. 30분 운행시간에 요금은 50,000동(약 2,500원). 바가지요금에 신경을 곤두세워야 했던 과거와는 달리 운전기사까지 친절하다. 전쟁기억박물관(War Remnants Museum)의 관람객은 의외로 외국인들이 많았다. 1975년 9월 4일에 개관한 이 박물관은 전쟁범죄와 처참한 상흔을 주제로 전시실을 구성했단다. 세계평화, 국가 간의 영원한 우정과 결속을 염원하는 박물관 건립 취지를 또한 강조한다.

호찌민시 중심부의 전쟁기억박물관 전경.

9개의 고정 전시실과 3개의 가변 전시실에는 사진, 전쟁유물, 동영상 등 다양한 자료들이 진열되어 있다. 한국군 자료는 맹호부대원들의 수색작전 사진 1장 이외는 없었다. 전후 복구사업에 동참하는 미국 지원단체의 사진들도 쉽게 볼 수 있다. 베트남전쟁의 객관적인 평가보다는 국제관계를 우선 의식한 박물관처럼 느껴졌다. 그러나 야외전시장을 꽉 채운 미국산 노획 항공기는 북베트남군이 미국과의 전쟁에서 승리했음을 만천하에 과시하고 있었다.

전쟁기억박물관 전시실의 미 · 베트남 협력사업 사진.

주차장으로 변한 주월 한국군사령부

인터넷으로 확인한 주월 한국군사령부 주소지에서 주변 상점 주인과 나이 많은 어르신에게 옛 주둔지를 물어도 기억하는 베트남인이 아무도 없었다. 가까스로 주월사 정문 사진자료와 일치하는 건물 입구를 찾았다. 정문 기둥에는 부대현판을 뜯어낸 흔적까지 남아있다. 사령부 본청건물은 철거되었고, 공터에는 수십 대의 자동차가 가득하다. 정문 경비실의 청년은 한국인들이 가끔 찾아오는 경우가 있다고도 말한다.

Trip Tips

1964년 9월, 이동외과병원과 태권도교관단의 파병을 계기로 연인원 324,864명의 한국군이 베트남전에 참전했다. 5,099명의 꽃다운 청춘이 자유 수호를 위해 목숨을 바친 베트남전은 한국 현대사의 물줄기를 바꾸어 놓았다. 하지만 이 역사적인 현장에 후세가 기억할 수 있는 작은 표지석 한 개 남아있지 않았다.

호찌민시의 현재 주월 한국군사령부 정문 전경.

전략요충지『후에』로 가는 야간열차

베트남 남북의 국토길이는 1650km이다. 호찌민에서 하노이까지의 1200km 철로는 28~36시간 걸린단다. 베트남 왕조시대의 수도『후에』는 17도선 비무장지대에 가까운 중부지역에 있다. 전략요충지인 이 군사도시는 치열한 시가전을 수차례 경험했다. 호찌민역에서 19:00에 출발한 4인실 침대열차는 밤새도록 덜컹거리며 북쪽으로 달린다.

다음 날 아침, 정차역에서 행상인들이 객실로 들어와 도시락을 판매한다. 승객 대부분은 자연스럽게 도시락으로 식사를 한다. 안전성이 검증되지 않는 음식물은 위험하다. 식당차의 위생상태도 불안하다. 승무원들이 거리낌 없이 담배꽁초를 바닥에 버릴 정도로 지저분하다. 결국, 비상 비스킷으로 허기진 배를 달래야만 했다. 13:00경 다낭을 통과하면서 창밖의 바다와 백사장이 절경이다. 15:00경 드디어『후에』역에 도착하면서 장장 20시간의 기차여행은 끝났다.

 베트남 중부도시 후에시의 기차역 전경.

베트남 고도 '후에'의 전쟁역사

베트남 중부에 있는 후에(Hue)는 대도시 다낭(Da Nang)에서 북쪽으로 약 80km 떨어져 있다. 인구 46만 명의 중소도시이지만, 1802년부터 1945년까지 베트남의 수도였다. 베트남전 당시에는 북위 17도선 비무장지대에서 약 100km 떨어진 최북단 접경도시로서 군사요충지이기도 했다. 주월 미군사령부와 남베트남군 1사단 사령부가 주둔했던 이 도시는 1968년 구정 공세 때 북베트남군에게 한 달 동안 점령당했다. '후에 황궁'은 높이 6.5m, 두께 2m의 성벽과 깊은 해자로 둘러싸인 요새이며, 성곽 둘레는 10km에 달한다. 베트남전쟁 시 폭격으로 극심한 피해를 입었으나, 황궁 일부는 보존할 수 있었다. 1993년 유네스코 세계문화유산으로 등재된 '후에 황궁'은 매일같이 수많은 방문객이 몰려드는 관광명소이다.

베트남인 입맛을 점령한 한국 음식

많은 외국 관광객들이 찾는 후에 시내 거리는 활기차다. 특히 배낭을 등에 멘 독일인과 프랑스인들이 유독 눈에 많이 띄었다. 시내 식당가에서는 소갈비와 삼겹살을 메뉴로 내건 대형 식당들이 많았다. 입구 간판에는 간간이 한글도 보인다. 식당 안은 가족·친구·동호인 모임의 단체 손님으로 초만원이다.

후에 시내에서 쉽게 볼 수 있는 한식 식당 전경.

삼겹살, 상추, 양념장, 된장찌개, 공깃밥까지 한국에서 흔히 볼 수 있는 상차림이다. 단지 한국과는 달리 술보다는 콜라 등 음료수를 대부분 곁들이고 있었다. 한류열풍과 한·베트남의 빈번한 인적교류로 한식이 베트남인의 입맛을 점령하고 있는 듯했다. 코로나 이전 베트남 한인 교민은 최대 20만여 명에 달하기도 했으나, 현재는 약 15만 명 수준이다. 2021년 기준으로 호찌민에 8만 6388명, 하노이에 6만 400명이 있다. 동남아에서 10만 명 이상의 한인이 거주하는 국가는 베트남뿐이다.

식당에서 한국 음식을 즐기고 있는 베트남 인들의 모습.

'후에 황궁'이 보여주는 전쟁의 역사

후에 황궁은 중국 자금성에서 착안해 궁과 성문을 세웠으며, 동시에 프랑스 요새 전문가 보방(Vauban)의 조언을 받았다. 베트남의 응우엔 왕조를 세운 자룽 황제가 1805년에 황궁 건설을 시작하여 그의 아들 민망 황제가 1833년 완공했다. 28년간의 대역사였다. 1885년 프랑스군의 통킹만 진입 반대를 두고 양국 간 최초의 전쟁이 발발했다. 프랑스군은 황궁을 점령하면서 금·은 장식물과 황제의 모기장까지 약탈했다. 이후 베트남은 서구열강과의 수차례의 전쟁이 있었지만, 과학기술력을 앞세운 서양의 무기체계 앞에 무릎을 꿇을 수밖에 없었다.

베트남군의 구식 화포는 쇠공을 날리는 수준이었지만, 프랑스군 작열탄 위력은 전장을 제압했다. 또한, 명중률이 높은 강선소총을 가진 프랑스군에게 수십m 표적도 명중시키기 어려운 활강소총을 가진 베트남군은 도저히 상대될 수 없었다. 소총과 권총의 대결만큼이나 무모한 싸움이었다. 황궁 내의 전시실에는 대외항전과 프랑스 보호국으로 전락하는 과정을 보여주는 다양한 자료들이 진열되어 있다.

후에 황궁 요새와 성곽 외부의 해자 전경.

적치하 도시에서의 비극적인 대량학살

1968년 베트콩과 북베트남군의 구정(음력 설날) 공세는 베트남전쟁의 운명을 결정지은 전환점이다. 베트남의 최대명절인 구정은 남·북베트남이 휴전에 들어가는 것이 관례화되어있었다.

그러나 1968년 1월 30일 새벽, 폭죽놀이 신호로 35개 대대 병력의 공산군이 주요 도시와 군사시설을 기습 공격했다. 연휴를 즐기던 연합군의 허(虛)를 찌른 것이다. 하지만 한국군만은 휴전에 대한 의구심을 갖고 철저한 경계태세를 유지해 적 공격을 쉽게 물리쳤다. 이 당시 후에시 외곽검문소에 남베트남군 복장의 소속을 알 수 없는 군인들이 나타났다. 그들은 베트콩 특수부대였고, 손쉽게 경계부대를 제압했다.

주 방어부대인 남베트남군 제1사단은 많은 병력이 구정 휴가로 부대를 떠나 있었다. 쏟아져 들어온 공산군은 순식간에 후에시를 점령했다. 적치하 25일 동안 황궁 요새에는 붉은 깃발이 휘날렸고, 반공 인사와 그 가족들은 총살 혹은 생매장되었다. 약 2,800~6,000명 정도 학살당했는데, 후에시 인구의 5~10%에 달했다. 미군의 포로가 된 베트콩이 가진 문서에는 '행정공무원 1,892명, 정치인 48명, 악덕 지주 790명을 처형했다(출처: 베트남 10,000일의 전쟁).'라고 적혀 있었다. 무기력한 남베트남군 대신 미 해병대가 도시 탈환작전에 투입되었다.

Trip Tips

근접전에 강했던 미국해병대는 15년 전 한국전쟁 이후 단 한 번도 시가전을 경험해 보지 못했다. 미 해군 함포사격과 폭격기 지원으로 겨우 후에 시를 되찾았다. 폐허가 된 황궁 속에서 기진맥진한 표정으로 야전삽을 들고 가는 미 해병대원의 사진이 치열했던 당시의 격전을 보여주고 있었다.

후에 황궁을 탈환한 미 해병대원의 모습.

제1차 세계대전 전쟁터의 베트남인 동원인력

후에시는 베트남전쟁의 격전지였지만, 단 한 개의 전쟁기념관도 없다. 도시의 남북을 가로지르는 흐엉강에는 관광 유람선과 한가롭게 낚시하는 시민들로 평화롭기 그지없다. 남쪽 강변에서 대형추모탑을 발견하고서는 지레 베트남전쟁 관련 건축물로 추측했다. 알고 보니 제1차 세계대전 베트남인 희생자 추모탑이란다. 당시 프랑스 보호국이었던 베트남에서 약 10만 명이 징집되어 유럽 전선에 투입되었다. 대부분 일선 노무자로 활용되었으나, 일부는 전투원으로 참전했다. 또한, 베트남인들은 프랑스의 전쟁비용 조달을 위해 무거운 세금까지 부담해야만 했다.

이곳 추모탑에서 멀지 않은 곳에는 호찌민기념관이 있다. 전시물은 하노이 호찌민 혁명박물관의 판박이다. 텅 빈 전시실에서 열심히 메모하며 관람하는 여학생을 만났다. 다낭대학 경제학부에 다니는 이 학생은 역사에 관심이 많아 일부러 이곳까지 찾아왔단다.

후에의 호찌민 기념관을 관람하고 있는 다낭대학 여학생 모습.

미 예비역 장교의 베트남 사회 평가

허엉 강변 찻집에서 만난 예비역 미 육군 중령 '떼'의 모습.

내리쬐는 더위를 피해 허엉 강변의 찻집에 들렀다. 노트북을 펼쳐 놓고 차를 마시는 베트남인에게 전쟁유적지를 물으니 의외로 자신을 미국인으로 소개한다. 베트남계 미국인 떼(Te)는 미 예비역 육군 중령이었다. 1973년 부모님과 함께 미국으로 건너가서 캘리포니아에 정착했을 때, 남베트남은 공산화되었다.

1970 · 80년대 미국에 사는 많은 베트남인이 미군에 입대했고, 자신도 직업군인이 되었단다. 주한미군 근무경험까지 있어 한국의 분단역사도 잘 알고 있었다. 30여 년 군 생활을 마치고 그는 베트남으로 다시 돌아왔단다. 떼는 현재 베트남의 사회적 분위기를 이렇게 평가했다. "지금 베트남은 문화적으로 완전히 미국화 되어 가고 있다. 캘리포니아 삶이나 후에의 삶에서 큰 차이를 못 느낀다. 급속한 IT 인구 확산으로 신세대의 공산당 비판이 공공연하다. 최근에는 공산당원 가입을 희망하는 베트남 젊은이를 찾아보기도 어렵다. 결국, 미국은 문화전쟁에서 승리한 것이다."라고.

‘케산’ 기지와 베트남판 ‘돌아오지 않는 다리’

1945년 8월 15일, 태평양전쟁이 끝나면서 일본군의 무장해제 목적으로 38도선이 한반도 허리를 끊었다. 이 분단선을 경계로 자유민주주의와 공산주의는 첨예하게 대립했고, 결국 전쟁으로 새로운 휴전선이 그어졌다. 베트남의 북위 17도선 역시 비슷한 역사적 배경을 가졌다. 1954년 7월 제1차 인도차이나전쟁 후, 이 선을 기준으로 남 · 북 2km 폭의 비무장지대가 생겼다. 남베트남(월남)과 북베트남(월맹)은 다른 정권을 수립했고, 제2차 인도차이나전쟁이 발발했다. 오늘날 17도선 주변인 케산 · 꽝트리 · 동하지역 격전지는 참전용사와 군사 마니아들이 찾는 관광명소로 탈바꿈하였다.

베트남 비무장지대 격전지를 찾아서

라오스국경 부근의 케산(Khe Sanh)은 후예에서 150km 떨어져 있다. 1968년 1월 21일 시작된 케산전투는 공산군이 1월 30일 구정공세 이전, 미리 계산한 양동작전이었다. 약 6개월 전투에서 연합군은 3,000명, 공산군은 15,000여 명의 전사자를 남겼다. 후에의 호텔에는 케산과 비무장지대 여행안내서를 쉽게 볼 수 있었다. 케산 답사의 교통편을 두고 고민하던 차에 구세주 같은 정보였다. 아침 일찍 출발하여 꽝트리 · 케산 · 비무장지대 · 빈목터널을 돌아본 후, 저녁에 돌아오는 답사코스를 선택했다. 여행경비 50달러 속에는 점심까지 포함됐다. 안내자 홍(Hong)을 포함하여 독일 · 체코 · 스페인 · 한국인 각 1명으로 구성된 답사팀이다. 외국 청년들이 베트남 전쟁역사에 관심을 갖는 것이 신통했다. 소형버스가 1시간 30분을 달린 후, 꽝트리에 도착했다. 옛 성곽 안으로 들어가니 북베트남군 참전용사들이 추모탑 앞에서 참배 중이다.

꽝트리 격전지의 봉분형 추모시설 전경.

봉분 형태의 추모시설 아래에 AK소총과 전투배낭 1세트가 전시되어 있었다. 배낭 뒷부분에는 긴 젓가락 1쌍이 삐쭉이 솟아있다. "이 젓가락이야말로 가장 중요한 전투장비다. 왜냐하면, 먹어야 살 수 있으니까?"라고 농담을 했다. 그 순간 독일 청년이 촉새같이 두 손가락을 내밀며 끼어든다. "아니죠. 전쟁터에서는 나무젓가락보다 이 손가락 수저가 더 유용합니다."라고. 역시 실용적인 독일인다운 발상이다.

꽝트리 추모시설에 전시된 북베트남군 전투배낭. 사진 오른편에 젓가락이 보인다.

'제2의 디엔 비엔 푸' 케산의 전쟁유적

버스는 다시 케산으로 출발했다. 2차선 도로는 계곡과 산길의 연속이다. 전쟁 당시에는 1차선 비포장도로였고, 케산까지 육로 수송은 불가능했다. 적의 매복을 뚫고 험준한 길을 따라 보급차량이 통과하는 것은 자살행위다. 공중보급 외는 선택 여지가 없었다. 한참을 가니 해발 240m의 록파일(Rock Pile)이 나타났다. 비무장지대에서 16km 떨어진 이 바위산에 미군 경계부대가 포진했다. 11시경 드디어 케산에 도착했다. 황량한 벌판 위에 기념관과 CH-47 헬리콥터와 C-130 수송기만 덩그렇게 남아있다.

케산 전쟁기념관과 야외에 전시된 미군 CH-47 헬리콥터.

호찌민 보급로 차단목적의 케산기지에는 미 해병대 3,500명과 남베트남군 2,100명이 주둔했다. 비행장까지 갖춘 원형기지 주변 4km까지 전초부대를 내보냈지만, 적 2개 사단의 포위공격은 집요했다. 라오스 내의 적 동굴포병은 끈질기게 포격을 퍼부었다. 남베트남군이 라오스로 진격했지만, 포병진지를 제거하지 못했다. 1일 300회의 공중보급에 투입된 항공기는 수시로 추락했고, 낙하산 투하화물의 상당량이 적진에 떨어졌다. 차선책으로 수송기는 지면을 스칠 듯한 낮은 고도에서 보급품을 활주로에 내동댕이쳤다.

Trip Tips

1968년 4월 초, 미 제1기병사단 투입으로 북베트남군은 비무장지대 북쪽으로 퇴각했다. 하지만 구정공세 · 케산전투의 생생한 언론 보도는 미국의 반전 여론에 불을 붙였다. 덕분에 미국은 '전투에서는 이겼지만, 전쟁에서 패배'하는 치욕을 감수해야만 했다.

미군 C-130 수송기가 활주로에 직접 보급품을 투하하는 모습.

베트남판 "돌아오지 않는 다리"에 서다

케산 주변은 작은 마을들이 있었다. 안내자가 전하는 전쟁 시의 민초들이 겪은 비극이다. "케산 주민의 절반은 남베트남군으로 징집되고, 나머지는 베트콩에게 끌려갔다. 형제끼리 총부리를 겨누는 경우가 다반사였다. 자신의 아버지도 고3 학생으로 남베트남군에 입대했다."라고. 용산 전쟁기념관의 형제의 상(형은 국군장교, 동생은 의용군) 사연의 판박이다. 다시 동쪽 비무장지대를 향해 달리는 다끄롱 강변도로 옆에는 험준한 산비탈의 연속이다. 그 산속에는 하노이와 사이공을 연결하는 비밀보급로 '호찌민 루트'가 있었단다. 이윽고 편편한 해안 길을 따라 북쪽으로 올라가니 벤하이 강이 나타났다. 이 강에는 베트남판 '돌아오지 않는 다리'가 있었다. 교량 중앙에는 군사분계선을 표시한 흰색 페인트가 남아있다. 분단의 아픔을 모르는 외국인들은 신기하다는 듯이 분계선을 밟으며 사진 촬영에 여념이 없었다.

벤하이 강의 '돌아오지 않는 다리' 전경. 바닥에 군사분계선 표식과 뒤편 북베트남 국기가 보인다.

항전의 표상 "빈목 터널"과 전시 생활

군사분계선을 넘어 자동차로 20분 정도 북으로 올라가면, 빈목 터널이 나온다. 1965년부터 미군 폭격을 피해가며 농기구로 만 2.8km의 지하갱도를 19개월 만에 건설했다. 호찌민시의 꾸찌 터널과는 완전히 다른 형태다. 지하 18~26m의 갱도는 3단계 높이로 만들어졌다. 갱도 안 불빛에 의지하여 화살표를 따라가던 중, 갑자기 누군가 내 등을 친다. "깜짝이야!" 소리치며 돌아보니, 키 작은 베트남인이 바구니 속의 아기 사진을 보여준다. 그 신생아가 갱도 안에서 태어난 자신이란다.

북베트남의 '빈목 터널'에서 출생한 신생아들의 모습.

Trip Tips

안내를 자청하는 그를 따라 출구로 나서니 탁 트인 바다가 나왔다. 이 터널은 지상으로 6개, 바다로 7개의 출구가 있다. 1966년 이후 6년간 이 마을은 9,000t의 폭탄 세례를 덮어썼다. 튼튼한 갱도 덕분에 단 한 명의 사상자는 없었고, 대신 17명의 신생아가 태어났단다. 끈질긴 베트남인의 항전의지를 압도적인 군사력만으로는 꺾을 수 없었다.

평화회담 허구성과 내부의 적(敵)

꽝트리 추모탑 앞에는 "파리평화회담"을 상징하는 독특한 조각상이 있다. 큼직한 펜을 쥔 손가락이 "Paris 1973"이라고 서명하는 형상이다. 미군철수와 공산군의 남베트남 주둔을 허용하는 이 회담으로 북베트남은 티우(Thieu) 정권을 궁지로 몰아넣었다. 협정준수를 위해 8개국(영국 · 프랑스 · 소련 · 중국 · 캐나다 · 이란 · 헝가리 · 폴란드)이 보증을 섰지만, 공산세력은 활개쳤다.

무력충돌은 계속되었고, 반공인사가 밤사이 살해되어도 속수무책이었다. 남베트남은 공산세력의 눈치를 보는 무서운 사회로 변했다. 군대 · 경찰에서 암약하는 간첩들은 '우리민족끼리'를 앞세우며 교묘하게 반정부시위를 선동했다. 1974년 12월, 북베트남군 2개 사단의 시험공격에 남베트남군은 썩은 고목처럼 무너졌다. 평화협정을 어기면 "하노이를 불바다로 만들겠다!"라는 미국 약속은 공염불이었다. 1975년 4월 30일, 남베트남은 지구상에서 흔적도 없이 사라지고 말았다.

꽝트리 추모시설 앞의 '파리평화협정' 상징조각상.

언어장애인이 관리하는 청룡부대 옛 주둔지

"역사를 잊은 민족에게는 미래가 없다!"라는 격언은 태평성대에는 인기가 없다. 베트남은 대한민국과 일란성 쌍둥이와 같은 역사를 가졌다. 특히 베트남전쟁역사는 우리에게 많은 교훈을 던져준다. 남베트남군은 병력 · 화력 · 장비에서 적군을 압도했다. 북베트남군은 식량도 부족했고, 부식은 소금밖에 없었다. 굶주린 병사들은 영양실조자가 속출했고, 신발은 폐타이어로 만들었다. 이에 비해 남베트남군은 육류와 쌀밥 · 빵을 배불리 먹었고, 튼튼한 가죽 군화를 신었다. 그러나 남베트남군은 "왜 싸워야 하는지?"를 잊었다. 전쟁이 발발하자 막강했던 군대는 순식간에 물거품처럼 사라졌다. 호이안 · 다낭의 전쟁유적과 군사박물관은 이런 교훈을 생생하게 보여준다. 파월 한국군 주둔지에서 "혹시 우리는 역사를 잊은 민족이 아닌지?"를 되새겨 보았다.

'호이안'행 버스에서 만난 외국인 여행객

'후에'에서 호이안으로 가는 버스 편을 숙소 직원이 상세하게 알려준다. 터미널까지의 교통편의도 서비스로 제공해 준단다. 그의 친절에 감사하며 로비에서 기다리니 한 소년이 찾아왔다. 소형버스를 상상하며 따라가니 현관에는 오토바이 한 대가 있었다. 소년의 꽁무니에 매달려 한참을 달리니, 낡은 소형버스들이 공터에 모여있다. 배낭을 짊어진 독일인 가족과 함께 그 차량편으로 비로소 터미널에 도착했다. 장거리운행이 많은 탓인지, 호이안행 버스는 2층 침대형이다. 의자로 변형이 불가능한 침대 덕분에 드러누운 자세로 3시간 30분 동안 차창 밖을 봐야만 했다. 차내의 외국인 여행객 복장은 대부분 편안하고 자유롭다. 화장도 하지 않은 여성들은 예사로 대형배낭을 짊어지고 다닌다. 멋진 복장에 여행용 가방을 끄는 한국인 관광객들과는 대조적이다.

베트남 자유여행 중인 독일인 가족 모습.

관광객으로 붐비는 호이안 한인식당

청룡부대 상징탑 돌비석 앞의 운전기사 텐 (왼쪽)과 현지 베트남인(오른쪽).

호이안의 택시기사에게 부탁하여 찾아간 한인식당에 들어서니, 베트남 종업원이 반갑게 맞이한다. 한국인 사장을 찾으니 어린 여직원은 "사장 없어!"라고 다짜고짜 반말이다. 웃음 띤 동그란 눈망울이 악의는 전혀 없어 보였다. 이제 막 한국말을 배우는 모양이다. 멀리서 지켜보던 다른 직원이 달려와 주인과 통화하자, 잠시 후 Y씨가 나타났다. 6년 전에 식당을 개업한 그는 코로나 불황도 잘 극복했단다.

2층 식당은 가족단위 한국 관광객들로 빈자리가 없다. 최근 해외여행객의 폭발적인 증가로 다낭·호이안은 호황을 누린다. Y씨에게 청룡부대 주둔지를 물으니 미안해하며, 자신도 현장에 가보지 못했단다. 대신 믿을만한 운전기사 텐(Ten, 44)을 소개해주었다. 성실해 보이는 그는 오랫동안 호텔에 근무하여 영어가 유창했다. 하지만 아내, 두 자녀, 어머니까지 부양하기에는 너무 급여가 적었다. 결국, 중고승용차를 구입하여 관광안내인으로 직업을 바꾸었단다.

청룡부대 주둔지를 관리하는 베트남인

텐 역시 한국군 옛터를 알지 못했지만, 주민들에게 물어가며 겨우 목적지에 도착했다. 황량한 벌판 위의 청룡부대 부지는 잡초가 무성하다. 멀리서 두 사람을 지켜보던 한 사내가 자전거를 타고 쏜살같이 달려온다. "대한민국 해병대" 글자를 새긴 빨간 티셔츠를 입은 그는 한국군 참전용사들과 찍은 큼직한 사진들을 펼쳐 놓는다.

현지 베트남인이 보여준 청룡부대 상징탑과 해병대원 사진.

텐에게 통역을 부탁하니, 그 사내는 언어장애인 이였다. 대신 숫자와 그림, 손짓으로 당시 상황을 이렇게 설명했다. "1954년생인 그는 1968년부터 부대를 출입하며 허드렛일로 한국군을 도왔다. 해병대원들은 자신을 아꼈고, 1972년 청룡이 철수할 때 눈물로 이별했다. 식당 · 사격장 · 축구장은 흔적도 없이 사라졌지만, 해병상징 비석은 자신이 보관하고 있다. 가끔 옛 베트남 소년을 기억하는 참전용사와 바로 이곳에서 재회의 기쁨도 누린다."라고. 당당하게 해병전우회 유니폼으로 옛 주둔지를 배회하는 그는 열렬한 한류 팬이다.

정문만 외롭게 남아 있는 부대 부지는 해변에서 멀지 않았다. 관광지개발 분위기에 한국 청년들의 피땀이 서려 있는 옛 주둔지는 멀지 않아 사라질 것 같았다. 한국군을 도운 사람이 공산 치하에서 어떻게 살아남을 수가 있었는지 텐에게 조용히 물었다. "아마 언어 장애가 처벌을 면했을 것 같다."라고 귀띔한다. 그리고 "자신의 할아버지는 남베트남군 파일럿이었고, 아버지도 미군 부대에서 근무한 적이 있다."라고 한다. 그가 어렸을 적에 할아버지 · 아버지 군복 사진을 많이 보았단다. 그 사진을 볼 수 있느냐고 하니, 오래전 홍수로 그 사진을 포함한 모든 가구가 몽땅 떠내려갔다고 했다.

망국의 길로 치달은 다낭전투의 패배

다음날 다낭으로 가는 길옆의 군용비행장에는 미 공군 격납고가 줄지어 남아 있다. 작은 성곽 속의 다낭 역사박물관은 베트남전쟁 자료가 대부분이다. 다낭에 상륙하는 한국군 사진자료 옆에는 엉뚱하게 향토예비군 마크가 끼어있다.

다낭 역사박물관에 전시된 한국군 계급장과 향토예비군 마크.

1975년 3월, 북베트남군의 다낭 점령은 전쟁의 결정적인 전환점이 되었다. 하노이 전쟁지도부에 침투한 미 CIA 첩보원들은 공산군의 공격계획을 정확하게 예고했다. 하지만 공산군보다 4배의 압도적인 전력을 가진 남베트남군은 확고한 전투의지가 없었다. 1975년 3월 10일, 북베트남군 대포와 로켓포가 국경선에서 불을 뿜었다. 티우 대통령은 중부고원을 포기하고 남쪽으로 군대 철수를 명령했다. 50만 병사와 피난민으로 다낭은 순식간에 아수라장이 되었다. 남베트남군 10만이 주둔한 다낭은 피난민으로 인구가 300만에 육박했다. 3월 30일 퇴로가 차단된 다낭의 남베트남군은 전원 포로가 되었다. 군수기지의 10억 달러 상당 전투물자는 포장도 뜯지 않은 채, 고스란히 적의 손으로 넘어갔다. 2년 전쟁을 계획했던 북베트남군도 단 2달 만에 끝난 전쟁에 의아해했다.

군사박물관에서 본 중·월 전쟁의 역사

Trip Tips

친절한 역사박물관 직원이 또 다른 '제5군구 군사박물관'을 소개했다. 군부대와 인접한 이 박물관은 군복차림의 여직원이 안내소에 있었다. 야외에 진열된 군사장비는 대부분 미국산 노획물이다. 3층 규모의 전시관은 대불(對佛)·대미(對美)·대중(對中) 전쟁까지의 30년 베트남항전역사를 소개한다.

1975년 전쟁이 끝나자, 어제의 혈맹이었던 베트남과 중국 갈등은 폭발했다. 화교탄압과 캄보디아 침공의 이유로 1979년 2월 17일, 중국군 20만 명이 베트남을 침공했다. 정규군 대부분이 캄보디아에 있어, 10만 베트남 민병대가 침공군에 맞섰다.

중국군의 구태의연한 인해전술은 게릴라전으로 '치고 빠지는' 민병대를 당할 재간이 없었다. 3월 16일 중국군은 수만 명의 사상자만 남기면서 휴전에 동의하고 본국으로 철수했다. 내일은 분쟁의 파고가 높아지고 있는 타이완으로 떠나기로 계획했다.

다낭 제5군구 군사박물관 전경. 야외에 진열된 군사 장비는 대부분 미국산이다.

필리핀

Philippines

300년 스페인 역사유적 '인트라무로스' 요새

필리핀 지도(사진 파일)

필리핀은 동남아시아 북동부에 위치한 7,500여 개의 섬을 가진 도서 국가다. 인구는 1억 1천 250만 명으로 세계 13위이며, 연 국민개인소득은 3,373달러 수준이다. 제2차 세계대전 직후, 필리핀은 아시아에서 일본 다음으로 높은 경제적 수준을 유지했다. 하지만 마르코스의 장기집권으로 국가발전이 침체되었고, 1986년 민중항쟁으로 민주주의가 복원되었다.

코로나 팬데믹 직전 한인 교민은 약 85,000명에 달했으며, 170,000명이 거주했던 베트남에 이어 동남아에서 2번째로 많았다. 필리핀군 병력은 143,100명(육군 101,000, 해군 24,500, 공군 17,600), 준군사부대 12,300명을 보유하고 있다. 또한, 필리핀은 6 · 25전쟁 당시 7,500여 명의 전투병력을 한국에 파병하여 116명이 전사한 참전 우방국이기도 하다.

심야에 도착한 마닐라 국제공항

자정이 가까운 시각의 마닐라 국제공항! 한층 더 복잡해진 각종 증명서 확인을 받은 후, 공항 입국장을 벗어났다. 한밤중이지만 열대지방 특유의 더운 열기가 후끈 달아오른다. 공항 근처에 숙소를 예약해 두었지만 찾아가기가 애매하다. 필리핀의 불안한 치안 상황에 대해 가끔 언론을 통해 들어왔기 때문에 혼자 밤길을 걷는 것이 불안했다. 다행히 공항 주변에는 보안요원들이 곳곳에 배치되어 있다. 택시를 타야 하나 망설이다가 주변 근무자에게 길을 물었다. 외국인임을 확인한 키 작은 여성 근무자가 친절하게도 공항 바깥 큰 도로까지 횡단해 가면서 숙소 방향을 안내해 주었다. 늦은 밤이었지만 의외로 문 열어둔 가게도 많았고, 행인들도 볼 수 있었다. 숙소에 도착하니 권총을 휴대한 경비원과 졸다가 번쩍 잠을 깬 시커먼 폭발물 탐지견이 꼬리를 흔들며 반갑게 맞이해 주었다.

마닐라 한인촌의 코로나 팬데믹 충격

다음 날 아침, 마닐라 중심부의 한국인 밀집거주지(Korea Town)로 숙소를 옮기기로 했다. 장기간 필리핀에서 거주한 교민들이 가장 현실적인 정보를 알고 있다. 택시로 거의 1시간 정도 달려 도착한 코리아타운에는 곳곳에 한글 간판들이 붙어 있었다. 택시비는 불과 300페소(Peso)로 한화로 7,500원 수준. 필리핀 택시기사들의 바가지요금 운운은 옛날이야기다. 승차하자마자 미터기 조작을 부탁하면, 대부분 기본요금 45페소(1,100원)부터 시간·거리병산제로 계산한다. 거리 곳곳에 붙어 있는 식당의 눈에 익은 음식 차림표는 한결 마음을 포근하게 만든다.

그러나 몇 군데의 한인 식당에 들러 보았으나, 한국인 운영자들은 대부분 코로나로 귀국했다. 대신 필리핀 종업원들만 한가롭게 가게를 지키고 있었다. 예상치 못한 상황으로 당장 필리핀 지방도시의 교통편을 정확하게 아는 것부터 어렵게 되었다.

마닐라 중심부 코리아 타운 내의 한국음식점 전경.

300년 스페인 지배유적 '인트라무로스'

마닐라 중심부의 '인트라무로스(Intramuros: 성안의 도시)' 성곽은 필리핀 역사를 압축적으로 보여준다. 300년 전에 축성한 둘레 4km의 거대한 요새 안에는 스페인 귀족들이 거주했다. 1571년부터 1898년까지의 스페인 지배로 필리핀 민족 정체성 유지는 어려웠다. 필리핀인은 크게 중국계와 말레이계의 혼혈, 에스파냐계, 미국계 혼혈로 구분된다. 사회통합은 어려웠고, 국가는 허약할 수밖에 없었다. 하지만 정복자들이 전파한 가톨릭은 전 국민의 80%가 믿는 종교로 정착되었다. 결국, 서구열강의 등장으로 필리핀 역사는 비로소 시작되었다. 10m 높이의 '인트라무로스' 성곽은 어떤 포격에도 무너지지 않을 정도로 두터웠다. 성채 일부는 주변 파시그 강을 따라 축조했으며, 강물을 끌어들여 요새 내에 해자까지 설치했다.

Trip Tips

'산티아고 요새'는 스페인 · 미국 · 일본군 점령기에 빠짐없이 병영시설로 운용되었다. 현재 시설 일부는 필리핀 독립영웅 리잘의 생애를 전시한 기념관으로 변했다. 강변 성곽의 지하시설은 태평양전쟁 당시 일본군이 포로수용소로 사용했다. 감방 곳곳에는 참혹한 모습의 미군포로와 일본군 감시병 마네킹들이 있다.

산티아고 요새의 1940년대 건물 외벽에는 수많은 총 · 포탄 자국이 그대로 남아있다. 마닐라 탈환작전 시 미 · 일본군 간의 격전에서 생긴 생채기들이란다. 요새 밖으로 나오니 느닷없이 "오빠!" 하면서 달려오는 여성이 있었다. '아니 나는 여동생이 없는데….'라고 생각하면서 돌아보니 짝퉁 진주목걸이를 파는 상인이다. 한국말을 더듬더듬하면서 진짜 진주임을 강조한다. 이 여성의 행동으로 수많은 한국인 단체여행객들이 '인트라무로스'를 거쳐 갔음을 짐작할 수 있었다.

스페인이 축성한 마닐라의 인트라무로스 성곽 전경.

필리핀인들의 정신적 지주 '리잘 공원'

마닐라 중심부에 있는 10만 평의 넓은 녹지는 필리핀 국부로 추앙받는 '호세 리잘(Jose Rizal)'의 기념공원이다. 그의 생애는 일제강점기 민족 계몽운동을 주창했던 도산 안창호와 비슷하다. 1861년에 출생한 리잘은 스페인의 의과대학을 졸업하면서 안과 의사가 되었다. 필리핀인들의 나태함과 야만에서 문명을 전해준 스페인의 식민통치가 정당하다는 논리를 그는 수많은 저서 집필로 반박했다. 필리핀으로 추방된 리잘은 1892년부터 '필리핀 민족동맹'을 결성하여 평화적 독립운동을 전개했다. 그러나 그는 1896년 체포되어 무장 독립투쟁의 배후라는 누명으로 산티아고 요새에 갇혔다.

스페인과 필리핀 명사들의 석방 탄원이 이어졌지만 받아들이지 않았다. 1896년 12월 30일, 그는 리잘 공원 공터에서 총살형을 당했다. 그의 죽음은 필리핀인들의 독립의지를 불 지르는 계기가 되었고, 수많은 청년이 무장 독립조직 카타푸난(KKK)에 가담했다. 결국, 1898년 6월 12일 필리핀은 스페인으로부터 독립하면서 제1공화정이 출범했다. 이 기념공원에는 리잘 처형장면을 재현한 조각상과 부근 대로변에는 무장 독립투쟁을 기념하는 대형동상이 건립되어 있다.

필리핀 독립 영웅 리잘의 처형 장면을 재현한 조각상.

트라이시클 운전사의 소박한 꿈

Trip Tips

마닐라의 대중교통수단은 지프니와 트라이시클이다. 20여 명이 탈 수 있는 지프니는 미군 지프를 개조하여 만든 것에 유래한다. 트라이시클은 오토바이를 이용한 4~5인용 차량이다.

트라이시클 운전사 '잠일(Jamil)'은 10대 소년처럼 너무 어려 보였다. 그의 아버지가 일찍 돌아가시면서 남긴 유일한 유산은 오직 오토바이 1대뿐. 집안 생계유지와 동생들의 학비를 뒷바라지하기 위해 잠일은 학업을 중단하고 아버지의 오토바이를 트라이시클로 개조하여 운전을 시작했다. 하루 평균 12시간을 일하는데 불볕더위가 절정에 달하는 12시 전후로는 영업할 수가 없단다. 전혀 힘든 내색을 하지 않고 싱글벙글 웃으면서 "집안을 다시 일으키겠다!"라는 자신의 소박한 꿈을 이야기하는 그가 대견스럽게 느껴졌다.

마닐라 시내에서 일하는 트라이시클 운전사 잠일(Jamil)의 모습.

필리핀 군사고문 맥아더와 태평양전쟁

리잘 공원 근처에는 100년 전통을 가진 마닐라 호텔이 있다. 다소 낡은 느낌을 주는 이 건물은 미국의 필리핀 초대 총독 아더 맥아더가 총독부로 사용했다. 그의 아들 맥아더 장군 역시 태평양전쟁 시 이 호텔을 작전사령부로 활용하였다. 5층 객실 모퉁이의 '맥아더의 방'과 맞은 편 '리잘의 방'은 역사유적으로 보존하고 있다. 호텔 건너편의 독립기념탑은 조국 수호의 상징물로 2명의 필리핀군 해병대원이 망부석처럼 자리를 지키고 있었다.

마닐라 호텔 5층의 맥아더 기념관 입구 (사진 오른편).

해병 의장병이 24시간 지키는 리잘 공원의 독립기념탑.

맥아더 부자(父子)의 필리핀 인연

맥아더 부자의 필리핀 인연은 특이하다. 맥아더 장군의 아버지 아더 맥아더(Arthur MacArthurr)는 1900년 5월 6일, 필리핀

주재 미국사령관 겸 총독으로 임명되었다.

Trip Tips

아들 맥아더는 1903년 미 육군사관학교를 수석으로 졸업하고 공병 소위로 임관했다. 그의 첫 부임지는 아버지가 총독으로 근무했던 필리핀이었다. 맥아더 소위는 1903년 11월, 목재를 얻고자 병력을 인솔하여 정글로 들어갔다가 지방게릴라의 습격을 당하기도 했다.

1904년 3월, 맥아더는 말라리아에 걸려 마닐라로 후송되었다가 중위로 진급했다. 귀국 후 그는 아더 맥아더 소장의 전속부관이 된다. 1905년 10월부터 8개월 동안 부친을 보좌하면서, 일본을 포함한 아시아의 여러 나라를 여행하여 견문을 크게 넓혔다. 특히 일본인들의 천황에 대한 맹목적인 복종심을 눈여겨보았는데, 이는 맥아더가 태평양전쟁에서 일본군의 특성을 이해하는 데 큰 도움을 되었다.

스페인 지배에서 다시 미국 식민지로

1898년 6월 12일, 필리핀은 아시아에서 처음으로 독립을 선언했다. 하지만, 1898년 12월 10일 파리조약으로 스페인은 필리핀 지배권을 미국에 넘겼다. 필리핀인들은 독립군을 결성하여 미군을 공격했다. 아더 맥아더는 이들의 공격을 격퇴하고, 루손섬의 남부지역까지 평정했다. 1901년 미국은 필리핀을 식민지로 얻었지만, 착취 대신에 대대적인 투자를 하였다. 1941년 태평양전쟁이 발발하자, 마닐라를 점령한 일본은 허수아비 필리핀 제2공화국을 수립했다. 다른 동남아 국가들이 일본을 해방자로 열열하게 환영했던 것과는 필리핀인들의 반응은 크게 달랐다. 즉 이들은 미국 편에 서서 일본군에게 총구를 겨누었다.

1945년 2월 3일, 연합군은 필리핀 남부에서부터 반격전을 펴면서 다시 마닐라 근교에 도착했다. 한 달간의 치열한 시가전 끝에 3월 3일, 연합군은 일본군을 완전히 제압했다. 이 전투에서 약 10만 명의 시민들이 목숨을 잃었다.

일본군의 바탄반도 연합군 포로 학살을 묘사한 그림과 마네킹.

필리핀 군사고문 맥아더와 태평양전쟁

Trip Tips

맥아더 장군은 1935년 미 육군참모총장을 끝으로 전역했다. 필리핀 대통령 케손(Manual Quezon)은 일본의 만주 침략을 보고 필리핀 국방을 위해 맥아더를 군사고문으로 초빙했다.

1941년 미국과 일본의 관계가 점점 악화하여 전쟁 위험이 고조되자, 루스벨트 대통령은 맥아더를 현역 중장으로 복귀시키면서 극동 미군사령관으로 임명했다. 1941년 12월 22일, 일본군이 루손섬 북쪽 링가엔에 상륙하자, 맥아더는 원래 계급인 대장을 회복하였다. 맥아더 휘하에는 1개 미군 사단과 필리핀 육군 10개 사단이 있었지만, 필리핀군은 소총 · 철모 · 야전삽 등 기본 장비도 갖추지 못했다. 맥아더는 모든 부대를 마닐라 서쪽에 돌출해 있는 길이 42km인 바탄반도로 이동시켰다. 마닐라를 '오픈 시티(Open City)'로 선포하고, 맥아더는 참모진을 데리고 마닐라만의 조그마한 섬인 코레히도르(Corregidor) 요새로 들어갔다.

마닐라 도시파괴를 막기 위해 '오픈 시티'로 선언한 기록 사진.

바탄반도 함락과 죽음의 행진

1942년 1월 2일, 일본군은 마닐라에 무혈입성하자마자 잔류 미국인들을 수용소에 강제 억류했다. 필리핀의 각종 자원은 무자비하게 수탈당했으며, 3년 점령 기간 중 일본군은 100만여 명의 양민을 학살했다. 한편 바탄반도의 연합군 8만 명(미군 15,000, 필리핀군 65,000)은 사력을 다해 방어진지를 구축했다. 1월 10일, 방어진지에 일본군 포탄이 처음으로 떨어지면서 3달 동안의 처절한 전투는 시작되었다. 하지만, 바탄반도에서 결사적으로 저항하는 연합군과 민간인 10만여 명의 식량은 쌀 20일분, 밀가루 30일분 밖에 없었다. 최소 6개월을 버티어 주기를 바랐던 맥아더는 즉각 식사량을 절반으로 줄이도록 했다. 굶주림과 질병으로 쓰러지는 병사들이 전사자보다 많았다.

엎친 데 덮친 격으로 말라리아 전염병까지 무섭게 퍼져나갔다. 방어선은 반도 끝부분으로 밀려났다. 탄약운반용 말과 노새까지 잡아먹으며 연합군 전투는 계속되었다. 4월 8일, 일본군 포탄이 탄약저장소와 유류 탱크에 명중되면서 대폭발이 일어났다. 4월 9일 오전 6시, 마침내 미군사령관 킹(Edward King) 소장은 항복을 선언했다. 현재 바탄반도 발랑가(Balanga)에는 연합군 항복 장소인 초등학교 내 투항문서에 서명하는 조각상이 당시의 상황을 재현하고 있다. 패전 후 7만 명의 포로 운명은 처참했다.

불볕더위 속에서 100km 떨어진 오도넬(Odonnell) 수용소까지 행군을 강요당했다. 일본군은 낙오자를 무자비하게 총검으로 찔러 죽였다. 처형 · 아사 · 일사병으로 죽은 포로의 수는 7천 명. 오늘날 포로들이 이동했던 도로 주변에는 2~3km 간격으로 '죽음의 행군(Death march)' 표시판을 설치하여 그 참상을 후세에 전하고 있다.

코레히도르 전쟁유적지로 가는 길

마닐라항 부두에서 뱃길로 1시간 30분 걸리는 마닐라만 입구의 섬 코레히도르! 올챙이 모양의 이 섬 길이는 6km. 1920년대 미군은 약 10년간에 걸쳐 이곳에 불침 요새를 건설했다. 길이 280m의 말린타(Malinta) 주 터널을 중심으로 좌·우측으로 24개의 수많은 보조 터널이 있다. 1,000개 병상의 지하병원, 지휘통제실 등이 내부에 꽉 차 있다. 외부에는 사거리 25km의 대형 화포를 포함하여, 56문의 해안포와 6,000명의 병력이 배치됐다. 코레히도르 주변 3개의 작은 바위섬에도 장갑 요새(포트 휴이·드럼·플랭크)를 만들었다. 이 요새지대 확보 없이는 적함의 마닐라항 입항은 불가했다.

코레히도르는 필리핀 전쟁유적의 압권이다. 태평양전쟁의 시작과 끝을 보여주는 별도의 전쟁기념관까지 있다. 현재는 코로나 팬데믹으로 단체여행 배편이 중단되었단다. 택시기사가 항만에 개인 여행자들이 이용하는 소형보트가 있다며 솔깃한 정보를 제공했다. 혹시나 하는 마음으로 부두로 달려갔지만, 선착장 자체가 폐쇄되어 있었다. 마닐라 항만의 발전상은 부산항과 별반 다르지 않다. 이런 부둣가에도 대형 한인식당의 '삼겹살' 광고판이 당당하게 자리 잡고 있었다.

코레히도르 유적지로 가는 마닐라 항 선착장 전경.

마닐라 항 부근 한국식당의 대형 광고판.

마닐라 국립묘지의 한국전쟁 전사자 묘역

마닐라 국립박물관에는 광대한 필리핀 국토의 지역별 풍습과 특산물 등이 주로 전시되어 있다. 또한, 마닐라시 역사실에는 태평양전쟁 당시 처절하게 파괴된 도시 사진도 있었다. 견고한 인트라무로스 성벽조차도 치열한 포격으로 초토화되었다.

마닐라 리잘 공원 근처의 국립박물관 전경.

만주사변, 중일전쟁, 태평양전쟁 기간에 일본군·군무원·민간인 사망자는 약 300만 명. 이중 해외 사망자 240만 중에서 일본인이 가장 많이 죽었던 곳이 필리핀이다. 그 숫자는 태평양전쟁 시 일본군 전사자만 32만 명이 넘는다. 연합군 역시 필리핀 탈환전에서 74,500명이 전사했다.

마닐라 도시철도와 시민들의 여가생활

마닐라에서는 20인승 지프니와 트라이시클(오토바이 개조 차량)이 대중교통이다. 복잡한 시내 도로망에 익숙하지 않은 외국인이 지프니를 이용하기는 쉽지 않다. 하지만 2개의 경전철(LRT)과 1개의 도시철도(MRT) 노선을 잘 활용하면, 교통체증을 피해가면서 쉽게 목적지에 도착할 수 있다. 도심을 통과하는 이 노선들은 지상 고가철도다. 마닐라는 약한 지반과 잦은 지진으로 지하철 건설이 제한된다. 승강장 구조나 탑승 절차는 서울 지하철과 비슷하다.

필리핀에서 마을버스처럼 운행되는 '지프니' 모습.

현재 마닐라와 북쪽 클라크(Clark)까지 한국기업이 참여한 광역고속철도 공사가 진행 중이다. 6~7년 후에는 마닐라 출발 고속열차가 해저터널을 거쳐 남부의 주요 섬까지도 갈 수 있단다. 필리핀에는 58개소의 SM(Shoe Mart 이름에서 출발)으로 불리는 대형 쇼핑몰이 주요 도시에 산재해 있다. 5~6층 높이의 대형

건물에 식당, 식료품점, 잡화점 등 온갖 종류의 상품을 취급하며 가족 단위 손님이 많다. 이 복잡한 쇼핑센터를 다니다 보면, 필리핀 서민의 생활 수준이 한국과 별반 다르지 않은 것처럼 느껴지기도 한다.

필리핀 각 도시에 있는 대형 쇼핑센터(SM) 내부전경.

맥아더 장군의 "I shall return"

1942년 5월 6일, 코레히도르의 미군이 항복한 이후 필리핀인들은 절망감에 빠졌다. 일본군은 처음에는 현지인들을 회유하려고 노력했다. 하지만 구타 · 고문 · 공개처형과 일본 군인에게 머리를 숙이라는 굴욕적인 명령은 주민들을 격분시켰다. 7,000개의 섬 곳곳에는 100개 이상의 크고 작은 게릴라 조직이 자생적으로 탄생했다. 1945년 1월, 미군이 루손섬으로 반격해 오자 30

만 게릴라와 1,700만 민간인들이 연합군 지원에 나섰다. 필리핀인들은 1946년 완전한 독립과 자치정부를 인정한다는 미국 의회의 약속을 신뢰하고 있었다.

이보다 3년 빠른 독립을 약속한 일본인을 믿는 사람은 아무도 없었다. 특히 4번이나 필리핀에서 근무한 맥아더 장군에 대한 기대는 남달랐다. 샌프란시스코 방송국에서 끊임없이 내보내는 "나는 반드시 돌아온다! (I shall return)" 라는 맥아더 약속을 필리핀인들은 철석같이 믿었다.

루손섬 탈환과 초토화된 마닐라

1945년 1월 9일 아침, 미군 9개 사단이 포함된 연합군 175,000명이 루손섬 북쪽 링가엔에 상륙했다. 전국 곳곳에서 게릴라들이 이 작전에 적극 호응하였다. 일본군이 실효적으로 지배한 필리핀은 30%에 불과했고, 무자비한 자원 수탈과 억압은 필연적으로 주민 반발을 불렀다. 이에 비해 미군들은 식량을 주었고, 의료품을 지원했다. 현지인들은 미군의 눈과 귀가 되어 일본군 행로를 수시로 알려주었다. 또한, 부대가 와해되어 도망치는 일본군을 필리핀인들이 몽둥이나 농기구로 때려죽였다.

좀 똑똑한 사람은 죽지 않을 만큼 때린 다음 미군에게 넘기면서 돈을 받았다. 미군들은 마닐라 탈환전에서 일본군의 미국인 수용소 산토 토마스 대학을 점령하고서 큰 충격을 받았다. 수천 명 억류자의 피부는 뼈 위에 앙상하게 달라붙어 있었다. 평균 체중은 성인 남자가 51kg, 여자는 45kg이었다. 하지만, 어린이들의 건강은 대부분 양호했다. 부모들의 배급식량 일부가 어린애들에게 건네졌기 때문이었다. 1945년 2월, 마닐라 전투에서 가까스로 생존한 필리핀인 일기다. "무수한 시체가 여기저기 뒹굴었다. 구역질 나는 악취로 위 속의 찌꺼기까지 토해내야만 했다.

후퇴하는 일본군은 집집마다 휩쓸고 다니면서, 여성을 강간하고 학살을 자행했다. 마닐라는 돌조각이 흩어진 거대한 폐허 도시로 변했다.

마닐라 탈환전 간 처참하게 파괴된 인트라무로스 성곽 전경.

한 달 전투가 끝났을 때, 70만 시민 중 10만 명이 사라졌다." 박물관 전시실의 인트라무로스 사진에는 주변에 온전한 건물을 단 한 채도 찾아볼 수 없었다.

29년 투항을 거부한 '오노다' 소위

마닐라 파시그 강변의 멋진 석조건물 말라카냥궁(Malacannang Palace)은 필리핀 대통령 관저다. 인터넷으로 신청을 하면 관광객의 내부 방문도 가능하단다. 그러나 불규칙한 개방 기간과 수시 폐쇄로 관람은 쉽지 않다. 관저 주변까지는 갔으나 높은 담벼락 너머로 일부 건물만 보였다.

Trip Tips

1974년 3월 10일, 바로 이 대통령궁에서 때아닌 태평양전쟁의 일본군 항복식이 재현되었다. 종전 후 29년 동안 밀림에서 투항을 거부하던 일본군 소위 오노다(Onoda)의 항복 행사였다.

세계의 신문 · 방송 · TV가 지켜보는 가운데 오노다가 항복을 상징하는 일본도를 마르코스 대통령에게 바쳤다. 대통령은 그 칼을 되돌려 주면서 그가 루방 섬 주민들에게 그동안 저지른 살인, 방화 등 모든 범죄를 사면한다고 발표했다. 그의 투항 결심과정도 엽기적이다. 끝까지 항복을 거부하던 오노다는 과거 직속상관 요시미 소좌(소령)가 직접 항복명령서를 건네주자 비로소 투항했다. 끊임없이 손질하여 반짝반짝 날이 빛나는 그의 일본도와 즉각 사격이 가능한 99식 소총은 일본인들을 열광시켰다. 군국주의 세뇌 교육이 얼마나 무서운 것인지를 보여주는 단면이다.

종전 후 29년 만에 항복한 일본군 '오노다' 소위 모습.

미 · 필리핀군이 함께 안장된 국립묘지

마닐라 근교에는 태평양전쟁에서 전사한 미군 · 필리핀군이 합동으로 안장된 국립묘지가 있다. 20만 평의 넓은 묘역에는 17,206명의 미군들이 묻혀있다. 중앙 추모탑 부근에는 태평양전쟁 기록물 보존센터도 있었다. 묘지 관리원이 친절하게도 자신의 오토바이에 태워 묘역 전체를 돌며 안내해 준다. 수많은 십자가 묘비 사이의 도로를 따라 한참을 들어가면 한국전쟁 전사자 묘역과 참전기념탑이 우뚝 솟아 있다. 가족 단위 추모객과 단체방문객이 묘비 앞에서 헌화를 하기도 한다.

미군 · 필리핀군 전몰장병이 함께 안장된 묘역 전경.

필리핀 역시 호국선열에 대한 존경심은 한국과 다를 바 없었다. 정문 근처의 우거진 숲속에 군용 구급차와 대형천막, 임시건물들이 보였다. 필리핀군이 운영하는 코로나 환자 격리시설이란다. 건강하고 젊은 군인들의 특성을 고려 공원처럼 조성된 국립묘지에서 충분한 휴식을 가지면서 치료토록 한 모양이다.

후송환자 대부분이 완쾌되어 복귀했는지 인적은 거의 찾아볼 수 없었다.

국립묘지 내의 필리핀군 코로나 환자 격리시설 전경.

'바기오'에 만난 한국 경험 필리핀 택시기사

마닐라 전쟁유적지를 돌아본 후, 태평양전쟁의 격전지 바탄(Bataan)으로 가고자 준비했다. 바탄은 마닐라만 서쪽에 돌출해 있는 반도이며, 남단에는 코레히도르섬이 있다. 이 지역은 대부분 열대성 밀림으로 뒤덮여 있으나, 해안 주변은 평야 지대다. 마닐라만 입구를 통제하는 바탄반도는 예로부터 군사요충지였다. 태평양전쟁 당시 연합군과 일본군 간의 격전장이었으며, 일본군의 포로 학대로 유명한 '죽음의 행진' 현장이 있다.

루손섬 북단의 전적지로 가는 길

숙소에서 바탄반도 교통편을 확인하니, 종업원은 기왕이면 태평양전쟁시 일본군 항공기가 필리핀을 최초 공습을 한 루손섬 북쪽의 바기오(Bagiou) 답사를 같이하란다. 단, 마닐라에서 바기오는 250km 거리(서울-광주 정도)에 불과하지만, 버스로는 7~8시간 걸린단다. 우선 클라크(Clark)까지 간 후, 바기오 행 버스로 갈아타야만 했다. 특히 그곳에 가게 되면 필리핀군 사관학교 관광도 가능하다는 솔깃한 정보까지 알려주었다.

택시로 터미널을 찾아가면서 은근히 장시간 버스 여행에 걱정이 앞섰다. '택시는 클라크까지 1시간이면 갈 수 있다.'라는 운전사 말에 요금을 흥정하니 터무니없는 가격을 요구한다. 왕복 고속도로 통행료가 엄청나다는 핑계를 댄다. 협상이 무산되자, 화가 난 듯한 운전기사는 터미널로부터 한참 떨어진 곳에 내려놓고 "쌩" 사라져 버렸다.

마닐라 시내의 클라크행 버스 터미널 전경.

클라크(Clark)에서 본 미 공군기지

필리핀에서 버스승차권은 차장이 차내를 다니면서 끊어준다. 고속도로에 들어섰지만, 꽉 막힌 도로 위에서 버스는 엉금엉금 기고 있다. 철도 교통이 없는 루손섬에서는 여객 수송을 버스가 전담한다. 옆자리의 청년 앤디(Andy)도 바기오까지 간단다. 거의

3시간 후, 과거 미 공군기지 외곽을 한 바퀴 돈 후에 종점에 도착했다. 노천에 버스 몇 대가 주차해 있었지만, 다음 버스 출발 시간이 명확지 않다. 버스를 놓칠까 봐서 앤디 주변을 맴돌면서 1시간을 기다렸다.

뜨거운 뙤약볕 아래 의자 몇 개가 편의시설 전부다. 터미널 가까운 곳에 공군기지 출입구(Gate)와 폐기된 군 막사들이 보였다. 드디어 버스가 1대 들어오자, 승객들이 우르르 몰려간다. 버스는 광대한 기지 내부를 통과하여 클라크 시내로 향한다. 잔디밭에 전시된 몇 대의 항공기와 태평양전쟁의 미군·필리핀군 전사자 묘역만이 공군기지의 역사를 증언해 주고 있었다.

클라크 미 공군기지의 폐기된 미군 병영 전경.

미군 철수로 얻은 필리핀의 득(得)과 실(失)

Trip Tips

1990년대 초, 필리핀 국민의 미군철수 요구는 절정에 달했다. "자주, 평화, 주권"을 내세우는 반미주의자 선동에 기지 주변의 상가 주민들까지 시위에 동참했다. 거센 반미 물결에 태평양전쟁, 베트남전을 거치면서 이어져 온 양국의 혈맹관계는 결국 끊어졌다.

미국 · 필리핀 주둔협정이 1992년 종료되면서, 클라크 공군기지와 수비크 해군기지의 미군들이 완전히 철수했다. '넓은 군용부지에 외국인 투자공단을 만들면 글로벌 기업들이 몰려올 것이다.'라는 그럴듯한 환상은 산산이 깨어졌다.

기대했던 외국기업들은 필리핀에 눈길조차 주지 않았다. 대신 힘의 공백을 이용하여 중국이 기다렸다는 듯이 필리핀령 스프래틀리 군도의 스카버러섬(황암도: 黃岩島)을 점령해 버렸다. 국제재판소는 그 섬이 필리핀령이라고 손을 들어주었다. 하지만, 중국은 코웃음을 치며 비행장까지 갖춘 해양요새를 만들었다. 뒤늦게 필리핀은 1998년 미국과 방문군협정(VFA)을 통해 군사협력을 다시 강화했다. 2014년에는 확대국방협력협정(EDCA) 체결로 또다시 미군은 수비크와 클라크의 해 · 공군기지에 재주둔이 가능하게 했다. 미국과 강력한 군사동맹을 맺고 있는 한국도 필리핀의 미군철수 사례를 지혜롭게 분석해 볼 필요가 있다.

해발 1,500m의 '여름 수도' 바기오

클라크 주변 지형은 지평선이 아득하게 보일 정도로 편편하다. 수 시간 후, 고속도로 끝자락에서 버스는 산길로 접어들었다. 강원도 최전방의 전술도로를 타고 오르는 기분이다. 몇 가구 모여 있지 않은 산촌 곳곳에도 대통령, 지자체 단체장, 일부 상원의원 선거벽보들이 어지럽게 붙어있다. 산 정상에 다다르자, 구름 속에 파묻혀 있는 바기오 시내가 나타났다. 필리핀은 여름이면 무더위 때문에 한낮의 일상을 멈추어야만 한다.

20세기 초 미국인들은 연평균 18°C의 선선한 날씨를 가진 해발 1,500m 산정에 있는 바기오를 계획도시로 건설했다. 여름철에는 마닐라의 정부기관을 일시적으로 이곳으로 이전하여 '여름 수도'로 불리기도 했다. 쾌적한 날씨, 저렴한 물가로 어학연수를 온 한국 학생들이 많이 거주하는 도시다. 40만 인구의 바기오 중심부에는 1903년 이 도시를 설계했던 미국 건축공학자인 번햄(Burnham)의 기념공원이 있다. 주말에는 '가족 있는 시민들은 이곳에 다 나온다'라는 말이 있을 정도로 많은 인파가 모여든다.

1909년 미국이 건립한 바기오 시청 건물 전경.

바기오 중심부에 있는 번햄 공원의 호수 전경.

국가간성의 요람 필리핀 사관학교

바기오 외곽에는 필리핀군 통합사관학교(PMA: Philippine Military Academy)가 있다. 14만 병력의 통합군 구조인 필리핀군은 1개 사관학교에서 육·해·공군 장교들을 양성한다. 정문에서 학교 영내관광을 마친 관람객들이 사진 촬영에 한창이다. 내부 관람을 요청하니 외국인은 1주 전에 예약을 해야만 한단다. 정문에서 가까운 한국전쟁 기념탑 촬영도 허락하지 않는다. 주말임에도 사이클로 체력단련 중인 많은 생도들이 영외코스를 거쳐 학교로 들어간다. 허탈한 심정으로 시내로 들어오는 택시를 탔다. "한국사람입니까?"라는 운전사의 유창한 한국말에 깜짝 놀랐다. 택시기사 벤약(Benag)은 한국의 안산 시화공단에서 12년 근무했단다. 악착스러운 국내 송금으로 바기오 근교에 많은 토지를 사들였고, 현재는 택시운전을 한다.

안산 시화공단에서 12년 근무했던 택시 기사 '벤약'.

SUV형 개인택시도 한국에서 번 돈으로 샀단다. 3년에 3주 휴가로 필리핀에 올 수 있었지만, 한국으로 다시 갈 때가 너무 괴로웠다. 아내와 두 딸의 울부짖음으로 더는 한국에 있을 수 없었다. 그는 한국인들의 따듯한 환대를 잊지 못했다. 벤약은 한국인들의 '6·25전쟁 당시 필리핀군이 한국을 도와준 데 대해 감사하다'라는 말을 자주 듣고서야 그 사실을 처음 알았단다. 그가 필리핀으로 돌아올 때는 한국인 사장이 벤약을 붙들고 울었다. 그는 '김치찌개가 먹고 싶다면 한국식당으로 안내하겠다.'라고 했다. 우연히 만난 택시기사가 나에게는 행운이었다. 한인 식당 사장 K씨에게 사관학교 관람을 못한 아쉬움을 털어놓았다. K씨는 즉시 22년 동안 사관생도들을 후원하고 있는 한인선교사 J씨와 통화하더니, 다음날 학교출입을 그분이 협조하고 있다고 알려주었다.

사이클로 체력단련 중인 필리핀 사관학교 생도들의 모습

필리핀 최고의 인재가 모여드는 통합사관학교

"한 국가의 국방력을 보려면 그 나라 사관생도들을 보라!"는 격언이 있다. 그만큼 군 간부 선발이 중요하다는 이야기이다. 전쟁역사에서 뛰어난 장수 한 명이 불리한 여건 속에서도 전쟁을 승리로 이끈 사례는 너무나 흔하다. 민족 영웅 이순신 장군도 최악의 조건에서 23전 23승이라는 놀라운 전승을 거두면서 조국을 외침으로부터 수호했다. 오늘날 선진 군사강국은 유능한 국방인력 양성을 위해 국가자원을 최우선으로 투자하고 있다. 필리핀 역시 우수한 장교단 확보에 전력을 다하고 있었다.

서민들의 발 '지프니' 차장이 되다

바기오의 한인식당 사장 K씨는 삼겹살·해산물을 무한 리필하는 뷔페식당으로 대박을 터뜨렸다. 저렴한 가격과 풍부한 먹거리에 손님들이 몰려왔고, 종업원들은 눈코 뜰 사이 없이 바빴다. 그의 사업 경험담을 듣던 중, 선교사 J 씨가 내일 09:00에 사관학교 정문에서 만나자는 연락이 왔다. 다음날, 어제 현장에 이미

가본 경험이 있어 택시 대신 마을버스 지프니를 탔다. 소형 트럭 같은 지프니는 튼튼했고, 경사길도 거침없이 올라간다. 승객은 안쪽부터 차곡차곡 자리를 잡되, 내릴 곳이 다가오면 천정을 "쾅 쾅!" 친다. 정해진 정류소도 없으며, 도로에서 누구든지 손을 들면 멈춘다.

16페소(한화 380원) 요금을 운전석 뒤편 승객에게 전달하면 기사에게 건네준다. 시간이 지나면서 좌석이 안쪽으로 밀려, 필자가 자연스럽게 차장(?)을 맡게 되었다. 중차대한 소임을 맡은 부담에 혹시 무임승차 승객이 있는지 눈을 부릅뜨고 살폈으나, 모두 정확하게 요금을 낸다. 사관학교 근처에 올 무렵, 출입구의 승객이 10페소만 전달해 준다. 그 사람에게 눈을 흘기면서, "저 승객이 이 요금밖에 내지 않았다"고 이실직고(以實直告)했다. 운전사가 힐끔 뒤로 보더니만 "학생할인 대상입니다."라고 짧게 대답하였다.

최고 인재들이 모이는 필리핀 사관학교

22년째 바기오에서 선교활동을 하고 있다는 J씨는 지난 4월 23일 영내 행사인 필리핀군의 한국전쟁 "율동 전투" 기념식에도 참석하였단다. 정문을 통과하여 2차선 도로를 따라 들어가면 학교 창설탑, 한국전쟁 기념탑 등 다양한 역사상징물이 보인다.

Trip Tips

필리핀은 1936년 12월 21일, 미국 지원으로 4년제 육군사관학교를 창설했다. 웨스트포인트를 본뜬 사관학교는 생도제복, 명예규정 등 미국식 제도와 너무나 흡사하다. 1993년에는 육 · 해 · 공군사관학교를 합쳐서 통합사관학교로 재출범하였다.

매년 350명의 생도가 선발되나, 엄격한 교육과정으로 평균 30%가 도태되어 250명 정도 임관한다. 거짓말 · 술 · 마약을 하거나, 매음 클럽 출입생도는 즉시 퇴교다. 2018년의 경우 29,601명이 사관학교에 응시하여 85:1의 높은 입시경쟁률을 보였다. 무료 대학교육과 급여 및 별도 수당이 제공되며, 졸업 후 사회적 지위를 인정받는 장교가 되는 이 학교는 고교생들의 선망 대상이다.

미국 웨스트포인트 예복과 비슷한 필리핀 사관생도 예복.

국가가 전폭적으로 지원하는 이 캠퍼스에는 필리핀 최고의 인재들이 모였다고 한다. 한국전 참전기념탑을 살펴보던 중, 깃발을 들고 뜀걸음 중인 한 무리의 생도들을 만났다. 입학 최소기준 키 높이는 5피트(152.4cm)이지만, 대부분 한국 청년 평균 체격과 비슷해 보였다. '휴일 단체운동을 시키면 생도들이 불평하지 않느냐?' 라는 질문에 안내장교는 "체력 요망수준에 미달하는 생도들의 자율적인 운동이기 때문에는 전혀 문제되지 않는다."라고 했다.

필리핀 사관학교 영내 도로 옆의 한국전쟁 참전기념탑 전경.

군 간부 육성 실패가 주는 역사적 교훈

Trip Tips

1701년 세계 최초로 덴마크 왕립 해군사관학교가 탄생했다. 항해술과 함포 운용 등 근대적인 군사기술 교육이 설립목표였다. 뒤이어 1720년에 영국 육군사관학교가, 1748년에는 프랑스에서 병과별 사관학교가 창설되었다. 나폴레옹과 같은 걸출한 군사지도자가 사관학교 교육을 통해 배출되자, 모든 유럽국가가 경쟁적으로 비슷한 군사학교를 설립했다.

한국도 예외가 아니었다. 조선말인 1881년 별기군 창설과 더불어 장교 양성을 목표로 '사관생도대'를 설립했지만, 임오군란으로 해체됐다. 1893년에는 강화도에 '통제영 학당(해군사관학교)'을 건립하여 해군장교 육성을 시도했다. 영국 해군장교와 부사관을 교관단으로 초빙했으나, 청일전쟁 여파와 재정부족으로 1895년 폐교되었다. 1898년 육군무관학교(육군사관학교)가 생기면서 비로소 체계적인 장교 양성이 이루어지는 듯했다. 200명 내외의 신입생이 1년 6개월의 군사교육을 받았다. 하지만, 1907년 군대해산으로 겨우 명맥을 유지하던 무관학교 역시 1909년 해체되었다. 이 학교 졸업생은 280명~500명 정도로 추정된다.

1800년대 말, 격동의 시기에 거듭된 군 간부 육성정책의 실패로 결국 조선은 나라를 일본에게 빼앗겼다. 강제합병 이후, 무관학교 출신 일부가 만주 신흥무관학교 교관으로 참여하여 독립군을 양성했다. 이처럼 조선의 국방인재 육성의 실패는 뼈아픈 '망국의 상흔'을 남기고야 말았다.

필리핀 사관학교 영내의 창설기념 상징탑 전경.

전쟁역사의 산교육장 카페 '폐허에서 부할'

흔히 바기오를 "태평양전쟁의 시작과 끝을 함께한 도시"라고 한다. 3층 건물의 역사박물관에는 주로 원주민 생활상과 바기오 소개자료들이 많다. 하지만, 2층 전시관은 태평양전쟁 유물과 사진류가 집중 비치되어 있다. 전쟁발발 호외, 시내 폭격, 미군 반격과 일본군 항복 등 치열했던 전쟁역사를 생생하게 전해준다. 또한, 시청 앞에는 "Cafe by the Ruins(폐허로부터 부활한 찻집)"라는 관광 명소가 있다. 커피, 빵, 간단한 식사류를 파는 이곳은 최소 20~30분 대기해야만 겨우 자리를 얻는다. 전쟁 당시 파괴된 건물을 개조한 독특한 찻집이다. 총탄 자국이 남아있는 외벽과 무너져 내린 일부 기둥이 그대로 남아있다. 이런 전쟁 잔해가 손님 대화에 오르는 순간, 필리핀 역사 현장수업은 시작될 것 같았다.

파괴된 벽면이 보이는 "Cafe by the Ruins" 입구 전경.

바기오 역사박물관에 전시된 태평양전쟁 유물.

'고난의 행군' 바탄반도 가는 길

J선교사 소개로 필리핀 경찰과의 수사 협조를 위해 바기오에 파견된 H경감을 만났다. 그의 말에 의하면 필리핀 치안 수준은 한국과 비슷하지만, 한국인 사고의 대부분이 유흥가나 술집에서 일어난단다. 바기오에서 다시 남부지방 바탄반도로 가는 시외버스를 탔다. 찬찬히 창밖을 살펴보니 험준한 산정에도 곳곳에 골프장들이 보였다. 거의 5시간이 지난 후, 바탄반도행 버스로 갈아타는 다우(Dau)에 도착했다. 전쟁유적지가 몰려있는 발랑가(Balanga)까지 또다시 버스로 3시간 정도 가야 한단다. 시간 절약을 위해 과감하게 1시간 내 목적지 도착이 가능하다는 택시를 계약했다. 그러나 이 선택이 최악의 상황을 맞이하게 될 줄이야 꿈에도 몰랐다.

사맛산 국가 성지와 바탄반도 '죽음의 행진'

사맛산 성지(Mt. Samat Shrine)는 전몰용사를 추모하는 필리핀의 상징적인 유적지다. 해발 555m 정상에 높이 92m, 좌우 길이 30m, 폭 5.5m의 거대한 십자가 추모탑이 있다. 탑 전망대에 오르면, 마닐라만과 바탄반도 격전지가 눈 아래 내려다 보인다. 1942년 4월, 이곳 전장터에서 수만 명의 젊은이가 목숨을 잃었다. 더구나 필리핀 · 미군포로 8만 명은 불볕더위에 100km 떨어진 수용소까지 살인적인 행군에 내몰렸다. 일본군의 구타 · 처형, 굶주림, 일사병으로 16,000명이 목숨을 잃었다. 사맛산 아래의 국도가 바로 80년 전 "죽음의 행군(Death march)" 현장이다.

바탄반도행 운전기사의 사투

한낮의 필리핀 더위는 살인적이다. 다우(Dau)에서 바탄반도 전쟁유적지로 가는 장시간의 버스 여행은 고역일 것 같았다. 더구나 사맛산 정상 유적지는 발랑가(Balanga)에서 별도의 택시로 가야만 한다. 버스터미널의 가게 아주머니가 차라리 택시 이용을 권유한다. 빠른 시간 내 사맛산까지 답사하고, 숙소로 바로 가면

경비 절감도 가능하단다. 친절한 아주머니가 주선한 차량은 청년 마르넬(Marnel)의 개인 승용차였다. 가게주인은 그에게 목적지와 가는 길을 알려준다. 차량이 출발한 후 얼마 지나지 않아, 그 여자가 오토바이를 타고 따라와 차창을 두드린다. 운전사가 엉뚱한 방향으로 가고 있어 걱정이 되어 왔단다. 다시 설명을 듣고 출발했지만, 마르넬은 "Not working! Not working!"을 중얼거린다. 열악한 와이파이 환경으로 '네비' 작동이 되지 않는단다. '자신은 바탄반도로 가는 길을 모른다.'라고 그때서야 고백한다.

다우 시내 안에서만 갔던 길로 되돌아 오기를 수차례 반복했다. 주변은 이미 어두워졌고, 그 청년 역시 미안함에 어쩔 줄을 모른다. 캄캄한 야간에 도로 표시판에만 의존하는 자동차 운행은 불안했다. 드디어 멀리 사맛산 정상에 있는 하얀 불빛의 대형 십자가가 보였다. 야간이지만 추모탑 촬영만 해도 고생한 보람이 있다고 자신을 위로했다. 국도를 벗어난 꼬불꼬불한 산길은 경사까지 급하다. 하지만, 전적지 출입구는 굳게 잠겨 있었다. 어둠 속의 관리인은 내일 다시 오라며 홀연히 사라진다. 이번에는 시골 촌락에서 숙소를 구하느라 또 헤매고 다녀야만 했다. 천신만고 끝에 호텔에 도착하자, 운전사 원망은 눈 녹듯이 사라졌고 서로 뜨겁게 포옹하면서 고난의 여정을 마무리했다.

다우(Dau)에서 발랑가(Balanga)까지 동행한 운전사 마르넬.

호국의 성지 사맛산 십자가 탑

전쟁유적지 관람객이 주 고객인 호텔의 시설은 깔끔했다. 다음 날 아침, 산재한 유적지를 찾아다니는 것 자체가 난감했다. 종업원은 비용이 저렴한 트라이시클을 추천한다. 일일 대절료는 1,000페소(한화 24,000원)면 충분하단다. 사맛산의 가파른 경사길을 걱정하니, 전혀 문제되지 않는단다. 착해 보이는 로리(Lory)의 현대판 마차(?)가 요란한 굉음과 함께 간밤의 유적지로 다시 출발했다. 엉성한 차량은 힘겹게 경사길을 오른다. "끼익! 헉헉…" 금방이라도 멈출듯한 오토바이 옆자리에 앉은 필자가 발에 힘을 주며 용을 쓴다. 사맛산 국가 성지(聖地)는 1970년에 완공되었다.

정상 부근 수목원에는 죽음의 행진과 포로수용소에서 목숨을 잃은 미군 · 필리핀군 35,000명을 추모하는 같은 숫자의 나무를 정성스럽게 가꾼단다. 정상 하단부에는 전쟁기념관, 태평양전쟁 무기류가 자리 잡고 있다.

사맛산 정상의 필리핀 전몰용사 십자가 추모탑 전경.

100km에 걸친 '죽음의 행진' 표식비

Trip Tips

사맛산 아래 국도 주변에는 똑같은 형태의 하얀 비석들이 줄지어 있다. '죽음의 행진' 코스를 따라 1km 간격으로 설치한 표지석이다. 비석에는 "Death march 00km"라는 간단한 표기와 지쳐 쓰러진 포로의 그림만 있다.

1942년 4월 9일, 바탄반도 연합군은 일본군에게 항복했다. 수개월 간의 전투에서 부상과 지칠대로 지친 8만 포로들은 폭염 속에서 지옥의 나락으로 떨어졌다. 식수와 식량 보급이 없는 수일 간의 행군으로 수많은 낙오자가 생겼다. 탈진자를 일본군은 총검으로 찔렀고, 심지어 필리핀 농부가 포로에게 먹을 것을 던져주면 그 농부까지 죽였다.

바탄반도 국도변의 '죽음의 행진' 표지석. 멀리 트라이시클 운전사 로리(Lory)가 보인다.

수용소에 도착 시 포로 수는 6만 4천 명으로 줄었다. 1943년 초, 이런 참상은 포로수용소를 탈출한 미군들에 의해 비로소 세상에 알려졌다. 이런 일본군의 야만적 행위에 미국민은 분노했고, 훗날 도쿄 대공습과 원자탄 투하 정당성의 뒷받침이 되었다. 발랑가 시내의 작은 초등학교가 연합군이 항복문서에 서명한 장소다. 학교 강당을 개조한 전쟁기념관 앞에는 협상 중인 연합군과 일본군 장교들의 조각상이 있다. 2층 기념관 안에는 이 모든 전쟁 비극을 증언하는 숱한 자료들이 빼곡히 쌓여 있었다.

발랑가 초등학교에서 항복 협상 중인 미군·일본군 조각상. 뒤편 강당이 태평양 전쟁기념관이다.

완벽한 포로구출 '카바나투안' 대습격

Trip Tips

일본군 포로학대는 전쟁역사에서 유례를 찾아볼 수 없을 정도로 잔인했다. 포로수용소에서의 사망률은 일본군 담당 포로는 37%. 독일군이 관리했던 포로 사망률 1.2%와는 극명하게 대비된다.

바탄반도의 연합군 포로 일부는 마닐라 북방 100km에 있는 '카바나투안' 수용소에 갇혀 있었다. 1945년 초, 연합군의 마닐라 진격에 일본군에 의한 포로학살 위험성이 높아졌다. 아군 포로구출은 분초를 다투었다. 1월 30일 야간, 128명의 미군 레인저부대는 필리핀 게릴라와 함께 적진 40km 속의 '카바나투안'을 목표로 과감하게 침투했다. 전광석화 같은 기습으로 150명의 경비병을 사살하고, 510명의 미군포로를 구출했다. 단 30분 작전에서 미군 전사자는 불과 2명! 추격해온 800명의 일본군은 게릴라부대가 격퇴했다. 세계 전쟁사에서 전무후무한 완벽한 포로 구출작전이었다.

'카바나투안' 포로수용소에서 극적으로 구출된 미군포로 모습.

전범자 단죄와 일본의 평화기원탑

필리핀 침공을 주도한 일본 제14군 사령관 혼마 마사하루 중장은 종전 후 전격 체포되었다. 전범 재판을 거쳐 그는 1946년 4월 3일 총살형에 처해졌다. 재판과정에서 혼마는 끝까지 포로 학대를 부인했다. 영국 주재 일본군 무관을 경험한 그는 합리적인 장교였다. 하지만, 포로가 되기보다는 죽음을 선택하는 일본의 군사적 전통은 가혹한 포로 학대의 단초가 되었다. 일본군 시각에서는 연합군 포로는 죽어 마땅한 군인일 뿐이었다. 일본 정부는 2009년 '죽음의 행진'에 대해 미국에 공식으로 사과했다.

필리핀에 대한 사과는 건너뛰는 대신, 바탄반도에 거창한 양국 우호증진 평화탑을 건립했다. 그러나 발랑가 관광안내소에는 '죽음의 행진'을 묘사한 대형 조각상과 그림을 걸어두고, 여행객들에게 태평양전쟁 유적지를 우선적으로 소개한다. "과거는 용서하되 잊지는 말자!"라는 필리핀인들의 속마음을 보여주는 듯했다.

전쟁기념관을 방문한 필리핀 참전용사 유족

마닐라 근교 '한국 · 필리핀 우호센터'에는 직업훈련교육원과 한국전쟁기념관이 있다. 한국 정부가 우호증진과 보은의 목적으로 건립한 이 시설의 외형은 한국전통 건축양식을 본떴다. 많은 필리핀인이 이곳에서 한국어 수강, 기술자격교육을 받는다. 맞은편의 한국전쟁기념관에는 6 · 25전쟁 발발부터 필리핀군 참전과정, 전사자 유품들이 전시되어 있다. 전사자 추모비에는 한국의 자유를 지켜주고자 고귀한 목숨을 바친 116명의 전몰용사 이름이 빼곡히 적혀 있다. 72년 전 알지도 못했던 한국인을 위해 기꺼이 희생을 마다하지 않았던 필리핀은 우리에게는 고마운 나라다.

참전자 후손의 전쟁유적지 발걸음

발랑가 전쟁기념관장 안젤리카(Angelica)는 20년 동안 바탄반도 유적지를 찾아오는 관람객을 맞이한 베트랑이다. 과거에는 내 · 외국인 참전자 단체팀 방문이 많았으나, 코로나 팬데믹 이후에는 발길이 끊어졌다. 그러나 그 후손들이 할아버지 · 아버지의 전쟁터 현장을 꾸준히 찾아오고 있단다. 안젤리카는 대학 졸업 시에는 전쟁역사에 크게 관심이 없었다. 하지만, 유적지 답사와 많은 참전자 증언을 들으면서 지금은 태평양전쟁역사를 꿰뚫고 있다. 마닐라에서 코레히도르 요새에 가보지 못함의 아쉬움을 이야기하자, 새로운 답사코스를 알려준다.

발랑카 태평양전쟁기념관 관장의 모습.

바탄반도 끝단의 항구도시 마리벨레스(Mariveles)에 가면 코레히도르행 배편이 별도 있단다. 항구에서 섬까지는 30분 거리다. 특히 마리벨레스는 '죽음의 행진' 출발점으로 그곳 표지석에는 '0km'로 표기되어 있단다. 새로운 유적지로 가는 대신, 기념관 2층에 쌓여있는 바탄전투 사진 자료를 통해 당시의 전쟁상황을 살펴보기로 했다.

발랑카 태평양전쟁기념관 2층 사진 자료실 전경.

난공불락의 '드럼 요새(Fort Drum)'

기념관 자료 중 코레히도르섬 근처의 '드럼 요새' 사진이 특히 눈길을 끌었다. 1942년 5월, 일본군의 코레히도르 점령으로 사실상 필리핀 초기전투는 끝났다. 하지만 최후 순간까지 미군이 저항한 '드럼 요새'는 잘 알려지지 않았다.

100여 년 전 미국이 건설한 이 요새는 바다 위의 바위섬을 깎고 시멘트를 퍼붓는 10년 공사 끝에 1919년 완공되었다. 전함 모양의 거대한 진지는 길이 106.7m, 폭 43.9m, 물 위로 12.2m 솟아있다. 견고한 강철과 콘크리트 옹벽 속에는 14인치 화포 4문이, 외부에는 소구경 화포와 대공포를 설치했다.

마닐라만 코레히도르섬 옆의 '드럼 요새' 전경.

외양이 군함과 똑같은 이 불침 요새는 지나다니는 선박들이 실제 함정으로 오인하여 수시로 신호를 보내왔다. 240명이 거주했던 이곳은 식수부족과 사격목표 관측제한의 약점이 있었다. 전쟁 중 일본군은 이 요새에 2달 동안 소나기 같은 포격을 줄기차게 퍼부었다. 그러나 미군 피해는 단지 부상자 4명뿐! 1942년 5월 7일, 코레히도르의 웨인라이트 중장이 '항복하라!'라는 지시문을 보내왔다. 즉각 화포의 주요부품을 제거하여 폐기했고, 모든 포탄과 장약은 바다에 빠뜨렸다. 일본군이 드럼 요새를 점령했을 때, 재사용이 가능한 장비는 찾아볼 수 없었다.

전쟁으로 생겨난 한국 · 필리핀 '우정의 탑'

마닐라 리잘 공원 내의 한국전쟁 참전 기념 '우정의 탑' 전경

발랑가에서 시외버스로 쿠바오(Cubao)에 와서 다시 마닐라행 고속버스를 탔다. 고속도로 정체가 심했지만, 승객들은 차내 TV의 미국 영화를 시청하면서 지루함을 달랜다. 필리핀인 대부분은 영어를 유창하게 구사한다. 물론 모국어인 타갈로그(Tagalog)어도 공식 언어다. 필리핀인의 영어 능력은 해외 취업 시 상대적으로 높은 경쟁력을 갖는다고 한다.

마닐라 리잘 공원에는 한국 · 필리핀 수교 60주년인 2009년에 건립한 '우정의 탑'과 '추모와 평화기원의 탑' 조형물이 있다. 한국전쟁 당시 필리핀군 파병에 대한 감사의 상징과 태평양전쟁 한인 강제징용자의 추모탑이다. 이처럼 한국과 필리핀 인연은 전쟁으로부터 시작되어 오늘날까지 이어졌다.

한국 전쟁기념관을 방문한 참전용사 가족의 사연

1950년 6월 한반도에서 전쟁이 발발하자, UN은 즉각 안보리 결의(제1511호)를 통해 북한을 침략자로 규정하고 세계 각국에 한국지원을 호소했다. 당시 필리핀은 자국 내 반란군(공산군)과의 교전으로 군대를 파병할 처지가 아니었다. 하지만 필리핀은 10개 지상군 대대 중 최정예부대인 제10보병대대를 주축으로 전투단을 편성하여 한국으로 보냈다. 1950년 9월 19일, 미국·영국에 이어 필리핀군 1,367명이 3번째로 부산항에 도착했다.

Trip Tips

1992년 필리핀 대통령으로 당선된 라모스(Ramos)도 소대장으로 참전했다. 연 참전인원 7,420명 중 전사자 116명을 포함하여 468명의 사상자가 발생했다. 기념관 전시실의 전사자 가족 증언은 더욱 가슴을 뭉클하게 한다.

곤라도 얍(Conrado D. Yap) 대위는 어린 딸을 둔 기갑장교였다. 그는 1951년 4월 23일 임진강 부근에서 중공군 대공세를 저지하다가 전사했다. 남편의 전사 소식에 젊은 아내는 까무러쳤다. 엄마는 홀로 남은 딸 아가논(Aganon)을 위해 평생 자신의 삶은 포기했다. 어엿하게 장성한 그 딸과 어머니가 1993년 한국을 방문한 후 남긴 소감이다.

"서울 전쟁기념관 전사자명비에서 아버지 이름을 보는 순간 엄마와 자신은 쏟아지는 눈물을 주체할 수 없었다. 아버지가 알지도 못하는 나라에서 왜 목숨을 바쳤는지 어린 시절 이해하지 못했다. 하지만 보은의 꽃다발을 안겨주는 학생과 한국인들의 따듯한 환대에 그 슬픔은 사라졌다. 오히려 오늘의 한국이 있도록 밑거름이 되어준 아버지 희생이 더욱 자랑스럽게 느껴졌다."라고 했다.

우호 협력센터 내의 한국전쟁 필리핀군 전사자 추모비 전경.

한국 · 필리핀의 어제, 오늘과 미래

마닐라 공항에 인접하여 필리핀 항공우주박물관이 있다. 박물관 내의 항공역사를 보면 과거 필리핀의 과학기술 수준은 한국보다 훨씬 앞섰음을 알 수 있다. 1911년 마닐라 리잘 공원 위를 필리핀 최초의 항공기가 비행했다. 운집한 시민들은 열광했고, 변화하는 세상에 충격을 받았다. 당시 조선은 밀려오는 외세에 제대로 저항도 못 해보고 일본에게 나라를 빼앗겼다. 1930년대 필리핀 인구 중 27%가 영어를 사용했고, 징병제를 시행하면서 10만 병력을 유지했다. 1960 · 70년대 필리핀은 동남아 선두국가로 주목을 받았으나, 정치적 혼란으로 결국 후진국으로 전락했다.

오늘날 방위산업 분야에서 필리핀은 한국과 밀접한 관계를 맺고 있다. 한국산 지상무기·군함·항공기 도입에 이어서 잠수함까지 검토되고 있다. 또한, 한국 군사학교에 다수의 필리핀군 사관생도와 장교들이 수탁 교육 중이다. 육사 2학년에 재학 중인 페로리노(Ferrolino)는 "군사 강국 한국에서의 생도 생활을 영광으로 생각하며, 졸업 후 양국 군사협력의 촉매제 역할을 하겠다."라는 당찬 포부를 밝히기도 했다.

마닐라 국제공항 옆의 필리핀 항공우주박물관 전경.

항공우주박물관에 전시된 필리핀 최초의 항공기 (사진 왼편).

캄보디아
Cambodia

춤·노래로 '킬링필드' 트라우마를 토해내다

캄보디아 및 인접국 지도와 주요 도시.

캄보디아 왕국(Kingdom of Cambodia)은 인도차이나반도에 있는 입헌군주국이다. 인구 1,700만 명, 국토면적 18만km²(한국의 약 2배), 연 국민개인소득은 1,600달러 수준이다. 서쪽의 태국, 북동쪽의 라오스, 동쪽의 베트남과 2,569km의 국경선을 접하며, 남쪽 해안선은 443km에 달한다.

특히 1975년 '폴 포트' 공산정권이 당시 인구 700만 중 1/3에 해당하는 200만의 국민을 학살한 끔찍한 역사를 가졌다. '킬링필드(Killing field)' 트라우마는 아직도 캄보디아인 마음속에 짙게 드리워져 있다. 군사력은 총병력 124,300명(육군 75,000. 해군 2,800, 공군 1,500, 지방군 45,000)과 준군사부대 67,000명을 유지한다.

마닐라에서 프놈펜으로 향한 여정

Trip Tips

필리핀 구석구석을 답사하지 못한 아쉬움을 뒤로 하고, 마닐라 공항으로 발걸음을 옮겼다. 다음 답사지인 캄보디아 화폐를 미리 바꾸고자 환전소를 찾았지만, 이 돈을 취급하는 곳은 어디에도 없다. 그 나라 신용도를 가늠할 수 있는 서글픈 현실이다.

캄보디아 입국자에 대한 '코로나 음성확인서'도 생략이다. 관광 수입을 중시하는 캄보디아는 외국인에게 까다로운 입국조건을 내세울 수 없는 모양이다. 마닐라-프놈펜 비행거리는 불과 3시간. 자정을 훌쩍 넘긴 시간의 프놈펜 국제공항은 한산했다. 검역절차는 간단했고, 가장 먼저 요구하는 것은 입국비자 비용(30달러)이다. 입국절차가 끝나니 비로소 외국인을 위한 환전소가 있다. 앳된 여자직원이 졸음을 참아가며, 마지막 항공기 승객을 기다린 모양이다. 약간의 달러를 내밀었지만, 수십만 리엘(Riel)의 지폐를 건네준다. 워낙 화폐단위 숫자가 높다보니 갑자기 부자가 된 기분이었다.

화려하고 광대했던 크메르 역사

프놈펜 국립박물관의 독특한 건물 양식 안에는 찬란했던 과거의 역사유물이 전시되어 있다. 캄보디아 크메르족은 1200년대 초 동남아에서 대제국을 건설했다. 최대전성기인 자야바르만 7세(AD 1181~1215년) 시대에는 라오스 · 태국 · 미얀마와 베트남 · 중국 일부를 점령했다. 국력이 절정에 달했을 때는 동시대의 동로마 제국보다 영토가 넓었다. 크메르 수도에는 앙코르와트(Angkor Wat)와 같은 장대한 건축물이 들어섰고, 모든 사원은 황금과 꽃으로 장식했다.

그들은 베르사유보다 더 큰 궁궐을 짓고, 피라미드보다 더 웅장한 묘당을 만들었다. 하지만 1431년 태국의 '아유타야' 왕국의 침공으로 앙코르 문화는 철저하게 파괴되고, 백성들은 포로로 끌려갔다. 크메르 왕자 '폰하 야트'가 잔여 세력으로 저항했지만 역부족이었다. 결국 제국은 부활하지 못했고, 새 왕조는 밀림의 부족장으로 겨우 명맥을 유지했다.

건물 외양이 독특한 프놈펜 국립박물관 전경.

200만 학살의 캄보디아 '킬링필드'

크메르제국이 사라진 후, 베트남·미얀마의 침공은 수시로 일어났다. 1863년 캄보디아는 프랑스 보호령이 되었지만, 태평양 전쟁으로 또다시 4년 동안 일본군에게 짓밟혔다. 1954년 캄보디아는 비로소 프랑스로부터 독립했다. 이어서 베트남전쟁이 발발하자, 북베트남군은 중립국 캄보디아 영토에 '호지명 루트'를 건설하였다. 끊임없이 내려오는 전쟁물자를 차단하고자 미군은 엄청난 폭탄을 퍼부었다. 폭격 피해는 고스란히 캄보디아 민초들의 몫이었다. 급기야 1975년 3월, 폴포트 공산정권의 크메르 루주(Khmer Rouge)군이 프놈펜을 점령했다. 그들은 '공산 유토피아' 건설 핑계로 도시인을 강제로 농촌으로 이주시켰고, 반혁명분자로 분류된 200만 명을 학살했다. 새 정권은 가장 먼저 부자·지식인·종교인·예술인을 제거하였다. 미쳐 날뛰는 크메르 루주는 급기야 피부가 하얀 사람, 안경 착용자나 금니가 있는 사람, 영어·불어 사용자, 손이 부드러운 사람까지도 죽였다. 광적인 살인극은 전국으로 번져 나갔다. 거꾸로 돌린 역사의 수레바퀴로 이 나라는 세계 최빈국의 나락으로 떨어졌고, 캄보디아 '킬링필드'는 인류의 가장 수치스러운 역사로 기록되었다.

캄보디아 전국의 킬링필드 참상을 그린 그림.

인간도살장으로 변한 프놈펜 여학교

Trip Tips

프놈펜의 '뚜얼 슬랭' 고문박물관은 원래 여자중학교였다. 3층 건물에 칸칸이 나누어진 교실은 전형적인 학교 모습이다. 어린 학생들이 재잘거리며 오가던 이곳은 순식간에 캄보디아판 아우슈비츠이자 정치범 수용소인 'S-21 교도소'로 변했다.

20만의 무고한 시민이 끌려와 잔인한 고문 후에 17km 떨어진 '킬링필드'로 옮겨졌다. 수십 개 교실 전체가 음산하고 처절함의 전시실이다. 참혹했던 고문현장 사진과 수감자의 억울한 사연이 진열되어 있다.

여자중학교를 개조한 프놈펜 고문박물관 전경.

일부 교실 칠판에는 학생들이 수학 문제를 푼 분필 글씨가 그대로 남아있다. 결국 대학살극에 반대하던 훈센(Hun Sen, 현 캄보디아 총리) 세력이 베트남으로 탈출했다. 캄보디아 국민군이 결성되자, 1978년 12월 25일 10만 베트남군과 함께 크메르 루주 군을 공격했다. 1979년 1월 8일, 베트남군이 S-21 교도소를 점령하면서 극적으로 12명이 구조되었다. 당시 생존자 중 9살 어린 아이가 장년이 되어 자신의 극적인 체험담 책자를 판매하고 있었다. 뒤편에는 알몸으로 베트남군과 함께 서 있는 그의 사진 자료도 있다. 공산이념 추종자들이 목적 달성을 위해 얼마나 잔인해질 수 있는지를 고문박물관은 분명하게 보여주고 있었다.

고문박물관 내의 여자중학교 교실 전경. 뒤편 칠판에 수학 문제 풀이가 보인다.

S-21 교도소 생존자의 자서전 판매 모습. 뒤편에 베트남군에게 구조될 당시의 자신 사진이 있다.

춤 · 노래로 슬픔을 승화하는 서민들

'폴 포트' 정권의 악행에 대한 UN 재판이 이루어지자, 40년 가까이 수면 아래 있던 캄보디아인의 정신건강 문제가 떠올랐다. 2015년 기준 국민 1/3이 '외상후 스트레스 장애환자'로 분류되었다. 캄보디아인들은 자신의 생각이나 본 것을 쉽게 타인에게 이야기하지 않는다. 그게 얼마나 위험한 일인지 역사 속에서 경험으로 배웠기 때문이다. 평소에 스스로 감정을 억누르는 것이 습관화되어 있다. 정부는 사회적 치유를 위한 특별조치로 매년 5월 20일을 '분노의 날(Angry Day)'로 정했다. 공산정권이 무너진 후, 피해자 · 가해자의 상호 보복을 막고 분노를 다른 방법으로 승화시키고자 만든 날이다.

저녁에 음식점에서 대형스피커 음악 반주에 춤을 추는 일행을 만났다. 더운 날씨에 몸을 흔드는 여성 이마에는 땀방울이 송골송골하다. 식당 주인에게 "다른 손님에게 방해가 되지 않느냐?" 라고 물으니 손님이 적으면 이런 놀이는 허용된단다. 일반 가정의 가족 행사에서도 스피커의 춤 · 노래 축제는 이웃집도 너그럽게 이해한단다. 층간 소음으로 충돌이 잦은 한국에서는 상상할 수도 없는 일이다. 어쩌면 캄보디아인들은 수십 년 억눌린 분노와 서러움의 감정을 '이런 행동으로 토해내는 것이 아닌가?'라는 생각이 들었다.

인간이기를 포기한 크메르루즈군의 잔인함

1975년 4월 17일, 캄보디아 프놈펜은 공산 정권 폴 포트(Pol Pot)의 크메르 루주군이 점령했다. "민주 캄푸치아(Democratic Kampuchea)"로 국호를 바꾸면서, 가장 먼저 서구 자본주의 문화 제거를 내세웠다. 서로 간의 호칭은 "멧(동무)"으로 통일되었고, 미스터(Mr) · 미스(Miss) · 서어(Sir) 등의 사용은 금지되었다. 도시민은 농촌의 집단농장수용소로 내몰렸고, 자본가 · 지식인 · 공무원 · 종교인은 그 가족과 함께 처형됐다. 배고픔을 못 참아 농장의 토마토 1개를 훔쳐먹은 어린애도 그 자리에서 맞아 죽었다. 인간 생명을 새털처럼 가볍게 여기면서도 그들이 부르짖은 것은 "공산 유토피아 건설"이었다.

가난과 검소함에 익숙한 캄보디아인

프놈펜 교외는 무질서한 교통질서와 보행로의 노점상으로 정신이 없다. 금방이라도 부딪칠 듯한 오토바이 · 툭툭이 · 택시 · 트럭이 뒤엉켜서 움직인다. 이런 가운데서도 오가는 시민들의 표정은 밝다.

프놈펜 외곽의 혼잡한 도로교통 전경.

바나나 몇 송이와 과자류를 펼쳐놓은 노점상도 늘 입가에 미소를 담고 있다. 가난과 검소함에 익숙한 캄보디아인은 내일을 크게 걱정하지 않는다. 그러나 현지 교민 평가는 좀 달랐다. 1970년대 '킬링필드' 경험은 오늘날까지도 사회 분위기에 영향을 미친단다. 가급적 나서지 않고, 시키는 일만 한다는 생각이 만연되어 있다. 예컨대 가정부에게 바지 한쪽에 핀을 꽂아 바짓단을 줄여오라고 하면, 다른 쪽은 줄이지 않고 가져오는 경우도 있다. 가정부를 책망하면, 오히려 그녀는 "뭐가 잘못된 것인가요?"라고 되묻기도 한단다.

프놈펜 시내의 보행로에 펼쳐진 노점상 전경.

캄보디아로 번진 베트남전 불똥

1969년 3월 17일 밤, 괌의 미 공군기지에서 60대의 B-52 폭격기가 시뻘건 화염을 내뿜으며 출격했다. 목표는 베트남 국경선에 인접한 캄보디아의 '호지명 루트'. 3월 18일 새벽, 5시간의 비행 끝에 폭격기가 우박 같은 폭탄을 토해내는 작전명 "조찬(Breakfast)"을 개시했다. 중립노선을 걷던 캄보디아가 베트남전에 빨려 들어가는 순간이었다. 1970년 3월, 미 CIA 지원으로 캄보디아에 '론 놀(Lon Nol)' 친미정권이 들어섰다. 공산군 병참선과 군사기지는 점점 더 캄보디아 안쪽으로 깊게 파고들었다.

Trip Tips

1970년 4월 30일, 미군 15,000명과 남베트남군 5,000명이 캄보디아를 침공했다. 닉슨 대통령은 "캄보디아를 불법 점령한 4만 북베트남군을 격퇴하기 위한 작전"이라고 공식 발표했다. '호지명 루트'를 폐쇄했던 북베트남은 1970년 가을부터 다시 병력 · 물자를 투입했다.

이번에는 미군은 공군과 포병부대를 지원하고, 남베트남군 17,000명이 라오스의 '호지명 루트'로 진격했다. 이 여파로 미미한 세력의 캄보디아 크메르 루주군이 중국 · 북베트남의 전폭적인 지원으로 급성장하였다.

파리 평화회담과 캄보디아 내전

1973년 1월 27일, 베트남전 종식을 선언하는 '파리 평화협정문'에서 캄보디아 · 라오스 문제는 "이들 나라는 외세 개입 없이 스스로 평화롭게 해결한다."라는 미사여구만 남겼다. 1970년 수백 명에 불과했던 크메르 루주군은 5만으로 늘어났다. 캄보디아 정부군과 공산 반군은 곧바로 내전에 휩싸였고, 국민 여론은 친미 · 반미, 반공 · 친공으로 쪼개졌다. 반정부 시위가 뒤따랐고, 아군 조종사가 T-28 전투기로 대통령궁을 폭격했다. 1973년 여름, 정부군은 하루에 16,000명의 청년을 강제 징집하여, 전선으로 투입했다. 3천 8백만 톤의 쌀 생산량이 1974년에는 66만 5천 톤으로 줄었다. 그나마 미국 지원으로 캄보디아 정부는 겨우 버티었다.

1975년 3월 중순 23만 정부군은 6만 명만 남았고, 공산군이 프놈펜을 포위했다. 적 상황은 정부군보다 훨씬 더 심각했다. 3월 21일 생포된 크메르 루주군 장교는 "자신의 연대병력 1,200

명 중 800명이 희생됐고, 집단탈영과 창궐하는 말라리아에 속수무책이다."라고 진술했다. 그러나 4월 12일 미 대사관의 철수가 시작되자, '론 놀' 정권은 썩은 고목처럼 순식간에 무너졌다. 1975년 4월 17일 아침, 검은색 복장에 스카프를 목에 두른 낯선 크메르 루주군이 시내로 들어오기 시작했다. 시민들은 환호성을 지르며 환영했고, 일부는 눈물까지 흘렸다. 처절한 내전 종식에 안도했던 것이다. 그러나 이들은 진짜 "지옥의 서막"이 시작되는 것을 미처 깨닫지 못했다.

탈출자가 밝힌 대학살의 참상

Trip Tips

새로운 공산 정권은 가장 먼저 피난민을 포함한 250만 프놈펜 시민들을 강제로 농촌의 집단수용소로 이주시켰다. 수용소 내에서는 질서유지를 명목으로 살인이 다반사로 일어났다. '론 놀' 정권과 조금이라도 연관 있는 사람은 죽음을 면치 못했다.

처형방식은 아주 잔인했다. 어린아이들은 사지를 찢어 죽였고, 임산부는 배를 갈랐다. 가장 흔한 방식은 도끼로 목 뒷부분을 내려치는 것이었다. 실탄을 아낀다는 이유에서였다. 외국대사관의 치외법권도 인정되지 않았다. 프랑스 대사관에는 외국인 800명, 캄보디아인 600명이 몰렸다. 새 정부는 캄보디아인을 내보내지 않으면, 외국인도 체포하겠다는 최후통첩을 보냈다. 외국인들은 친구 · 연인 · 동료들이 끌려나가는 것을 눈물만 흘린 채 바라보았다. 영화 '킬링필드(1985년 제작)'에서도 실감나게 이 장면이 묘사된다. 대사관에 피신한 전 정부의 '롱 보렛' 총리와 각료들도 전원 처형되었다. 이런 참상은 기적적으로 태국으로 탈출한 캄보디아 난민들에 의해 비로소 알려지기 시작했다.

'킬링필드' 처형장으로 끌려온 수감자와 크메르 루주군 모습.

'킬링필드' 학살 현장을 가다

프놈펜에서 17km 떨어진 초응 억(Choeung Ek) 학살박물관! 인간이 얼마나 사악해질 수 있는지를 잘 보여주는 곳이다. 박물관은 크게 유골전시탑, 학살 및 매장현장, 폴 포트 전시관으로 구분되어 있다. 두 번 다시 기억하기 싫은 역사 때문인지 캄보디아인 단체관람객은 찾아볼 수 없다. 가끔 외국인만 눈에 띌 뿐 넓은 유적지는 스산한 분위기다. 연령별로 구분된 전시탑의 유골은 총탄 구멍이 있거나, 둔기로 맞아 깨진 것을 쉽게 볼 수 있다. 처형장과 집단매장지가 있는 밀림 속의 생지옥 현장에 들어가려니 무서운 생각이 든다.

학살박물관 추모탑 내부에 전시된 유골들의 모습.

발걸음을 멈춘 곳은 어린애들을 때려죽였다는 "칠드런 트리(Childern Tree)". 살해 장면을 묘사한 그림은 차마 똑바로 볼 수 없었다. 그나마 나뭇가지에 매달린 수많은 추모 리본이 아픈 마음을 달래준다. 유적지 한쪽에는 "만인이 평등한 지상낙원!"을 내세운 폴 포트의 악행을 알리는 전시관이 있다. 이 공산정권이 가장 먼저 시행한 것은 전국 300개소 처형장에서 '양같이 순한 캄보디아인들을 무자비하게 도륙한 것이었다.'라고 전시물은 증언하고 있다.

어린아이 처형장소인 '칠드런 트리' 현장. 나무 둥지에 수많은 추모 리본이 보인다.

불사신 박정환 소위! 죽음의 포로생활 탈출기

캄보디아는 1953년 독립 이후, 중립노선을 취하면서도 북한과 외교적으로 가까웠다. 1970년 한국은 친서방 크메르공화국과 최초 수교하였으나, 1975년 캄보디아 공산화로 양국 외교는 단절됐다. 1997년 재수교한 이후, 현재 캄보디아의 한국 교민은 약 12,000명(2019년)에 이른다. 이에 비해 매년 3,000~4,000명이 입국하는 캄보디아인은 한국에 41,400명(2020년)이 거주하고 있다. 하지만 1969년 프놈펜 교도소에 한국군 박정환 소위가 1년 3개월 동안 갇혀 있다가, 호주대사관에 의해 기적적으로 구출된 역사를 아는 사람은 그리 많지 않다. 그의 생환기 "느시(2000년 출판)"에 나오는 프놈펜 교외의 당시 교도소와 호주대사관을 추적해 가보기로 하였다.

한국 군인이 갇혔던 교도소를 찾아서

프놈펜 중심부는 어느 나라 도시 못지않게 깨끗하고 정돈되어 있다. 호텔 앞에는 하염없이 손님을 기다리는 툭툭이와 오토바이 부대가 줄지어 있다. 코로나 영향으로 호텔 식당도 폐쇄될 정도로 외국인 보기는 힘들다. 한가롭게 수다를 떨고 있는 운전기사

쉼터 주변을 기웃거리니 순식간에 서너 명이 달려온다. 넉넉한 몸매에 큰 눈망울을 가진 곰두리 아저씨 롬(Rom)과 툭툭이(오토바이 개조 차량) 일일 계약을 했다. 뚱뚱하고 눈이 큰 사람은 대체로 마음씨도 좋다.

호텔 지배인 눈(Nuon)은 1969년 당시의 프놈펜 교도소 위치를 인터넷 검색과 지인들을 통해 확인해 주었다. 시 외곽 12km 정도 떨어진 곳의 교도소는 "느시" 책자에서 언급하고 있는 위치와 비슷했고, 인근의 불교 사찰도 그대로 남아 있다. 툭툭이 기사에게 지도를 보여주니 찾아갈 수 있다고 한다.

툭툭이 운전기사 롬의 모습(사진 오른쪽).

베트콩 포로가 된 한국군 장교

Trip Tips

1967년 10월 15일, 학군사관 4기로 임관한 박정환 소위는 태권도 교관으로 베트남전에 파병되었다. 경북대 수의대를 졸업한 그는 태권도 공인 5단으로 국가대표 선수로 선발되기도 했다. 박 소위는 사이공 서남쪽 80km 떨어진 미토 시의 남베트남군 제7사단에 부임했다.

군부대와 학교에 순식간에 번진 태권도 열풍으로 박정환은 최고의 존칭 "야우셔(교수) 박!"으로 불리는 유명인사가 되었다. 그러나 1968년 1월 31일, 공산군의 구정 공세 시 불행하게도 그는 베트콩 포로가 되었다. 붙잡힌 남베트남군들은 현장에서 즉결 처형되었지만, 박 소위와 한국인 기술자 C씨는 총살 직전에 살아남았다. 제7사단의 태권도 수제자 '후이'가 베트콩으로 변신하여 나타난 것이다.

그는 구정 휴가로 부대를 떠나 고향에 갔다가 공산군에 합류했지만, 태권도 덕목인 '예의 · 의리'와 박 소위의 따듯한 배려를 잊지 않았다. 처형을 고집하는 동료들을 겨우 설득하여 박정환의 목숨을 구했다. 하노이로 끌려가는 지옥의 행군 중, 계속되는 구타 · 굶주림 · 북송회유로 박 소위는 만신창이가 되었다. 달콤한 공산주의 전향 요구에 한국의 홀어머니와 다섯 동생을 생각하면서 끝까지 거부했다. 포로 생활 3달 후, 그는 감시병 4명을 일거에 때려눕히고 필사적으로 탈출하였다. 그러나 캄보디아 민병대에 체포되어 간첩죄로 6년 형을 선고받았다.

「死地서 돌아온 「自由」」

박정환 소위와 C씨의 생환을 보도한 당시의 신문 지면.

열악한 수형생활에서 사경을 헤매다가, 한국인의 교도소 수감을 알게 된 우방국 호주대사관이 이들을 구출했다.

1969년 6월 18일, 502일의 억류 생활을 끝내고 박정환 소위와 C씨는 김포공항으로 생환했다. 영양실조에 시력은 망가졌고, 고막파열 · 피부병을 가진 피골이 상접한 귀환 포로가 나타나자, 당시 언론은 '지옥에서 살아 돌아온 불사신'으로 대대적으로 보도했다.

박정환 소위 생환기를 수록한 '느시 1 · 2권'의 책 표지.

‘최악의 상황’, 그러나 희망을 버리지 않았다

프놈펜 교도소 감방 안 벽에는 검붉은 핏자국으로 얼룩졌고, 구멍 속에는 빈대가 득실거렸다. 1,000여 명의 수감자 중 군인 출신은 100명에 불과했고, 베트남전쟁으로 국경을 넘은 중국·태국·라오스·베트남인 등 다양한 인종들이 섞여 있었다. 박 소위는 석방을 앞둔 남베트남군 ‘꺼’ 소위에게 ‘한국인 2명이 억류되어 있음’을 우방국 대사관에 알리는 메모지를 전해주었다. 거액의 사례금 약속까지 했지만, 발각 시 재수감의 두려움에 떠는 그는 확답을 주지 않고 교도소를 떠났다. 영양실조로 박 소위 시력은 바로 앞 물체도 식별할 수 없을 정도로 나빠졌다. 절망에 빠진 그를 교도소에서 태권도를 배운 동료들이 정성껏 보살폈다.

호주대사관과 가까운 거리에 있는 한국대사관 전경.

어느 날 흉악범으로 20년 형을 받은 조폭 출신 '마케이'가 결투를 신청했다. 유도를 배운 그는 교도소의 제1인자임을 과시하고자 했다. 전 죄수들이 지켜보는 가운데 두 사람의 대결이 벌어졌다. 쇠약해진 박 소위 몰골을 얕잡아 보고 덤벼든 그는 돌려차기에 정통으로 명치를 가격당해 숨도 못 쉬고 데굴데굴 굴렀다. 의식을 겨우 회복한 '마케이'는 "단 일격으로 끝낼 수 있는데도, 몇 번이고 대결을 피했던 네 인품을 진심으로 존경한다."라며 무릎을 꿇었다. 그러나 박 소위의 가장 큰 두려움은 프놈펜 북한대사관을 통해 평양으로 강제 북송되는 것이었다.

우방국 군인을 구출한 호주대사관

1969년 6월, '꺼' 소위가 호주대사관에 전해준 메모는 즉시 한국 정부에 통보되었다. 호주대사와 미 CIA대표가 대신 캄보디아 정부와 협상했다. 6월 16일, 마침내 박 소위와 C씨는 긴 지옥 터널을 빠져나올 수 있었다. 어렵게 찾아간 프놈펜 교도소의 공무원들조차 54년 전 상황을 설명할 수 있는 사람은 없었다. 단지 '오래전부터 현 위치에 교도소가 있었고, 프놈펜에서 규모가 가장 컸다.'라는 사실만 확인해 주었다. 다시 발길을 옮겨 시내 중심부의 메콩강 옆 호주대사관으로 이동했다. 웅장한 건물의 긴 울타리 외곽을 보안요원이 순찰을 돌고 있다. 멀지 않은 거리의 한국대사관을 통해 확인 결과, 1969년 당시의 교도소와 호주대사관은 모두 새로운 부지로 이전하였다고 했다.

프놈펜시 메콩강 주변에 있는 호주대사관 전경.

프놈펜시에서 12km 떨어져 있는 교도소 정문 전경.

상류층이 즐기는 프놈펜 저녁 축구

캄보디아 한낮 더위는 그나마 오후 3시경 정확하게 쏟아지는 20여 분간의 스콜(Squall)이 잠시 식혀 준다. 밤에도 더운 열기가 지면에서 후끈 솟아오른다. 가까운 학교 운동장에서 야간 축구 경기가 한창이었다. 밝은 불빛이 비치는 인조잔디에서 운동하는 '저녁축구회' 회장 마카라(Makara)는 치과의사였다. 학술세미나로 서울에서 10일간 체류 경험이 있는 그는 한국의 높은 치과의료 수준을 극찬한다. 축구광인 그의 말에 의하면, 더운 날씨로 캄보디아인들은 조명시설을 갖춘 운동장에서 야간 축구 경기를 할 수밖에 없단다. 결국, 비싼 시설이용료로 주로 경제적 여유가 있는 시민들이 축구를 즐긴단다. 현재 운동하는 회원의 상당수가 의사·변호사라고 귀띔한다.

프놈펜 시내 학교운동장에서의 야간 축구경기 모습.

기억하고 싶지 않은 캄보디아 전쟁박물관

캄보디아는 20년 내전에 시달리며 전쟁 참상을 전 국민이 고스란히 뒤집어쓴 아픈 역사를 가졌다. 1970년부터 1991년까지 친미 · 친공정권 전쟁, 폴 포트 대량학살, 베트남군 침공, 반정부군 토벌, 평화유지군 진주, 정파 간 무력 충돌을 거치면서 국토는 초토화되었다. 민초들의 주검은 곳곳에 쌓였고, 1000만 개의 지뢰가 산야를 뒤덮었다. 1978년 베트남군에 쫓긴 폴 포트군은 서북부 태국 국경으로 밀려갔다. 시엠립의 앙코르와트도 격전장으로 변했고, 세계문화유산에도 전쟁의 생채기를 남겼다. 캄보디아 유일의 전쟁 및 지뢰박물관도 격전지와 가까웠던 시엠립에 있다. 하지만 이 박물관들은 과거 전쟁에 대한 분석과 반성보다는 그저 전쟁 유기물을 전시해 두는 수준을 벗어나지 못했다.

VIP 버스터미널을 찾아 헤맨 촌극

Trip Tips

프놈펜의 고문 · 학살박물관은 '킬링필드' 비극을 잘 존안하고 있지만, 전쟁역사박물관은 시내에서 찾아볼 수 없다. 수십 년 동안 복잡하게 전개된 캄보디아 전쟁을 '역사적으로 어떻게 평가할 것인가?' 하는 것조차 쉽지 않다.

이 나라의 유일한 전쟁박물관이 있는 시엠립으로 가는 버스표 예약을 위해 툭툭이를 타고 버스터미널로 향했다. 강 건너편 신개발 지구에는 50층 이상의 건물들이 솟아오르고 있다.

메콩강 페리선이 선착장에 닿자, 수십 대의 오토바이 · 승용차가 쏟아져 나온다. 강변로를 한참 달린 롬(Rom)이 목적지를 찾지 못하고 헤맨다. '영업용 툭툭이가 터미널을 못 찾다니…'. 지도 표지점 부근을 2~3바퀴 돌고 있던 중, 장대비가 퍼붓는다. 급히 우의를 입고 허둥대는 기사가 안타까워 필자도 목을 두루미처럼 쭉 뽑아 주변을 살폈다. 버스가 주차된 시설은 어느 곳에도 없었다. 지나가는 사람에게 알아보니, 근처 조그마한 구멍가게가 터미널이란다. 주인은 단지 차표만 판매하고, 정해진 시간에 버스가 이곳으로 온단다. 숙소 종업원에게 이런 촌극을 이야기하니, "VIP 터미널"이기 때문이란다. 일반 버스는 시엠립까지 종일 걸리지만, VIP 버스는 5시간 소요된단다. '외국인이라고 특별하게 그곳을 알려주었다.'라는 설명을 듣고서야 롬이 헤맨 이유를 알 수 있었다.

프놈펜 시내의 VIP 버스정류소 모습.

확연하게 달라진 시엠립 거리 풍경

다음 날 아침 그 가게를 다시 찾아갔다. 정류소 옆은 캐나다인 몽(Mong)이 운영하는 비자발급 대행 사무실이다. 그의 말에 의하면 캄보디아의 대대적인 개발붐은 대부분 중국 자본에 의존하고 있단다. 이윽고 나타난 차량은 쾌적한 리무진 버스가 아닌 16인승 소형버스다. 단지 버스 전면에 붙어있는 "VIP"라는 큰 글씨만 유별나다. 태국 국경 방향의 4차선 도로는 시원하게 뻗어있다. 버스는 3시간 정도 달린 후, 왕복 2차선 국도로 접어들었다. 자동차 · 툭툭이 · 오토바이가 뒤섞인 도로는 복잡했다.

귀빈(?)을 모시는 자부심 때문인지, VIP 운전사는 수시로 앞 차량 2~3대를 동시에 추월한다. 손에 땀을 쥐게 했던 곡예 운전도 시엠립에 도착하면서 끝이 났다. 수년 전 앙코르와트 방문 시 보았던 이 도시는 도로포장과 신축건물로 새롭게 변신하였고, 주민의 삶도 다소 풍요해진 느낌이다.

캄보디아 장거리 노선을 운행하는 VIP 소형버스.

내전 상흔을 간직한 전쟁박물관

시엠립 전쟁박물관은 2001년 2월에 최초 건립되었지만, 예산 부족으로 방치되다시피 했다. 인근 주민이나 방문객이 전시물을 고철로 내다 팔거나, 기념품으로 가져가기도 했단다. 2018년 재개장한 박물관은 녹슨 장비와 무기류가 야외에 어지럽게 진열되어 있고, 관람객은 찾아볼 수 없다.

전시물은 중국 · 러시아 · 미국산 무기가 혼재되어 있다. 전쟁이 끝난 후 전국에 널려 있었던 군장비를 주민들이 수거하면 박물관에서 비용을 지급하고 수집했다. 캄보디아 전쟁역사를 일목요연하게 보여주는 실내 전시실도 없었다. 물론 비참한 내전으로 “전쟁”이라는 주제를 입에 올리기도 싫은 심정을 충분히 이해할 수 있다. 하지만 미래의 위협은 타조처럼 모래에 머리를 처박는다고 결코 없어지는 것이 아니다. “인류 역사는 곧 전쟁의 역사였다.” 라는 평범한 진리를 캄보디아인들은 아직도 깨닫지 못하는 것 같았다.

시엠립 전쟁박물관에 전시된 녹슨 구소련제 전차.

'킬링필드' 생존자의 생생한 증언

Trip Tips

한국에서 교직에 몸담았다가 현재 시엠립에서 선교사로 활동 중인 지인 P씨를 만났다. 유적지 답사 동행을 부탁하니 흔쾌히 승낙한다. 캄보디아어 통역이 가능한 여사무원 스레이(Srey) 양까지 합류하니 천군만마를 얻은 기분이다.

가장 먼저 1970년대 폴 포트 치하에서 생활했던 마을 어르신을 찾아 나섰다. 소개받은 구치(Kuch, 82)씨는 악몽 같았던 그 시절을 이렇게 회상했다. "자신은 당시 30대 중반으로 가난한 시골 농부였다. 크메르루주 군이 들이닥치자 세상은 일순간에 변했다. 주민을 크게 '구인민'과 '신인민'으로 분류했다. 소작농 · 빈민층은 구인민, 부유층 · 지식인 · 도시인은 신인민이었다.

한 번도 마을을 벗어난 적이 없고, 서구문화에 오염되지 않은 구인민은 '모범시민'으로 불렸다. 집단수용된 신인민의 생활은 비참했다. 순박한 농부들이 굶주림에 지친 이주민에게 동정을 표했다가는 목숨이 위태로웠다. 평등의 표상인 '동무'는 노인과 어린이를 수평관계로 만들었고, 이웃은 서로 감시토록 했다. 매일 저녁 아이들은 폴 포트 찬양 노래를 배우며 군사훈련을 받았다. 사실 자신은 과거 정권의 군 경력을 숨기느라, 4년 내내 마음졸이며 살았다."라고 증언했다.

고급인력 손실이 불러온 교육계 후유증

씨엠립 답사에 동행한 스레이는 대학졸업생으로 영어와 한국어에 능통하다. 캄보디아 학생들의 교내생활을 보고 싶다고 하니, 인근 시골학교로 안내했다. 밀림 속의 농로를 한참 달려 도착한 타방(Tapang)중학교의 전교생은 315명이다. 교장 선생님

안내로 교사건물 주변을 돌아보다가 강의실에 들렀다. 교장이 갑자기 들어서자 영어 수업 중인 선생님과 학생들이 일제히 일어서서 긴장된 표정을 짓는다. 교실안은 칠판과 낡은 책걸상이 전부였지만, 초롱초롱한 학생들의 눈망울은 배움에 대한 열정이 가득하다.

교장 선생님은 "한국 시민단체가 이 학교에 수십 대의 컴퓨터 기증과 교문 · 자전거보관소 · 국기게양대까지 만들어 주었다."라며 감사함을 표시한다. 교문을 나오니 인접 초등학교 아이들이 수업을 끝내고 집으로 가고 있었다. 언니 등 뒤에 매미처럼 붙어 자전거를 타고 가는 꼬마가 낯선 외국인이 신기한지 손을 흔들며 지나간다. 캄보디아는 의무교육인 중학교(9년)까지의 진학률은 70%. 고교는 50%, 대학 입학률은 15%에 불과하다. 1970년대 크메르루주가 고등교육 인력을 대부분 처형한 후, 고급인력을 스스로 양성할 수 없는 후유증이 아직까지도 계속되고 있단다.

교실에서 영어 수업 중인 중학생들과 여자 선생님 (사진 왼편).

학교 수업 후 귀가하는 시골 초등학교 학생 모습.

'지뢰박물관' 관장의 파란만장한 삶

아침 이른 시간에 시엠립에서는 길거리 식당에서 아침 식사를 해결하는 시민들을 많이 볼 수 있다. 공립학교와 정부 기관이 오전 7시에 일과를 시작하기 때문이다. 학생들도 자전거나 오토바이를 타고 새벽부터 바쁘게 움직인다.

이른 아침 길거리 식당에서 식사하는 시엠립 시민들의 모습.

캄보디아인들이 즐겨 찾는 아침 메뉴인 '바이 쌋쯔룩'은 흰 밥에 볶은 돼지고기를 얹은 간단한 요리이다. 밥과 함께 시큼한 국수 국물도 같이 나온다. 또한 프랑스 식민지 영향으로 팔뚝만 한 '파리 바게뜨'로 식사를 하는 경우도 흔하다. 이런 음식들을 '한인 교민들도 입맛에 맞고 값도 저렴하여 즐겨 먹는다.'라고 P씨는 전했다.

6 · 25전쟁 당시 한국을 도왔던 캄보디아

Trip Tips

캄보디아는 메콩강, 톤레삽 호수 등 하천의 풍부한 수량과 비옥하고 광대한 농토를 가진 나라다. 1960년대까지 식량을 자급자족하였고, 남는 농산물을 수출까지 하였다. 그러나 1975년 공산화 이래 계속된 내전과 폴 포트 정권의 경제정책 실패로 국토는 완전히 황폐해졌다.

'킬링필드' 후유증인 생산수단 파괴와 인구감소는 국가 산업기반을 완전히 무너뜨렸다. 특히 캄보디아는 6 · 25전쟁 당시 한국민간구제단(CRIK)을 통해 현금 27,419달러와 상당량의 쌀을 한국에 원조했다. 한국인들이 전쟁 참화에서 고통을 받을 때, 전투부대 · 의료지원단을 파병한 22개국을 포함하여 전 세계 63개국이 우리에게 도움의 손길을 내밀었다. 이런 국가들 중 캄보디아가 포함되어 있다는 사실을 아는 한국인은 많지 않다.

예상치 못한 캄보디아군 병영 방문

어제 방문한 전쟁박물관에 대한 실망감을 '스레이' 씨에게 토로하자, 그녀가 알고 있는 새로운 군사시설로 안내를 자청했다. 시엠립 근처 국도에 대포 전시물과 대형안내판을 세워둔 곳이 새로 생긴 군사박물관으로 추정된단다. 일직선으로 쭉 뻗은 도로 좌 · 우측으로는 넓은 농경지와 밀림의 연속이다. 이윽고 깨끗하게 도색된 105M 화포 2문이 전시된 곳에 도착했다. 포구에 하얀 2개의 띠를 두른 의전용 대포는 보기에도 깔끔했다. 안내판이 가리키는 도로를 따라 들어가니 군사박물관이 아닌 웅장한 부대 정문이 나타났다. 병영 규모를 고려 시 최소 연대급 이상의 부대다. 정문 장애물 옆의 비무장 초병의 근무 자세는 한가로웠다.

시엠립 근교의 캄보디아군 병영 정문 전경.

울타리 안쪽에서는 병사들의 배구시합으로 왁자지껄했다. 안내인이 초병과 몇 마디 나누더니, 부대 안으로 들어가 경기를 관전해도 좋단다. 알몸에 전투복 바지를 입은 맨발 병사들의 배구운동 규칙이 특이했다. 선수들은 배구공을 손으로 슬쩍 잡았다가 집어던지듯이 토스(toss)를 한다. 반칙이지만 캄보디아 군대스리가(?)에서는 허용된단다. 배구장 옆에는 민간인과 간단한 음료를 파는 노점상까지 있다. 일반인 출입으로 생길 수 있는 보안 문제를 크게 신경쓰지 않았다. 캄보디아군 역사는 1953년 '크메르 왕실군'으로 출발하여 1970년대 '크메르 국군'으로 개편되었다.

1975년 공산화로 '캄푸치아 혁명군'으로 바뀌었다가, 1979년 베트남군에 의해 다시 '인민무장 혁명역량'이라는 조직으로 편성되었다. 결국 1993년 합법적인 정부가 다시 들어서면서 '캄보디아 왕실군대'로 재탄생하였다. 이런 변천 과정을 거친 캄보디아군이 정예 강군으로 정착하기까지는 다소 시간이 걸릴 것 같았다.

캄보디아군 병영 내의 장병 배구시합 모습.

지뢰박물관에서 본 처참한 전쟁 상흔

예상치 않은 병영 방문 후, 씨엠립에서 자동차로 30분 정도 걸리는 지뢰박물관으로 갔다. 전시관 입구는 불발탄으로 수거한 대형폭탄이 진열되어 있다. 로마·그리스제국의 역사박물관은 군사강국의 영광을 상징하는 웅장한 돌기둥이나 승전 기념탑이 관람객을 맞이한다. 앙코르제국의 영광을 이어받지 못한 캄보디아 후손들은 승전탑 대신 전쟁 잔해를 세워둔 것 같아 안타까웠다. 전시실은 지뢰·불발탄·무기류가 무더기로 쌓여있고, 지뢰사고의 처참한 사진들이 가득하다.

Trip Tips

1998년 4월, 태국 국경에서 폴 포트가 사망하고 그 잔당들이 항복하면서 캄보디아 총성은 완전히 멈추었다. 새로운 평화는 찾아왔지만, 농경지와 밀림에 남겨진 위험한 폭약류는 민초의 천형(天刑)으로 남겨졌다. 최대 1,000만 개의 지뢰와 불발탄 사고로 1979년부터 2019년까지 64,853명의 인명피해가 있었다.

캄보디아 인구 290명당 1명이 다리가 없는 장애인이 되었다. 박물관 한편에 개울 옆에서 아이들이 폭발물을 주워 놀다가 생긴 사건의 그림이 있다. 죽은 어린애를 보고 울부짖는 부모, 발을 동동 구르는 이웃 주민, 피 흘리는 자식을 안고 병원으로 황급히 달려가는 아버지 모습이 전쟁 후유증을 생생하게 보여준다. 한국 역시 6·25전쟁 직후, 불발탄 사고로 매년 수백 명씩 목숨을 잃었다. 대부분 어린애와 청소년들이 피해자였다. 휴전 이후 2022년까지의 지뢰·폭발물사고 사상자는 6,248명에 달했다.

시엠립 근교의 지뢰박물관 입구 전경.

지뢰박물관 전시실 입구에 진열된 불발탄 모습.

박물관장 '아키라'의 파란만장한 삶

지뢰박물관 설립자 아키라(Akira)는 캄보디아 비극을 고스란히 체험한 인물이다. 교사였던 그의 아버지는 크메르루주 군에게 처참하게 처형당했고, 어머니는 굶어 죽었다. 고아인 10살의 아키라는 크메르루주 소년병으로 끌려가 AK-47 소총을 받았다. 소총 길이가 자신의 키 높이와 같았다. '지뢰매설병'이 된 그는 한 달에 무려 5,000개의 지뢰를 묻었다. 1979년 베트남군에게 포로가 되면서, 그의 신분은 베트남군으로 바뀌었다. 1989년 베트남군 철수 후, 그는 3번째로 캄보디아군에 편입되었다. 1991년 유엔 평화유지군이 진주하자, 그는 과거 경험을 인정받아 지뢰 제거작업에 참여하였다.

아키라는 자신의 전 재산을 투자하여 1999년 지뢰박물관을 건립하여 전쟁의 참혹성을 세계인들에게 알리고 있다. 그는 지뢰사고로 다리를 잃은 20명의 아이를 입양했고, 38명의 전쟁고아를 돌보았다. 아키라는 2010년 CNN의 '세계 10대 인물'로 선정되었고, 2012년에는 한국의 '만해 한용운 평화상'을 수상했다.

2010년 CNN이 선정한 세계 10대 인물 중 '아키라'의 보도 내용.

시엠립 야시장에서 본 서민의 삶

오늘날 씨엠립에서는 한국 전자기기 상점, 한국인 운영 호텔과 식당을 쉽게 볼 수 있다. 이에 비해 한때 호황을 누리던 북한식당 "평양냉면"집 주변은 잡초가 무성한 채 폐허화 되었다. 천안함사건 · 연평도포격 · 핵실험으로 한국 관광객들이 발길을 끊었기 때문이다. 그나마 남아있던 북한의 유일한 외화벌이 창구를 스스로 걷어찬 것이다. 캄보디아 관광수입의 대부분을 차지하는 앙코르와트 방문객으로 씨엔립 전통시장은 활기를 띠고 있다. 어두워지면 이곳은 환하게 불을 밝히는 야시장으로 변한다. 자신의 가게로 여행객 소매를 끄는 열정적인 상인들의 모습에서 캄보디아의 밝은 미래를 엿볼 수 있었다.

관광 명소 씨엠립의 전통 재래시장 거리 전경

전쟁의 생채기가 남아있는 '앙고르와트'

세계문화유산 앙코르와트 외곽의 넓은 해자를 건너 사원으로 들어가니 다리가 절단된 장애인 악단이 방문객을 맞이한다. 갑자기 은은한 아리랑 연주가 울려 퍼지면서 한국인들의 발길을 멈추게 만든다. 지뢰 사고로 불구가 된 상이군인의 장애인 후원 기금조성 행사란다. 외모가 비슷한 한국 · 일본 · 중국인 중에서 기가 막히게도 한국인을 식별해 낸다. 동족상잔의 공통된 아픈 역사와 인정 많은 한국인들이 그냥 지나치는 경우는 거의 없다고 한다.

세계문화유산 캄보디아 앙코르와트 전경.

앙코르와트 건축과 크메르제국 멸망

Trip Tips

앙코르와트는 가난한 캄보디아의 밀림 속에 있다는 자체가 세계인들의 관심을 끈다. 이 유적은 12세기 초 힌두교 사원으로 건축되었다가, 나중에는 불교사원으로 쓰였다. 주변 앙꼬르 돔을 포함한 사원의 완성 시기는 크메르 왕조의 최대전성기인 자야바르만 7세(AD 1181~1215) 시대로 알려져 있다.

이 왕조는 캄보디아 · 라오스 · +------태국 · 미얀마 · 베트남을 다스린 대제국이다. 역사상 동남아시아에서 가장 크게 번성하고 강대한 왕조다. 앙코르와트(사원)와 앙코르 돔(무덤) 건설은 300년 넘게 이어졌다.

주변의 운하, 해자를 통해 사원 건축에 필요한 집채만 한 돌덩이들을 30km 이상 떨어진 채석장에서 운반했다. 외부 해자 길이는 5km, 사원 외벽은 3km에 달한다. 이 유적군은 거대한 규모뿐만 아니라, 정교한 건축 기술과 벽화로도 유명하다. 수만 개의 돌을 각각 다듬어 완벽한 대칭 구조로 만들었고, 짜 맞추어진 석벽에는 당시의 풍요로운 문화를 알 수 있는 정교한 부조들이 새겨져 있다. 하지만 1431년 태국 아유타야 왕조의 침공으로 크메르제국은 멸망했다. 앙코르와트는 인적이 끊겨 버린 채 정글 속에 파묻혔고, 세계역사의 뒤편으로 사라졌다.

프랑스 세계문화유산을 확보하다

430년 동안 역사에서 사라졌던 앙코르와트는 1860년 프랑스 식물학자 앙리 무오의 탐험록에 의해 널리 알려졌다. 그가 남긴 기록 일부이다. "이 사원은 솔로몬 성전과 비견될 만하며, 미켈란젤로가 세운 건축물과 같은 느낌을 준다. 그리스 · 로마 신전들보다 훨씬 더 장엄하나, 현재 이 사원이 있는 캄보디아가 처한 야만성과 슬픈 대조를 이룬다." 앙리 무오는 미개한 크메르인들이 이런 정교한 건축물을 지을 수 있는가에 대하여 의심하였다. 그는 이 사원은 그리스·로마 문명에 의하여 지어졌을 것이라 짐작했다. 앙코르와트 발견은 당시 인도차이나에서 세를 뻗치던 프랑스 식민정책에도 영향을 미쳤다. 대대적인 유적지 복구작업이 뒤따랐고, 출토된 비문 해독으로 사원의 역사를 추적했다.

앙코르와트 내부 수목과 석벽의 총탄 흔적.

결국, 프랑스는 1863년 8월 11일, 캄보디아를 보호령에 편입했다. 또한, 유적군 주변의 소유권 확보를 위해 인접 태국을 공격, 캄보디아의 지배권을 확고히 하였다. 캄보디아는 1351년 이래 태국에게 뺏겼던 일부 영토를 되찾아와, 자국의 행정구역에 재편입 시켰다. 하지만 이 지역의 영토권 분쟁은 반복해서 충돌했고, 현재도 양국 민족 간의 앙금으로 남아 있다.

유적지에 남아있는 전쟁 생채기

거대한 석조 유적군과 주변 고목에는 곳곳에 탄흔이 남아있다. 1980년대 크메르루주군과 베트남군 간의 총격전에서 생긴 생채기들이다. 1990년대 캄보디아의 정치적 혼란 시기에는 예술품 도적 떼가 유적 조각상 머리를 떼어가며 엄청난 훼손을 입혔다. 2000년대에는 태국이 앙코르와트 소유권을 주장하면서 양국 관계를 악화시키기도 했다. 하지만 유적지의 긴 회랑이나 석벽에 새겨진 장엄한 크메르제국 병사들의 행군대열은 1000년 전 역사를 생생하게 전해주고 있다. 캄보디아는 비록 오랜 수난의 역사를 가졌지만, 독립 후 항상 앙코르와트를 국기중앙에 표기할 정도로 조상의 문화유산에 대한 자부심은 강하다.

앙코르와트 건축물에 새겨진 정교한 부조 모습.

캄보디아의 30년 내전 후유증

캄보디아는 1953년 프랑스로부터 독립하면서 시아누크 국왕이 통치했다. 1970년 론놀 장군의 쿠데타가 일어나자, 그는 베이징으로 망명했다. 1975년에는 폴포트가 정권을 장악하였으나, 1978년 베트남 침공으로 행삼린 정권이 다시 세워졌다. 이어서 친 베트남계 정부군과 반정부군(시아누크파 · 크메르루주 · 구론놀세력)간 내전이 벌어졌고, 1987년 국제사회의 노력으로 캄보디아에는 평화 분위기가 조성되었다. 1989년 베트남군 철수 후, 1991년 4개 주요 정파는 평화협정을 체결하여 1993년 유엔감시하에 총선거를 치렀다. 그 결과 리나리드가 제1총리, 훈센이 제2총리로 임명되었으며, 정부 부서별 정파를 달리하는 2명의 장관을 두었다.

복잡한 정부 구성은 1997년 7월, 양 세력 간 무력충돌을 빚기도 했다. 한편 태국 국경에 은거한 크메르루주군은 승산이 희박한 내전으로 사기가 급속도로 떨어졌다. 1998년 4월 15일, 폴포트는 부하들에게 체포되어 가택연금 중 의문의 죽임을 당했다. 온건파가 크메르루주군을 장악하면서, 정국은 새로운 국면으로 접어들었다. 1998년 12월 5일, 공산 저항군이 투항을 선언한 후 정부군으로 편입되었다. 내전은 막을 내렸지만, 30년 전쟁통으로 캄보디아는 세계 최빈국으로 전락했다. 부정부패가 만연했고, 동족학살에 대한 과거사 규명도 정파 간의 이해관계로 흐지부지되었다. 캄보디아 현대사 비극의 책임에서 자유로운 영혼은 아무도 없다. 훗날 내전 유발의 책임자들이 정계 요직으로 진출했고, 현재 30여 년 캄보디아 총리직을 누리는 훈센도 크메르루주군 대대장 출신이다.

톤레사프 호수와 수상마을 주민

Trip Tips

시엠레아프 부근의 톤레사프 호수는 동남아 최대의 규모이며, 세계에서 세 번째로 크다. 면적 2,700km^2, 길이 250km로 캄보디아 국토의 15%를 차지한다. 우기에는 메콩강물이 역류하여 톤레사프로 흘러들어 홍수 조절 역할까지 한다. 물속의 풍부한 플랑크톤은 600여 종의 물고기에게 천국이다.

이 호수는 캄보디아 사람들의 생활 터전이며 단백질 공급원이다. 특히 많이 잡히는 물고기, '리엘'은 지금의 캄보디아 화폐 단위다. 이곳은 수백 가구 단위로 모여 사는 수상마을로도 유명하다. 학생들은 조각배를 타고 학교에 가며, 시장 · 교회 · 사찰까지 호수 위에 있다.

생업의 터전인 이 호수는 식수로도 사용되며, 아이들에게는 훌륭한 수영장이 되기도 한다. 하지만 가난한 삶에서 벗어나기는 힘들어 보였다. 톤레사프 선착장에는 맨발의 어린아이들이 조잡한 수공예품을 가슴에 안고 "천 원! 천 원!"을 외친다. 나이 지긋한 한국인 할머니가 눈물을 글썽이며, 실로 만든 팔찌 한 개를 집어 들고 만원 지폐를 아이손에 꼭 쥐여준다. 아마 한국전쟁 후 가난했던 시절, 자신의 가슴 아팠던 기억을 되살리며 캄보디아 아이들을 격려하는 것 같았다.

톤레사프 호수의 수상가옥 마을 전경.

기울어진 수상가옥을 물속에서 수리하고 있는 주민의 모습.

캄보디아인이 상상하는 '꿈의 나라 대한민국'

캄보디아 정부청사 중 가장 규모가 크고 최신 시설을 갖춘 건물은 프놈펜 중심부의 국방부 본청이다. 좌우 대칭을 이룬 쌍둥이 빌딩의 웅장한 청사는 정부의 확고한 안보 의지를 나타내는 듯했다. 국방정책 분야의 최고 엘리트 교육기관인 국방대학교도 프놈펜에 있다. 학교 규모는 크지 않았지만, 인재육성에 국가역량을 집중하고 있는 분위기다. 캄보디아 최고의 명문으로 알려진 왕립 프놈펜 대학교도 시내에 있다. 자유 분망하게 강의동을 오가는 대학생들과 현대식 학교 건물은 한국의 캠퍼스 분위기와 별반 다르지 않았다.

내일을 걱정하지 않는 캄보디아인

프놈펜 도심 거리는 시골 지역과는 판이하다. 메콩강과 톤레사프강이 만나는 강변에는 관광객들과 산책 나온 시민들로 북적거린다. 강 건너편에는 수십 층 높이의 빌딩들이 솟아오르고, 황토색 강물에 그물을 던지는 사람도 보인다. 왕궁 광장 앞의 작은 신전에는 많은 사람이 꽃을 바치며 기도한다. 진지하고 엄숙한 의식을 마친 밝은 표정의 여성이 필자에게도 신전에 들어가 소원을 이야기하란다. "캄보디아 신이 외국인은 못 알아볼 것 같다." 라는 농담에 "평화를 기원하는 신은 결코 인종을 가리지 않는다."라고 한다. 물질적으로는 다소 가난하게 살아가지만, 항상 미소가 떠나지 않는 캄보디아인들의 낙천적인 삶은 이런 신앙심과 관련 있는 듯했다.

캄보디아인들이 즐겨 찾는 메콩강변의 신전 전경.

프놈펜 중 · 고교생의 활기찬 학교생활

숙소에서 멀지 않은 곳에는 프레하(Preah) 중 · 고교가 있었다. 캄보디아에서는 6년 초등학교를 졸업 후, 중 · 고교과정(7~12학년)이 통합된 학교로 진학을 한다. 프랑스식 건축양식의 건물을 가진 이 학교는 100년 이상의 오랜 전통을 가졌다. 학교를 소개하는 흑백 사진은 프랑스 식민시절의 배경이 많았다. 시골 학교와 프놈펜의 교육 여건은 하늘과 땅 차이다. 중·고교생이 뒤섞인 운동장은 어린 동생과 대학생 청년이 어울려 노는 것 같았다. 교사 뒤편에서는 도심 학교에 어울리지 않게 삽과 괭이를 가지고 학생들이 텃밭을 일구고 있었다. "농업 실습" 수업 중이란다. 담당 교사가 밭고랑을 만들고 농작물 파종 시범을 보이지만, 학생들은 소가 닭 쳐다보듯 큰 관심이 없다. 현대 과학기기에 익숙한 신세대에게 적합한 수업 같지는 않았다.

교내에서 농업실습 수업 중인 담당 교사 (사진 중앙)와 고교생들.

운동장 한편에는 남녀 중학생이 어우러진 축구시합이 한창이다. 키는 작았지만 다부진 여학생이 골키퍼를 맡고 있다. 남학생의 강한 슈팅을 전혀 두려워하지 않고 당당하게 주먹으로 축구공을 쳐낸다. 시합이 끝난 후, 용맹스러운 이 여학생 골키퍼에게 인증사진을 부탁하니, 의외로 부끄러움에 두 손으로 얼굴을 가린다.

이처럼 캄보디아 학생들은 부모 세대가 겪은 그 뼈아픈 상흔을 훌쩍 뛰어넘어, 당당하게 새로운 미래사회를 준비하고 있었다.

남녀 혼성 축구경기에서 골키퍼를 본 여중생 (사진 맨 왼쪽)의 모습.

자주국방의 산실 캄보디아 국방대학교

국방대학교의 정문 초병에게 학교 방문을 요청하니, 의외로 쉽게 출입을 허용한다. 영내는 대대적인 신축건물 공사가 한창이다. 교내에서 학부과정 교육을 2년 동안 받고 있다는 여군 비체아라 준위를 만났다. 그녀는 이 학교의 교육체계에 대해 이렇게 말했다. “자신은 졸업과 동시에 학사학위를 수여 받으면서 상급준위로 진급한다. 학비 · 숙식비 일체를 정부가 부담하며, 위관 및 영관 장교들은 주로 석 · 박사 교육을 받는다. 지휘참모대학도 영내에 있으며, 장교후보생 교육기관은 칸팡 스페우(Kanpang

Speu)에 별도 있다.

고교졸업자 중에서 엄선된 후보생들은 수년간 훈련 후, 장교로 임관된다. 캄보디아에서 군(軍)의 사회적 위상은 대단히 높으며, 군 간부들은 사회 엘리트로 인정받고 있다."라고 했다. 캄보디아군은 12만여 명의 병력을 가졌지만, 소규모인 해·공군은 전투함이나 전투기를 보유하지 못하고 있다. 경제력의 한계 때문이다. 프놈펜 근교에는 포병사령부·군수학교와 여러 부대가 주둔하고 있었지만, 정문 초병 이외에는 인적을 찾아볼 수가 없다. 근무자들도 방문객과 스스럼없이 기념사진을 찍을 정도로 긴장감 없이 느긋했다.

프놈펜 시내에 있는 캄보디아 국방대학교 정문 전경.

프놈펜 근교의 육군포병사령부 정문 전경.

태국과의 뿌리 깊은 국경분쟁

Trip Tips

세계역사에서 국경을 맞댄 국가들끼리 사이가 좋았던 경우는 거의 없다. 대부분의 전쟁도 국경선 획정 문제나 도서 영유권 충돌에서 벌어졌다. 캄보디아와 태국도 예외가 아니다. 수백 년 동안 계속되어온 양국 갈등은 오늘날까지 계속되고 있다.

2003년 1월 29일, 프놈펜에서는 수천 명의 캄보디아인이 태국대사관에 돌과 화염병을 던졌다. 태국 정부는 수송기 4대로 외교관 등 500여 명의 태국인을 본국으로 긴급 철수시켰다. '태국이 앙코르와트의 진정한 주인이다.'라는 태국 여배우의 드라마 대사 한 마디가 화근이었다.

2011년 4월 22일에는 캄보디아 · 태국 국경에 있는 '프레아비하어' 사원 소유권을 두고 무력충돌이 일어났다. 15명이 숨지고, 7만 5천 명의 피란민이 생겼다. 이 사원은 크메르제국의 찬란한 역사를 보여주는 역사적 유물로 국경선에 걸쳐있는 당렉산 525m 정상에 있다. 캄보디아 대평원이 지평선까지 다 보이는 세계적인 관광지이기도 하다. 국제사법재판소(ICJ)에서 2번씩이나 캄보디아 소유권을 인정했지만, 태국은 받아들이지 않았다. 특히 이 사원 주변은 과거 크메르루주군과 베트남군과의 전투 시 매설한 수많은 지뢰가 남아있다. "길이 아니면 가지를 말라!"는 이곳 관광객들에게 제일 먼저 당부하는 강조사항이다.

캄보디아 · 태국 국경선에 있는 '프레아 비히어' 사원 위치.

캄보디아인과 '꿈의 나라 한국'

코로나로 인한 여행자 감소로 호텔 구내식당도 폐쇄되었다. 자연스럽게 숙소 앞의 길거리 음식점에서 자주 쌀국수를 먹었다. 주방장을 겸하는 아주머니가 혼자서 바쁘게 음식까지 차려준다. 식당 구석 살림방에서는 초등생 정도의 여자아이가 올망졸망한 어린 동생들을 돌보면서 엄마를 돕고 있다. 필자가 한국인임을 알게 된 주인은 자신의 친구들도 한국에서 수년째 일하고 있단다. 한국 취업을 위한 현지인들의 한국어 학습 열기도 대단하다. 프놈펜 국제공항의 한국 국적기 승객의 절반이 취업비자를 취득한 캄보디아인들이다. 공항에서 만난 요우 엥 씨는 강원도 화천군의 농장으로 가는 중이다. 그가 가진 것은 카톡에 찍힌 한국 주소와 전화번호밖에 없다.

생소한 생활여건과 힘든 노동이 기다리고 있지만, 악착스럽게 돈을 모아 고향으로 보내겠다는 부푼 꿈에 청년은 들떠 있었다. 현재 한국에 거주하는 캄보디아인은 유학생을 포함하여 4만 5천여 명. 1960 · 70년대 수많은 한국인이 찢어지게 가난했던 조국을 떠나, 노동자 · 광부 · 간호사로 이역만리 해외로 건너갔다. 피땀 흘려 벌어들인 이들의 외화가 당시의 한국경제를 살렸다. 이런 과거 역사를 되새기며, 우리도 외국인 노동자들에 대해 보다 따듯한 관심을 가질 필요가 있다.

어린 동생들을 돌보고 있는 캄보디아 소년 · 소녀들의 모습.

라오스

L a o s

베트남전 불똥으로 운명이 바뀐 라오스

'라오스(Lao People's Democratic Republic)'는 몇 년 전까지만 해도 한국인에게는 낯선 나라였다. 더구나 이 나라 전쟁역사는 더욱 생소하다. 1953년 10월 22일, 라오스는 프랑스로부터 완전독립 하였다. 그러나 20여 년 처절한 내전을 거친 후, 1975년 12월에 공산정권으로 재탄생했다. 국토 면적은 23.7만km², 인구 730만의 바다가 없는 내륙 국가다. 수도는 비엔티안(Vientiane)이며, 연 국민개인소득은 2,700달러다. 라오스 군사력은 현역 29,100명(육군 25,600, 공군 3,500)과 100,000명의 민병대가 있다. 전쟁역사박물관은 비엔티안과 루앙프라방(Luang Phabang)에 다수 건립되어 있다.

태국 · 라오스 국경 '우정의 다리'를 건너다

라오스는 북서쪽으로는 미얀마, 남으로는 태국 · 캄보디아, 동으로는 베트남, 북쪽에는 중국과 국경을 접하고 있다. 특히 메콩강을 사이에 두고 약 1,835km의 국경선을 가진 태국과는 10분이면 배로 건너갈 수 있다. 국토의 80%가 산악지대로, 강원도와 자연환경이 비슷하다. 비엔티안과 마주 보는 태국의 농카이

(Nongkhai) 국경세관은 출입객들로 혼잡했다. 출국장을 통과하자, 국경을 넘나드는 택시기사들이 달려든다. 편안하게 라오스 세관까지 갈 수 있지만, 1500밧(Baht, 약 57000원)을 요구한다. 터무니없는 요금에 대부분의 사람은 35밧(약 1330원) 운임의 시내버스를 이용한다.

Trip Tips

메콩강 '우정의 다리' 중간이 국경선이다. 하천 주변 어느 곳에서도 경계병력은 보이지 않는다. 단지 다리 중간을 기준으로 양편으로 태국 · 라오스 국기만 펄럭인다. 라오스인은 메콩강을 '어머니의 강'으로 부른다.

이 강은 라오스 문명을 탄생시킨 젖줄로 오늘날까지 식수, 농업용수, 영양공급원으로 무한한 혜택을 주고 있다. 또다시 라오스 세관을 통과하여 100달러를 환전하니, 무려 1,675,000 킵(Kip)을 건네준다. 갑자기 부자가 된 기분이지만, 높은 화폐단위가 혼란스럽다. 이곳에도 비엔티안행 국경버스가 기다리고 있었다.

태국 · 라오스 국경선인 메콩강 '우정의 다리'.

비엔티안 박물관과 라오스 전쟁역사

비엔티안 중심부의 라오스 독립기념탑.

다음날 이른 새벽, 숙소 주변의 주요 건물을 알아두고자 거리로 나섰다. 인적이 뜸했지만, 노점상들이 식품이나 야채류를 펼쳐 놓는다. 한 무리의 스님들이 그들을 위해 축복기도를 해주고 있다.

라오인의 90%가 불교도다. 기도가 끝나자, 상인들은 펼쳐 놓은 식품 일부를 답례로 기부한다. 자연스럽게 막내 스님이 헌물 상자를 끌면서 최선임 스님을 따라 다음 상점으로 이동한다. 날이 밝아오자 거리 곳곳에는 춘절(구정) 행사가 요란하다. 붉은 용머리를 매달은 트럭에 올라탄 중국인들이 고래고래 소리를 지른다. 중국과 국경을 접한 라오스는 중국 영향에서 벗어날 수 없을 것 같았다.

Trip Tips

비엔티안에서 라오스 전쟁역사를 볼 수 있는 곳은 '카이손(공산 라오스 초대 총리)' 기념관, 군사혁명박물관(보수 중), 경찰박물관, 국립재활원 전시관, 국립박물관이다. 특히 카이손 기념관은 라오 민족해방전선을 결성한 그의 일대기와 공산화 과정의 자료를 전시하고 있다. 라오스 10만 킵(약 2만 원 권) 지폐 속의 인물사진이 바로 카이손이다.

베트남전쟁이 바꾼 라오스 현대사

1953년 10월, 프랑스로부터 독립하면서 왕립 라오 정부가 세워졌다. 1954년 5월에는 프랑스군이 베트남 디엔 비엔 푸에서 호찌민 군대에 대패했다. 미국은 인도차이나에서의 반공세력을 위해 본격적으로 라오스에 군사원조를 시작하였다. 반공세력과 좌파 파테트라오(Pathet Lao)가 대립하면서 내전이 발발했고, 우파 · 중도파 · 좌파의 연쇄 쿠데타로 라오스는 혼란에 빠졌다. 1960년대 내전은 베트남전쟁과 연계되면서 더욱 격렬해 졌다. 라오스는 중립국이었지만 미국은 우파에게, 소련은 좌파에게 무기를 공급했다. 더구나 북베트남군이 라오스 영토에 '호찌민 루트'를 개설하자, 미군은 이 보급로에 사정없는 폭격을 퍼부었다. 이른바 '비밀전쟁(Secret War)'의 시작이었다.

1973년 폭격이 중단될 때까지, 하루 평균 177회 공습으로 총 209만 톤의 폭탄을 투하했다. 파리 평화협정으로 미군은 베트남에 이어 1974년 6월, 라오스에서도 완전히 철수하였다. 1975년 12월, 마침내 좌파 게릴라들이 비엔티안에 입성하면서 공산정권이 들어섰다. 수많은 군인 · 공무원 · 의사 · 교사와 4만 5,000명의 피난민이 태국으로 탈출했다. 공산군에 체포된 왕족과 지식인 4만여 명은 첩첩 산골 정치범수용소에서 살인적인 사상교육과 노동을 강요당했다. 의료시설조차 없이 식량까지 자급자족해야 하는 생활은 그 자체로 감옥이었다. 수년간의 재교육에서 살아 돌아온 사람은 거의 없었다. 당연히 카이손 기념관에는 이런 비극의 역사는 감추어져 있다. 인접 국립박물관 전시물 대부분도 공산혁명 찬양 일색이다. 넓은 박물관 야외 정원에는 인류 역사에서 이미 실패로 끝난 공산주의의 상징물 붉은 레닌 깃발이 펄럭이고 있었다.

카이손 기념관의 공산혁명 상징 조형물.

1975년 12월 라오스 공산군의 비엔티안 진격.

국립재활원 전시관과 전쟁의 후유증

Trip Tips

1975년 12월, 라오스 내전은 막을 내렸다. 그러나 호지명 루트 주변에는 아직도 수천만 발의 불발탄이 남아있단다. 국립재활원 전시관은 25년간의 전쟁 생채기를 적나라하게 보여준다. 라오스 장애인의 대부분은 불발탄 폭발사고로 팔 · 다리를 잃었다. 아이들이 그린 폭발물 사고 장면, 다양한 의족을 모은 예술 작품은 관람객들을 숙연한 분위기로 이끈다.

이곳에서는 장애인 재활치료과 병행해서 보조기구를 직접 생산한다. 세계 각국의 지원으로 건립된 장애인 체육관까지 있다. 부모와 함께 온 아이들에게는 전쟁의 참혹성을 일깨워주는 교육장이다. 전시관을 나오니 한국인 단체 관광객까지 몰려오고 있었다.

국립재활원 전시관의 불발탄 진열대.

국립 비엔티안 대학의 한국어 열풍

한 국가의 미래는 신세대 교육에 달려 있다. 라오스 역시 낮은 국민 교육수준을 끌어올려 인적자원을 개발하고자 전력투구하고 있다. 라오스는 초등 5년, 중학교 3년, 고교 4년, 대학 4년의 학제로 운영된다. 학사일정은 매년 9월에 시작하여 이듬해 8월에 끝난다. 시내 외곽에 라오스 최고의 명문 비엔티안 대학교가 있었다. 넓은 부지에 각 단과대학 건물들이 흩어져 있다. 공휴일로 한산한 캠퍼스에서 갑자기 한 무리의 학생들이 강의실에서 쏟아져 나왔다. 휴일을 이용한 보강 수업이 있었단다. 국립대학에 대해 질문을 하니 한 여학생이 한국어로 대답한다. 그녀는 바로 옆 건물 '세종 학당'에서 1년 동안 한국어를 배웠단다. 이 대학교에는 중국어를 강의하는 '공자 학원'도 있지만, 학생들에게는 한국어 수업이 훨씬 인기가 있다며 은근히 필자를 추켜 세워주었다.

 국립 비엔티안 대학교에서 만난 학생모습.

라오스정부의 '불발탄 제거 작업'

최근 완공된 라오스 고속철도로 관광명소 루앙프라방은 비엔티안에서 불과 2시간이면 갈 수 있다. 과거에는 열악한 도로여건으로 자동차로 거의 10시간씩 걸렸던 구간이다. 열차표를 인터넷으로 사전 예매하려니 이미 매진이다. 새벽 일찍 비엔티안역에 가면 현장에서 기차표를 살 수 있을지도 모른다고 여행안내소 직원이 말한다. 라오스 내전 역사자료를 볼 수 있는 루앙프라방 전쟁박물관을 놓칠 수는 없다. 다소 불투명하지만, 일단은 현장에 가서 부딪혀 보기로 하였다.

라오스의 한류열풍을 전하는 호텔직원

비엔티안 호텔직원 방(Vang)은 2024년 한국 입국을 준비하는 청년이다. 한국어능력시험(TOPIK, Test of Proficiency in Korean)을 통과했고, 영어 · 중국어 · 태국어도 유창하다. 카톡을 쉽게 주고받을 수 있을 정도로 한국어는 능숙했다. 중국 자본으로 건설한 고속열차 회사에서 근무하다, 이 호텔로 직장을 옮겼단다. 그는 루앙프라방의 전쟁박물관 정보까지 상세하게 알려준다. 비엔티안의 한국식당 위치, 주요 식단과 가격까지 정통하다.

한국 취업비자를 기다리는 호텔직원 '방(Vang)'.

'꿈의 나라' 한국에서의 생활에 벌써 들떠있다. 라오스의 생필품은 대부분 중국산이 차지한다. 그러나 다소 비싸지만, 한국 제품은 품질이 좋다며 현지인 소비성향도 서서히 한국산 구매로 변해가고 있단다. 특히 라오스 신세대의 K-Pop과 한국 드라마에 관한 관심은 뜨겁다. 심지어 한국 TV 시청을 하면서 한국어까지 배운 젊은이들도 시내에서 가끔 만나기도 했다.

'루앙프라방'행 고속열차와 라오스 변화

비엔티안 교외로 새벽에 달리는 '톡톡이' 뒷좌석으로 매서운 찬 바람이 불어온다. 선글라스를 끼지 않으면 눈이 시릴 정도다. 고속철 역사는 시내 중심에서 한참 떨어져 있다. 40여 분을 톡톡이가 달린 후, 허허벌판에 웅장한 역청사가 보였다. 대형 건물 벽에는 '방상(方象)'이라는 한문이 큼직하게 붙어 있다. 불필요할 정도의 넓은 광장은 텅 비어 있었지만, 매표소 안은 여행객으로 초만원이다. 다행히 09:20분 출발 열차의 루앙프라방 좌석은 남아 있었다. 그런데 차표 구매는 현지 화폐만 가능하고, 카드 및 외화 결제는 불가하단다. 환전을 위해 다시 바깥으로 나가면, 열차표가 매진될 것 같아 난감했다. 마침 옆에서 지켜보던 청년이 약간의 외화를 바꾸어 주었다. 역청사 내부구조는 극히 단순했다.

널찍한 승객대기실, 귀빈실, 화장실, 매점 외 편의시설은 전혀 없다. 고속열차에 탑승하니 객실은 깔끔하고 편리했다. 5열 형 좌석에 앞뒤 간격도 여유롭다. 중국·유럽인과 현지인 승객들이 많았고, 한국인 단체여행객도 가끔 보였다. 열차 중간의 '미니 바(Mini Bar)'의 판매원은 중국 전통복장을 입고 있다. 철도건설 능력이 없었던 라오스 정부는 고속철의 운영권 자체를 중국회사에 전부 넘긴 듯이 보였다. 라오스를 관통하는 고속철도는 획기적인 인적·물적 교류로 현지인의 의식변화에도 큰 영향을 미칠 것 같았다.

라오스 고속열차 내의 '미니 바' 전경

세계문화유산 도시의 왕궁박물관

Trip Tips

고속열차가 방비엥(VangVieng)을 지나면서 험준한 산악지형이 나타났다. 거의 2시간을 달린 열차는 루앙프라방역에 도착했다. 다인승 택시로 시내까지 30분 걸렸지만, 택시비는 2,500원 수준. 루앙프라방은 1975년 라오스가 공산화되기 직전까지 왕정 수도의 면면을 이어온 고도(古都)이다.

루앙프라방 시내의 다인승 택시 모습.

1997년 세계 문화유산으로 지정된 이 도시 옆에는 메콩강이 흐르며 자연경관까지 수려하다. 2008년 관광객 대상의 설문 조사에서 루앙프라방은 세계 615개 관광지 중 가장 인기 있는 10대 명소로 뽑히기도 했다. 프랑스 식민지 초기인 1904년에 건설된 왕궁이 현재는 국립박물관이다. 이곳에는 라오스 역사유물과 왕정 시절의 보물 · 가구 · 의상 · 선물 등이 전시되어 있다. 박물관 정원에는 1560년 라오스 건축기법으로 건립했다는 황금 사원 '왓 시엥 통'이 있다. 건물 벽은 황금빛으로 화려하게 장식했고, 지붕은 날아갈 듯한 형상이다. 하지만, 베트남전쟁과 내전의 상흔을 알려주는 전쟁박물관은 도시 한편에서 관광객의 관심 밖으로 밀려나 있었다.

루앙프라방 전쟁박물관 전시실의 사진자료와 군사장비.

라오스 국가사업 '불발탄' 제거작업

루앙프라방 전쟁박물관 입구에는 대형 폭탄이 줄지어 서 있다. 엄청난 관광객이 시내 도로에 넘쳐나지만, 이곳을 찾는 사람들은 거의 없다. 라오스 불발탄 처리반도 같은 건물에 있었다. 한때 미국 · 영국 · 호주 등 다양한 국가의 자원봉사자들이 불발탄 제거 작업에 동참했지만, 현재는 라오스 자체적으로 사업을 추진하고 있단다. 전시관에는 이 사업을 지원한 나라들의 국기가 붙어 있다. 수십 개국의 깃발 중 당당하게 태극기가 가장 중앙에 있었다. 전시실은 내전 발발, 호찌민 통로, 미군 폭격, 불발탄 분포지역 등 20여 년의 라오스 전쟁이 시대순으로 정리되어 있다. 또한, 불발탄 위험성에 노출된 시골 아이들의 끔찍한 사고 영상을 관람객들에게 보여준다.

"여덟 살 타오는 마을 대나무숲에서 야구공 형태의 금속 물체를 발견했다. 신기한 이 공은 아이들의 좋은 장난감이었다. 미군 전투기에서 떨어졌던 집속탄 알맹이를 아이들은 전혀 알 수 없었다. 결국, 불발탄 폭발로 그 자리에서 친구 2명이 숨지고 타오는 오른쪽 눈과 팔을 잃었다." 자기 손으로 글씨를 쓰고 싶다는 이 아이의 증언은 라오스의 전쟁 후유증을 적나라하게 보여준다. 불발탄 작업이 라오스에서 완료되기까지는 200년의 세월이 필요하단다.

 불발탄으로 수거된 집속탄과 알맹이 모습.

전쟁에 얽힌 슬픈 운명의 소수민족 '몽'족

루앙프라방에서 멀지 않은 곳에 소수민족 '몽'족 마을이 있다. 해발 1,000m의 고지대에 사는 이들은 베트남전쟁 중 미국 편에 섰다. 공산주의 확산을 막기 위해 미국은 몽족에게 도움을 요청했다. 3만 명의 몽족이 미 CIA 지원 아래 라오스 왕정군 편에 서서 싸웠다. 추락한 미군조종사 구출, 적 정보수집 및 물자파괴, 폭격유도, 적 보급로 차단 등 그들의 역할은 실로 눈부셨다.

이 전쟁에서 몽족은 18,000명의 군인과 5만 명의 민간인이 숨졌다. 하지만 수많은 희생과 관계없이 1975년 12월, 라오스는 공산화되었다. 미군이 철수하자, 몽족은 대량학살 위기에 처해졌다. 당시 약 30만 명의 왕정파가 인접국 태국과 외국으로 탈출했는데, 15만 명이 몽족이었다. 억척스러운 이 민족은 전쟁이 끝난 후에도 공산군을 상대로 혈투를 벌였고, 한동안 이 게릴라군은 라오스의 가장 큰 골칫덩어리였다.

현재 이 민족은 중국 · 베트남 · 라오스 · 미국 등 전 세계에 700만 정도 흩어져 있다. 전쟁이 끝나고 50여 년이 흐른 지금, 몽족은 옛날의 상처를 치유하고 라오스 소수민족으로 오늘날까지도 주로 산악지역에서 그 삶을 이어가고 있다.

계속되는 메콩강에 얽힌 주변국 갈등

비엔티안에는 수 개소의 한인 식당이 있다. 코로나 여파로 많은 한국인 주인이 귀국했다가, 최근 다시 라오스로 되돌아오는 추세다. 이런 상황에서도 호황을 누린다는 한인 식당을 찾아갔다. 현지에서 장기간 거주한 사장으로부터 생생한 라오스 정보를 얻기 위해서였다. 그는 비엔티안에서 10여 년간 식당을 운영했고, 대부분의 손님은 한국 여행객이 아닌 현지인이라고 귀띔했다. 내부 시설은 깔끔했고, 음식값도 상상외로 저렴하다. 하지만, 사업에 집중하느라 그는 라오스 역사 · 정치 · 문화에 관해서는 관심이 거의 없었다. 비엔티안 외곽의 메콩강이 라오스 · 태국의 국경선이라는 사실조차 몰랐다. 현지 국가에 대한 약간의 인문학적 소양만 갖추어도 사업에 도움이 될 것 같았는데 아쉬운 마음이 들었다.

메콩강에 얽힌 주변국의 국익 다툼

툭툭이 운전사와 함께 시내 변두리의 메콩강 변으로 나갔다. 강폭은 의외로 넓어, 건너편이 아득하게 보인다. 총길이는 4,800km로 세계에서 열두 번째다. 티베트에서 발원한 이 강은 중국, 미얀마, 태국, 라오스, 캄보디아, 베트남을 거쳐 인도차이나 해로 빠져나간다. 강 주변 면적은 79만5,000km²로 한국 넓이의 8배다. 풍부한 수량과 비옥한 토지로 라오스 최대의 농경지가 이 유역에 펴져있다.

1,300여 종의 물고기와 수많은 동식물은 아마존강에 이어 세계 두 번째로 큰 생태계를 가졌다. 이 유역은 역사적으로 라오족이 살아온 삶의 터전이었다. 그러나 라오스 · 태국 간의 분쟁을 거치면서 이 강을 중심으로 국경선이 확정됐다. 최근 메콩강은 중국의 댐 건설로 라오스를 포함한 주변국들이 몸살을 앓고 있다.

Trip Tips

1990년 중국은 상류에 처음 대형 댐을 지은 후, 현재 11개의 댐을 가동 중이다. 하류의 어업 · 농업은 중국 댐에 의해 운명이 결정된다. 중국은 인접 10여 개국으로 흘러 들어가는 여러 강물의 발원지다. '물의 무기화'로 중국은 하류 국가들을 언제든지 압박할 수 있는 강력한 수단을 갖게 되었다.

라오스 군사박물관과 미국의 비밀전쟁

1976년에 개관한 비엔티안 군사박물관에는 라오스 내전 당시의 군사 장비들이 진열되어 있었다. 대형건물의 전시관은 보수공사 중이었는데, 현역 군인들이 박물관을 관리한다. 병영 같은 분위기에 정문 근무자에게 출입할 수 있는지를 물었다. 의외로 친절한 병사는 자료실을 알려주며, 전시 장비의 사진 촬영도 가능하단다. 구소련제 Mig 전투기, MI 계열 헬기와 수송기가 방치되다시피 그늘막 아래 있다. 사무실을 겸한 자료실에는 1950년대부터 1975년 공산혁명 단계까지의 사진들이 걸려 있었다. 라오스 인민해방군은 1949년 1월 20일 북부 후아판주에서 최초로 창설됐다. 당시 인원은 수십 명에 불과했는데, 초대 사령관이 라오스 제2대 대통령 카이손(Kaysone)이다.

점차 규모를 확대한 인민해방군은 1954년 5월, 비엔 디엔 푸 프랑스 요새를 격파하는 데 큰 공을 세웠다. 뒤이어 베트남전쟁이 발발하자, 라오스 동부지역 대부분을 호찌민 통로가 관통했다. 60만 명의 북베트남군, 100톤의 보급품과 트럭·탱크가 이 길을 따라 전선에 투입됐다. 통로 방어 병력은 2만 5,000명에 달했고, 지하터널·연료창고가 건설됐다. 미군은 엄청난 양의 폭탄을 퍼부었지만, 보급로는 며칠이면 복구됐다. 심지어 미군은 캔맥주를 투하해 군인들이 이를 마시고 취하도록 해보기도 하고, 접시닦이 세제를 뿌려 길을 미끄럽게도 만들었다. 그러나 폭격과 방해 공작에 영향을 받은 것은 이송 물자와 인원의 20%에 불과했다.

 라오스 군사박물관의 야외 전시장비 전경.

경찰박물관에서 본 마약범 소탕작전

비엔티안 독립문에서 멀지 않은 곳의 웅장한 건물이 경찰박물관이다. 야외 전시 장비에는 소방차까지 진열되어 있고, 울타리에는 마약 근절을 위한 홍보 간판이 있다. 전시관에 들어서니, 견장에 작은 별 3개를 부착한 직원이 반갑게 맞이한다. 라오스 경찰의 계급 표식은 색상만 다를 뿐 군인과 같다. “상위(중위-대위 중간)” 직급의 안내인이 박물관을 소개한다. 3층으로 구성된 전시실은 주로 사진자료로 채워져 있다. ‘황금의 삼각지대(Golden Triangle)’에서의 마약범죄 자료가 이채롭다. 이곳은 태국·미얀마·라오스의 3국 국경이 접하는 세계 최대의 마약 생산지다. 험준한 산악지형의 삼각지대는 아편 생산에 최적의 자연조건을 갖추었다. 과거 연간 100만 톤의 아편으로 만든 이곳의 헤로인이 세계 유통량의 60%를 차지했다. 대규모의 양귀비밭 소각 및 폐쇄, 범죄인 공개재판, 중독의 위험성 홍보 등 마약 제거를 위해 라오스 경찰은 혼신의 힘을 다하고 있었다.

라오스 경찰의 마약범죄 근절 홍보간판.

최고의 의료시설 '제103 군인병원'

최근 개원한 비엔티안 시내의 제103 군인병원 전경.

2019년 1월, 라오스군 창설 70주년을 기념하여 최신 시설의 군 병원이 비엔티안에서 개원했다. 넓은 부지에 300병상과 6개의 수술실을 갖춘 9층 규모의 대형 의료시설이다. 하루 3000여 명의 환자 진료가 가능하다는 이 병원은 열악한 의료환경을 가진 비엔티안에서 일약 명소로 부상했다. 일반 국민이 정밀검진, 수술 등의 혜택을 받기 어려운 여건에서 현역 장병들을 위한 '103 군인병원'은 라오스군 사기 앙양에도 큰 영향을 미칠 것 같았다. 깔끔하게 정리된 영내에서 입원 장병들이 가족들과 함께 음식을 나누고 있는 모습은 한국의 국군통합병원 휴일 정경과 비슷했다.

지역전문가가 바라본 미얀마 유혈사태

미얀마 지역전문가 아나푸티 교수 모습.

다시 국경을 넘어 농카이로 돌아와 메콩강 건너편 라오스를 바라보니 이웃 마을처럼 느껴졌다. 태국을 남북으로 종단하여 치앙마이 국립대학교에 도착했다. 지인을 통해 소개받은 사회과학대학 아나푸티(Anaphuti) 교수는 미얀마를 오랫동안 연구한 지역전문가다. 내전 상황에 빠져든 미얀마의 수백만 난민에 대해 많은 이야기를 했다.

Trip Tips

치앙마이에서 가까운 난민촌은 태국 정부가 관리하고 있단다. 외부인은 사전 협조해야만 들어갈 수 있지만, 그는 수시로 방문하곤 한다. 미얀마의 유혈사태는 미국 · 중국 · 러시아의 입장 차이로 사실상 해결 불가능한 상태란다. 2021년 이후 3,000여 명이 목숨을 잃었지만, 자국의 이익과 관련이 없으면 모두 '강 건너 불구경'이다.

다음 답사지 스리랑카로 가고자 방콕의 '돈 므앙' 국제공항에 들렀다. 방콕에서 인도 첸나이(Chennai)를 거쳐 콜롬보에 도착하는 항공노선이다. 탑승권 창구의 분위기가 어쩐지 소란스럽다. 서류 뭉치를 내민 승객들이 항공사 직원과 다투기도 한다. 인도 정부가 모든 여행자에게 '코로나 검사 음성확인서'를 제출토록 입국 정책을 바꾸었단다. '첸나이'를 경유만 하는 여행자임을 호소해도 예외가 없단다. 결국, 스리랑카 항공편을 놓치면서 네팔로 발걸음을 옮겨야만 했다.

태국 치앙마이 국립대학교 정문 전경.

타이완

Taiwan

타이베이 자유광장과 중정기념관

동아시아에 있는 타이완은 한국식 발음으로 대만(臺灣)으로 불리며, 79개의 도서를 가졌다. 수도는 타이베이이며 인구 2,357만 명에 면적은 36,197km²(남한의 1/3 크기), 연 국민개인소득은 3만 3565달러 수준이다. 현재 6,600여 명의 한인 교민이 타이완에 거주하며, 한국 체류 타이완인은 20,313명에 이른다. 군사력은 상비군 169,000명(육군 94,000, 해군 40,000, 공군 25,000), 예비군 165만 7천 명을 보유하고 있다. 병역제도는 2018년 모병제로 전환하면서, 청년들은 4개월 군사훈련으로 군복무를 대체하였다. 그러나 직업군인 지원인력 부족, 안보정세 변화 등으로 2024년부터 12개월 의무복무의 징병제로 전환될 예정이다.

자유광장의 한국 대학생과 위병 교대식

타이베이 중심부에 '자유광장' 현판이 있는 건축물을 지나면 25만m² 면적의 넓은 공원이 나온다. 중심부에는 높이 76m의 웅장한 '국립중정기념당(國立中正紀念堂)이 자리 잡고 있다. 광장에서는 경쾌한 음악에 맞추어 온몸을 흔드는 학생들의 거리공연에 시민들은 아낌없는 박수를 보낸다. 땀을 뻘뻘 흘렸던 공연이 끝나자, 관람객들의 기념사진 촬영이 학생들에게 쇄도한다. 알고 보니 타이완 젊은이들이 아닌 한국 대학생들이다. 세계를 누비는 한국인들의 뜨거운 열정은 누구도 흉내 내지 못할 것 같았다. 광장에서 중정기념관으로 올라가는 계단 숫자는 정확히 89개다. 장제스가 1975년 세상을 떠날 때의 나이를 상징한다. 기념관 안의 무게 25톤에 달하는 장제스 동상과 더불어 볼만한 것은 24시간 그의 곁을 지키는 위병들의 교대식이다. 육 · 해 · 공군에서 선발된 최고의 '훈남 군인'이 보여주는 이 교대식은 놓칠 수 없는 볼거리다. 매 시각 정시에 일체의 구령 없이 좌 · 우측 위병은 초 단위 제식동작을 서로 맞추어 가며 근무자 교대를 한다. 자로 잰 듯이 정확한 보폭과 집총 동작의 일치는 감탄을 자아낸다. 교대식 후 동상 옆의 위병은 돌부처 모양 미동도 하지 않고 부동자세로 1시간을 버틴다. 단 만일의 사태에 대비, 경찰관 1명이 위병 옆을 오가며 눈빛으로 서로 대화를 하고 있었다.

자유광장에서 거리공연 중인 한국 대학생들.
뒤편으로 중정기념당이 보인다.

타이완 현대사와 중정기념관

Trip Tips

1층 전시관에는 파란만장한 삶을 살았던 '비운의 영웅(?)' 장제스 유물들이 전시되어 있다. 그의 삶을 엿볼 수 있는 일기장은 그 자체만으로도 훌륭한 사료다. 1943년 12월 1일, 한국의 독립을 국제사회에서 최초로 약속했던 '카이로 선언' 사진도 눈에 띈다.

루스벨트 · 처칠 · 장제스 외 묘령의 한 여인도 사진 속에 있었다. 통역을 맡았던 장제스의 부인 숭메이링(宋美齡) 이란다. 또한, 1966년 박정희 대통령의 타이완 방문기록 등 한반도와 관련되는 사료들도 전시되어 있다. 하지만 2000년 민주진보당의 천수이벤이 총통이 되면서 전국 각지의 장제스 동상은 사라졌다. 이어서 '중정기념당'을 '대만민주화기념관'으로 바꾸고, 1층 전시관도 폐쇄되었다. 그러나 2008년 국민당의 마양주가 당선되면서, 다시 장제스의 긍정적인 평가는 복원되기 시작했다. 이렇듯 '중정기념당'은 타이완 현대사의 명암을 알려주는 역사 공간의 역할을 감당하고 있었다.

중정기념당 내의 장제스 동상과 좌·우측 위병.

국군역사문물관에서 본 타이완 군대

타이완 직업군인 모집 홍보사진.

타이베이의 일부 관공서는 일본식민지 건물을 그대로 재활용하고 있다. 1919년에 완공된 르네상스식 총독부 건물은 현판만 바꾸어 타이완 총통부가 되었다. 최고법원, 감찰원, 국립박물관·도서관은 모두 식민지 시대 건축물이다. 총통부에서 가까운 국군역사문물관 외벽에는 "군인모집"을 홍보하는 대형사진들이 붙어있다. 1961년에 개관한 이 박물관은 국민혁명군 이후부터 중일전쟁·국공내전과 오늘날의 국군발전과정을 담은 사료를 보존하고 있다. 총 5개의 전시실은 창군, 황포군관학교, 북벌, 난징대학살, 진먼도 요새 등 100년 전통의 타이완군 역사를 재현한다. 또한, 진먼 포격전 50주년(2008), 황포군관학교 개교 90주년(2014), 북벌 출병 90주년(2016) 등 특별 기념전으로 신세대들에게 훌륭한 역사교육의 현장을 마련해 준다.

Trip Tips

박물관과 연결된 군인호텔은 현역·예비역들을 위한 복지시설이다. 로비에서 만난 군간부에 의하면 전국의 많은 복지시설과 다양한 혜택이 군인들에게 주어진단다. 그러나 타이완군은 모병제 시행 이후, 병력확보 곤란으로 큰 어려움을 겪고 있단다. 사생활통제, 격오지 근무, 업무 위험성, 낮은 급여 등은 신세대에게 군대는 매력적인 직장이 되지 못했다.

급기야 여군모집 확충, 지원연령 상향조정, 신체조건 대폭 완화 등 응급처방을 했지만, 모집목표의 절반 인력도 채우지 못한단다. 심지어 육군군관(사관)학교의 신입생도 선발에도 정원보다 지원자가 부족한 실정이다(2022.08.26. 서울신문). 모병제라는 안보 포퓰리즘의 안타까운 결말을 보는 것 같았다.

국군역사문물관 옆에 있는 군인호텔 내부 전경.

타이완의 아픈 상처 2·28 사건

자유광장에서 20여 분 거리에 2·28사건 기념관과 기념공원이 있다. 1947년 2월 28일 저녁, 타이베이시에서 무허가 담배를 팔던 '린장마이' 여인이 단속 공무원과 실랑이를 벌였다. 당시 술과 담배는 정부의 전매 상품으로 주된 조세 수입원이기도 했다. 선처를 호소하는 그 여인을 공무원들이 폭행하자, 시민들이 항의하면서 충돌이 발생했다. 시위는 전국으로 번져 나갔고, 1년여 동안의 국민당 통치에 대한 타이완 주민들의 분노는 폭발했다.

3월 8일, 중국 본토에서 증원병력이 도착하면서 대대적인 진압작전이 전개되었다.

타이베이 중심부에 있는 2·28기념관 전경.

2달 반 동안에 2만 8,000명의 희생자가 발생했다. 1949년부터 1987년까지 38년간 계속된 계엄령하에서 2·28사건은 금기에 붙여졌다. 그러나 사건 발생 50주년인 1997년 정부는 공식적으로 사과하고, '2·28평화기념일'을 법정 공휴일로 지정하였다.

69만 점의 보물을 가진 국립고궁박물관

Trip Tips

타이베이의 고궁박물관은 미국 스미스소니언 자연사박물관, 영국 대영박물관, 프랑스 루브르미술관에 이어 세계 4대 박물관으로 꼽힌다. 이 박물관은 비록 중국 본토는 공산당에게 내어 주었지만, '타이완의 중화민국'이 정통 계승자임을 자부하는 상징이기도 하다.

국공내전 당시 유물 운반선박의 폭격 주장에 마오쩌둥은 "타이완으로 가져가도 중국 유물은 유물이니, 그냥 놔두라."라고 했단다. 이곳에는 베이징 고궁박물관의 유물 중 약 22%인 69만 점을 보관하고 있다. 전체 유물의 1/4 정도에 불과하지만, "최고 중 최고(best of best)" 유물만을 골라서 가져왔다. "만약 중국과 전쟁이 나면 고궁박물관이 제일 안전한 대피장소"라는 말이 있을 정도로 중국 정부도 아끼는 박물관이다.

자주국방 의지를 허문 타이완군 모병제

1992년 8월 24일, 대한민국과 중화인민공화국(중국)은 '한 · 중 수교협정'을 체결했다. '하나의 중국 원칙'을 수용한 한국은 대만(중화민국)과는 단교하였다. 새로운 친구(중국)를 맞이한 한국인의 기억 속에서 옛친구(대만)는 서서히 잊혀졌다. 발전하는 한 · 중 관계의 뒤안길에서 한국의 신세대는 '타이완(대만)'과 '타이(태국)'를 혼동하기에 이르렀다. 한국과 대만, 두 나라 관계는 애증이 교차한다. 일본에 주권을 빼앗기고 대한민국 임시정부가 중국대륙을 방황하던 시절, 장제스 총통은 임시정부의 처음이자 유일한 후원자였다. 1948년 대한민국 정부 수립 시에도 대만은 미국에 이어 세계 두 번째로 한국을 승인했다. 1950년 한국전쟁 발발 후 양국은 반공 전선의 보루로 혈맹관계를 유지하기도 하였다.

최대 무역항 가오슝의 육 · 해 · 공군 군관학교

타이베이 중앙역에서 대만의 남부 항구도시 가오슝까지는 352km이다. 한국 부산과 같은 제2의 도시까지는 고속철은 2시간 30분, 일반 열차는 4시간 30분이 걸린다. 한국 · 대만 · 싱가포르·홍콩은 한때 '아시아의 4마리 용'으로 불렸다. 하지만, 2006년을 기점으로 한국은 연 국민개인소득에서 대만을 추월했고, 각종 경제지표에서도 앞서나가기 시작했다.

형과 동생의 살림살이가 역전된 것이다. 해안선을 끼고 가오슝으로 달리는 열차의 바깥 지형은 의외로 평탄하다. 280만 인구를 가진 가오슝은 대만 최대의 무역항이다. 또한, 육·해·공군 군관(사관)학교를 포함한 군사교육 기관이 모여 있는 도시이다.

가오슝의 대만 육군군관학교 정문 전경.

신세대 관심에서 멀어지는 대만의 군관학교

가오슝의 육군군관학교까지는 지하철역에서도 20여 분을 걸어야만 했다. 이윽고 철조망이 올려진 긴 담장에 생도모집을 위한 홍보용 대형사진들이 보였다. 4년 학비지원, 수당 지급, 미 육사 유학, 조국을 위한 헌신 등 지원자들을 위한 다양한 혜택이 나열되어 있다. 영내 견학은 코로나로 일시적으로 중단되었지만, 정문 옆 면회실에서 당직장교가 대신 학교를 소개한다. 1924년 5월 1일, 최초 광저우에서 황도군관학교가 창설되었다.

국공내전이 벌어지자, 1946년 6월 16일 이곳 가오슝으로 학교가 이전해 왔다. 내년 창설 100주년을 맞이하는 이 학교는 신입생 확보에 큰 어려움을 겪고 있다. 최우수 고교생들이 군관학교보다는 다양한 장학금과 졸업과 동시 높은 급여의 직장이 보장되는 일반 대학으로 몰린단다. 모병제인 대만에서 기꺼이 자신의 청춘을 국가를 위해 바치겠다는 신세대를 찾아보기 힘들다고 한다. 광대한 캠퍼스 울타리의 초병들은 대부분 비무장 여군들이다.

마침 학교 행사를 위한 후문의 대형풍선 아치가 강풍에 쓰러졌다. 2명의 여군 초병이 사력을 다해 세우려고 했으나 힘에 부친다. 얼른 달려가 같이 밧줄을 당겨 겨우 풍선 아치를 세웠다. 감사를 표하는 여군들이 해·공군군관학교 위치를 메모지에 그려가며 상세하게 필자에게 알려 주었다.

해군박물관 안내를 담당하는 해군군관학교 남녀 생도들의 모습.

장제스 도서관의 100년 해군 역사

Trip Tips

가오슝의 항만시설과 가까운 곳에 해군군관학교와 해군박물관이 있었다. 군인 휴양시설 내의 군사박물관은 '중정도서관(中正圖書館)'으로 명명되어 있었다. 작은 규모의 2층 전시실을 가졌지만, 100년의 해군 · 해병대 역사를 간직한 자료들이 많았다.

안내는 주말 자원봉사를 나온 해사 3학년 남생도 '황(黃)'과 여생도 '송(宋)'이 맡고 있었다. 한류 드라마를 보면서 한국어를 공부하고 있는 '송' 생도는 만약 기회가 있다면, 한국 청년과 사귀고 싶다며 당당하게 이야기한다. 수 백년전부터 군항으로 개발되었던 가오슝은 태평양전쟁 시에는 일본해군의 발진기지였고, 미군 폭격으로 엄청난 피해를 입었다.

1912년에 창설된 해병대(육전대) 전시실에서 강조하는 "충성, 명예, 애민, 전우애"의 가치관은 한국 해병대의 덕목과 일치한다. 과거 본토 수복의 선봉으로 내세웠던 대만 해병대는 1개 사단, 2개 여단 규모의 2만여 명에 달했으나, 현재는 절반 병력으로 축소되었다. 해군박물관에서 멀지 않은 곳에 있는 해군군관학교도 코로나로 외부인 출입을 금지하고 있었다. 게시판에서는 군관학교의 다양한 군간부 양성과정을 소개하고 있었다.

가오슝 항만 근처의 중정도서관(해군박물관) 전경.

최초의 공대공 미사일과 진먼도 공중전

가오슝 외곽 기차역에서 택시를 타고 공군기술학교·군수부대 구역을 지나 한참을 가니, 막다른 도로 끝에 공군군관학교 정문이 있었다. 구글 지도에 표기된 정문 옆의 공군박물관은 폐쇄되었단다. 박물관 입구는 잠겨있었고, 공터에 수송기 몇 대만 덩그렇게 전시되어 있다. 위병소 근처에서 공군 소령을 만나 헛걸음의 아쉬움을 이야기하니, 박물관은 최근 '공군체험전시관'에 통합되었단다. 그 장교는 호출택시를 불러 운전사에게 자세하게 목적지를 알려준다. 지붕이 있는 운동장 형태의 체험전시관은 웅장했다. 1920년에 창설된 대만 공군은 중일전쟁 · 국공내전 시 대부분 미군 항공기로 전쟁을 치렀다. 장구한 공군역사는 시대순으로 항공전의 영웅 소개와 모형항공기가 진열되어 있다. 특히 1958년 9월 24일, 중국 본토와 4km 떨어진 진먼도 공중전에서 최초로 공대공 미사일이 사용되었다. 중국은 지상 포격전을 일거에 타개하고자, MIG-17기 100대를 출격시켰다. 이에 대만의 F-86 전투기 32대가 긴급 발진했다. 중국은 전투기 성능과 수적 우위로 자신만만하였지만, F-86은 미국제 AIM-9 공대공 미사일로 무장하고 있었다.

Trip Tips

MIG기 조종사들은 6 · 25전쟁에서 이미 실전 경험을 가졌지만, 항공기에는 오직 기관총만 장착되어 있었다. 미사일과 기관총 대결로 3대의 F-86이 추락했지만, 20대의 MIG기가 격추되었다. 미사일이 무엇인지도 모르고, 대패한 중국은 두 번 다시 대만해협에 공군기를 출격시키지 못했다. 신무기가 공중전 개념을 바꾼 대표적인 사례다.

진먼도 공중전에서 최초의 공대공미사일을 사용한 대만공군 F-86 전투기 모습.

공군체험전시관의 대만공군 역사자료와 모형항공기 모습.

대만 음식문화와 가오슝의 야시장

가오슝의 야시장은 낮의 더운 날씨를 피해 나온 시민들로 인산인해다. 아열대 기후대에 있는 대만 전역은 먹거리가 풍부하다. 쌀농사도 1년 2모작이 가능하고, 망고 · 바나나 등 열대 과일도 풍성하다. 대만은 기본적으로 '이민자의 나라'다. 중국 각지에서 삶의 터전을 옮겨온 사람들은 '고향의 맛'을 이 섬에 퍼뜨렸다. 1949년 국공내전에서 국민당 정부와 함께 대만으로 온 본토인들은 중국 전역의 사람들이 포함되어 있었다. 이들로 인해 대만의 식탁은 더욱 다양해 졌다. 야시장에는 길거리 음식 이외에 다양한 생필품 판매대도 펼쳐져 있었다. 아이들을 위한 임시 놀이시설까지 있는 야시장은 한국 시골의 5일장 분위기와 비슷했다. 내일은 대만해협을 건너 '진먼도 전쟁유적지'를 답사하기로 계획했다.

많은 인파가 몰려든 가오슝의 야시장 전경.

진먼도 건너편으로 희미하게 보이는 중국의 샤먼 항구 전경.

안보관광 유적지로 변한 진먼도 군사요새

진먼도(金門島)는 중국의 샤먼항 입구에 위치하며, 대만의 가오숑에서 296km, 중국에서는 4.4km 떨어져 있다. 크기는 150km²(백령도의 3.3배)로 동서 20km, 남북 5~10km의 길이를 가졌다. 섬의 등록인구는 13만 명이지만, 상주주민은 10만 정도이다. 진먼도는 타이베이 · 가오숑에서 항공기로 1시간 내외 걸리며, 중국 샤먼에서 배편으로 50분이면 도착한다.

이 섬은 대만의 최전선으로 한국의 백령도 · 연평도와 흡사하다. 1949년 장제스의 국민당 정부가 본토에서 대만으로 철수할 때, 진먼도를 점령하였다. 중공군의 상륙 저지를 위해 한때 최대 17만의 대만군이 주둔했다. 1949년부터 시작된 국지전은 1979년 미 · 중 수교가 이루어질 때까지 30년간 계속되었다.

진먼도를 가장 많이 찾는 중국 관광객

진먼도 전쟁기념관을 돌아보는 단체 관광객 모습.

가오슝에서 이륙한 항공기가 1시간 정도 지나자, 멀리 중국 본토와 함께 진먼도가 어슴푸레 보였다. 과거에는 중국군의 위협을 피하고자, 항공기는 곡예비행으로 기수를 최대로 낮추어 진먼도로 접근했단다. 바닷가에 붙어있는 공항터미널은 코로나 영향으로 텅텅 비어 있다. 시내버스로 읍내로 들어가는 도로에서 무장군인이나 군용차량은 찾아볼 수가 없다.

Trip Tips

2000년대 중국과 대만의 교류가 확대되면서, 군사적 긴장이 사라졌단다. 급증하는 중국 관광객을 감당하기 위해 진먼도에는 대형 면세점과 쇼핑몰, 고급호텔이 줄줄이 들어섰다. 진먼도와 샤먼을 오가는 여객선도 30분 간격으로 운항된다. 과거의 벙커 · 장애물 · 확성기, 심지어 군함이 드나들었던 비밀 터널까지도 관광 상품화하였다.

중국 단체여행객은 아침에 이 섬으로 건너와 면세점 상품을 싹쓸이하고서는, 오후에 여유 있게 돌아간단다. 한때 피를 튀기며 싸웠던 전쟁유적지를 가장 많이 찾는 관광객도 중국인들이다.

전쟁 흔적이 남아있는 '진먼 고량주'

안내원 진(陳)은 타이베이 법률사무소에서 퇴직한 후, 고향인 진먼으로 돌아왔단다. 그는 이 섬에서 중·고교를 졸업하고, 타이베이에서 대학을 다녔다. 진은 1970년대 가오슝의 육군훈련소 조교로 2년 동안 복무했다. 진먼도는 예로부터 중국 본토를 약탈하기 위해 오는 왜구를 우선적으로 막을 수 있는 전략요충지였다. 성채가 곳곳에 남아있고, 해안가의 고택(古宅) 대부분은 외적 침공에 대비하여 두꺼운 이중 대문과 높은 담벼락을 가졌다.

섬의 도로교차점 곳곳에는 검문소 벙커들을 쉽게 볼 수 있다. 어울리지 않게 벙커 위에 '금문 고량주' 모형이 우뚝 솟아있다. 1949년부터 1992년까지 이 섬은 무려 43년 동안 계엄상태에 있었다. 진먼도의 경제적 어려움은 가중되었고, 적 포탄을 피해 지하에서 생활하는 군인과 주민들은 극도의 심리적 압박감에 시달렸다. 극한 상황에서 병사들을 진정시키기 위해 약간의 고량주가 보급됐다. 방위사령관 후롄 장군이 주원료인 수수재배를 주민들에게 장려하면서 대량생산 체제를 갖추었다.

Trip Tips

술의 숙성은 화강암반의 갱도에서 이루어졌고, 전쟁 흔적이 그대로 묻어있는 '진먼 고량주'는 특산품이 되었다. 진(陳)은 여행객의 필수 방문코스가 '고량주 공장'임을 강조한다. 몇 병만 한국에서 되팔면, 항공료가 빠진다며 방문을 부추긴다. 바쁜 일정을 핑계로 사양하니, 입맛을 "쩝! 쩝!" 다시며 아쉬워했다.

도로검문소 벙커 위의 '진먼 고량주' 상징탑.

소년이 기억하는 공포의 포격전

1949년 10월 25일, 정크선 700척에 분승한 중공군 17,000명이 진먼도 서쪽 해안에 상륙했다. 사전에 정보를 입수한 대만군 35,000명은 해·공군의 지원하에 철저하게 반격했다. 중공군은 전사자 8,000명, 포로 7,000명을 남기고 본토로 도주했다. 1950년 7월 26일에도 인근 도서를 침공했지만, 700명의 전사자만 남겼다. 대만군은 2번에 걸친 승전으로 대륙에서 패배했다는 굴욕감에서 완전히 벗어날 수 있었다. 1954년 1월부터 14년간에 걸쳐, 진먼도 주변의 해상과 공중에서는 치열한 전투가 계속되었다. 대만 구축함과 중공군 어뢰정의 해상전으로 많은 함정이 격침되었고, 수십 대 전투기들이 뒤엉켜 꼬리 물기식 '도그파이트(Dog-Fight)'가 하늘에서 벌어졌다. 진은 어린 시절의 진먼도 삶을 이렇게 기억했다.

"저녁 6시부터 다음날 새벽까지는 통행 금지였다. 야간 암구어가 주민들에게 전파되었고, 가끔 오인사격을 당하는 사람도 있었다. 하루를 꼬박 굶어가며 대피호에서 웅크리고 있는 경우도 허다했다. 포격이 절정에 이르면 공산군이 이미 상륙했다는 소문이 떠돌곤 했다. 소문은 또 다른 유언비어를 만들어 냈다. 가끔 포격 속에서도 청년들이 밭에 나가 필사적으로 고구마를 캐왔다. 생고구마로 배를 채운 그날은 운수 좋은 날이었다."라고.

미 · 중 국교 수립과 진먼도 전투 종식

Trip Tips

1950년 6 · 25전쟁이 발발하자, 중공군의 진먼도 진공 작전은 중지되었다. 전략적 관심은 한반도로 옮겨갔다. 이를 계기로 장제스는 몇 번이나 본토 반격을 시도했지만, 역부족이었다. 1953년 한반도 전쟁이 끝나자, 중공군의 총끝은 다시 진먼도로 향했다.

1954년 포격은 재개되었고, 다음해 1월 대규모의 중공군 공격으로 진먼도 주변의 일부 섬이 점령당했다. 1958년 8월 23일부터 10월 초까지 중공군은 50만 발의 포탄을 이 작은 섬에 퍼부었다. '8 · 23 포격전'으로 중공군이 진먼도의 완전한 봉쇄를 시도하자, 미국은 제7함대를 대만 해역에 급파했다. 10월 5일, 중국은 7일간 포격을 중지하다가 '하루씩 걸러 짝숫날만 포격하겠다.'라고 발표하였다. 흡사 고양이가 발 앞에 쥐를 잡아두고 장난치는 듯했다. 1979년 1월 1일, 미 · 중 국교 수립이 되면서 진먼도 전투는 30년 만에 완전히 끝났다.

1954년 8월 23일 시작된 진먼도 '8 · 23 포격전'의 상징탑.

군사용 해안 터널의 작은 음악회

진먼도 해안에는 수 개소의 함정대피용 터널이 있다. 중공군 포격을 피해 안전하게 보급품을 하역하기 위해 단단한 화강암을 뚫어 만든 해저 터널이다. 바다에서부터 역 "A"형으로 설계된 해안 터널 속은 "만화 속의 비밀요새" 같았다. 터널 입구는 2개소로 만약 1개가 파괴되더라도, 나머지 출입구를 예비로 활용할 수 있었다. 수심 10m, 넓이 15m, 길이 120m 내외로 웬만한 소형 함정은 정박이 가능하다. 하지만 이 군사기지는 2001년부터 민간에게 개방됐다. 터널 수로에 배를 띄워 관광객을 위한 작은 음악회를 개최한단다. 안내인은 공개되지 않은 군사기지에 포진한 대만군은 항상 전투태세를 갖추고 있다고 말한다. 섬 곳곳에 건립된 전쟁기념관은 진먼도의 전쟁역사를 자세하게 관광객들에게 보여준다. 내일은 최근 연륙교가 완공된 소진먼도와 과거 중공군 상륙현장을 가보기로 하였다.

해안터널 수로 위의 작은 음악회 전경.

'알바 여군'이 보여주는 타이완군 포격 훈련

태평양전쟁에서 일본이 항복한 후, 중국에서는 장제스의 국민당과 마오쩌둥의 공산당이 1945년 10월 10일 쌍십협정(雙十協定)을 발표했다. 정치 민주화와 부강한 중국 건설을 위한 양측의 약속이었다. 공산당은 처음부터 이 협정을 이행할 생각이 없었고, 국민당 역시 공산당의 복종을 고집했기에 협상은 진전될 수 없었다. 결국, 4년간의 치열한 내전을 거쳐 1949년 10월 1일, 마오쩌둥은 중화인민공화국 건국을 선포했다. 장제스는 약 90만의 피란민과 군대를 이끌고 타이완섬으로 건너와, 중화민국의 정통성을 끝까지 유지하고자 했다. 이로써 대륙 앞의 진먼도는 마오쩌둥에게는 '목에 걸린 가시'와 같은 존재로 부상했다.

'알바 여군'들의 조국 수호를 위한 투혼

안내인 진(陳)이 황급히 시간에 맞추어 찾아간 곳은 중국 본토가 보이는 동굴포병 진지였다. 군용트럭도 출입이 가능한 터널 끄트머리에 도착하니, 8인치 곡사포 앞에 10여 명의 여군이 정렬해 있다. 곧이어 포반장 육성이 마이크로 흘러나왔다.

8인치 화포 앞에 정렬한 알바 여군들의 모습.

"전방에 적 출현, 사격준비!" 4명의 탄약수가 무거운 포탄을 운반대에 올린 후, 낑낑거리며 화포로 이동한다. "장전 완료, 쏴!"라는 사격명령에 포수는 고개를 뒤로 확 젖히며 힘껏 방아끈을 당긴다. "쾅!" 하는 공포탄 포성과 함께 흰 연기가 포상을 뒤덮는다. 이어서 "좌로 300, 더하기 500, 수정!"이라는 다급한 관측병 목소리가 흘러나온다. 장약 교체와 포탄 재장전, 이어지는 폭음은 관람객의 정신을 빼어놓는다. "명중, 적 완전 제압" 방송이 나온 후, 일렬로 늘어선 여군들의 "충성!" 경례와 함께 시범은 끝났다. 관람객들의 우렁찬 박수가 끊어지지 않는다. 수십kg 포탄을 번쩍 들고 동분서주하는 여군들이 믿음직하기도 하고, 한편으로는 안쓰럽다. 쏟아지는 기념촬영 쇄도에 활짝 웃음으로 처녀들이 포즈를 취해 준다. 알고 보니 이들은 진짜 군인이 아닌

"아르바이트 여학생"이란다. 하루 2~3회 열리는 이 행사는 진먼도의 인기 있는 관광상품이다. 여학생들의 일사불란한 군사훈련 시범은 대만인들의 조국 수호를 위한 단호한 결의를 나타내 보이는 듯했다.

8인치 화포 사격시범을 마친 알바 여군들의 모습.

'군민(軍民) 일치'와 진먼도의 이산가족

1949년 진먼도로 건너오기 시작한 국민당 군대의 모습을 주민들은 이렇게 회상했다. "오합지졸의 형태로 섬으로 건너온 국민당군은 대여섯 명의 병사들이 무기 하나를 함께 사용했다. 많은 이들이 군복을 입지 못했고, 풀로 만든 신발이나 대나무로 엮은 헬멧을 썼다. 병사들의 숫자가 늘어나자, 공공건물, 헛간, 빈집을 군인들이 차지했다. 나중에는 민가 구석방이나 마당에서 잠을 자며, 주민들과 함께 지냈다. 공산군 상륙을 저지하기 위해 진먼도의 남녀노소는 진지공사에 동원되었다. 국민당군은 주민재산을 징발하면서 보상 증명서를 발급했다.

본토가 수복되면, 충분한 대가를 준다."라고 했단다. 1949년 10월 17일, 진먼 청년 우차이산은 어머니 심부름으로 식용유와 약품을 사고자 중국 샤먼 항으로 갔다. 오후 즈음에 연락선은 항해를 멈췄고, 그가 집으로 돌아오기까지는 40년이 걸렸다. 공산군이 이 도시를 점령했기 때문이다. 샤먼에서 장을 보고 돌아오려던 진먼 주민 7천여 명은 빤히 자기 집을 쳐다보면서도 오지 못하는 이산가족이 되고 말았다.

Trip Tips

섬 안의 읍내에는 1950년대 군인들과 주민이 함께 기거했던 낡은 주택 일부가 남아있다. '군민 일치', '본토 수복'의 구호가 적힌 담벼락과 청천백일기가 휘날리는 골목길 자체가 처절했던 진먼도의 옛 역사였다.

국민당군이 주민과 함께 사용한 옛 민가와 골목길 전경.

폐허가 된 전쟁유적 '구닝터우' 중공군지휘소

진먼도의 작은 마을 '구닝터우'에는 서양식 건물이 폭격 맞은 모습으로 보존되고 있다. 1949년 진먼섬에 상륙한 중공군이 일시적으로 사용했던 지휘소였다. 흉측스러운 이 건물을 주민들은 철거를 요구하지만, 신세대의 전쟁역사 산교육장으로 계속 보존되고 있단다. 붕괴 위험성으로 출입문은 폐쇄되었고, 벽면의 숱한 총탄 자국은 당시 치열했던 전투 장면을 보여준다. 이곳에서 멀지 않은 해변에는 상륙 저지용 쇠말뚝 수천 개가 촘촘히 박혀 있다. 밀물 높이를 고려한 견고한 해안 벙커에는 전차포 · 기관총 진지가 바다 건너 대륙을 노려보고 있다. 유사시 충분히 활용할 수도 있는데도 쓰레기더미가 쌓여 있을 정도로 버려져 있다. 과거보다 진먼도의 전략적 가치가 떨어졌기 때문이란다. 견고한 구조물 속의 전투원은 노출 인원보다 비교할 수 없을 정도로 생존 가능성이 높다. 우크라이나 전쟁에서도 실증적으로 그 사례를 보여주고 있다.

'구닝터우' 해변의 대만군 방어진지 전경.

폐허가 된 전쟁유적 '구닝터우' 중공군 지휘소.

'전선 중의 최전선' 소진먼도의 모습

Trip Tips

진먼도에서 떨어진 소진먼도는 2020년 연륙교가 완공되면서 본섬과 연결되었다. "전선 중의 최전선, 낙도 중의 낙도"로 불려 왔지만, 지금은 진먼도와 같은 생활권이다. 중국과의 관계가 좋았던 시기에는 소진먼도와 4km 떨어진 중국의 샤먼 섬과 교량으로 연결하는 방안이 거론되기도 했다.

동서로 20여 km에 달하는 진먼도는 마라톤 경기코스로도 각광을 받는다. 편편한 지형과 바다를 끼고 달릴 수 있는 환경은 좋은 경기기록도 낳을 수 있단다. 샤먼 항이 건너다보이는 소진먼도 야산에는 예외 없이 땅굴 요새가 곳곳에 있다. 7개의 섬을 가진 진먼도에서 민간인이 거주하는 곳은 2곳이며, 나머지는 군부대가 주둔한다.

바다 가운데 영유권이 불분명한 무인도도 있단다. 한때 군인들이 주인 없는 섬에 서로 자기 나라의 국기 꽂기 경쟁도 있었지만, 지금은 중단되었단다. 야산 언덕에는 48개의 스피커가 빽빽하게 들어가 있는 심리전용 방송탑도 있었다. 한반도 휴전선의 축소판 같은 소진먼도 모습이었다.

고조되는 안보위협과 유비무환의 지혜

진먼도는 시내버스로 타고 돌면 거의 1시간 걸릴 정도로 넓다. 이 섬에는 타이완과 중국 본토에서도 많은 학생이 유학을 오는 진먼 국립대학교가 있다. 대만정부 지원으로 등록금도 저렴하고, 우수한 교수진까지 갖춘 인기 있는 대학이다. 진먼도와 중국의 빈번한 교류로 이 섬 주민들은 정체성에서 심각한 혼란을 겪고 있단다. 타이완과 멀리 떨어진 진먼섬은 중국으로부터 전기와 수돗물까지 공급받는다. 하루 최대 9,000명의 승객이 진먼과 샤먼을 오가는 현실에서도 양안 갈등은 점점 더 고조되고 있다. 외교적 협력으로 평화 유지를 위한 노력은 당연히 필요하다. 진먼 주민들은 이런 긴장 관계에서 눈을 감고 싶은 심정이다. 하지만 만약의 경우를 대비한 유비무환(有備無患)의 지혜가 대만인들에게는 점점 더 필요해지는 듯했다.

국립 진먼대학교의 본관 전경.

Southwest Asia

서남아시아

스리랑카
Sri Lanka

독립기념 군사퍼레이드로 국민사기 고양

스리랑카(Sri Lanka)는 인도 남동쪽에 있는 나라다. 1948년 영국으로부터 독립하였으며, 1972년 국호를 '실론'에서 '스리랑카'로 바꾸었다. 국토 생김새가 눈물처럼 생겨 '인도의 눈물'이라고 부르기도 한다. 행정수도는 콜롬보, 국토면적은 65,610km²(한국의 65%)로 국민의 70%가 불교 신자다. 인구는 2,200만 명, 연 국민개인소득은 2,346달러 수준이다. 1983년 7월부터 시작된 다수 민족 싱할리(Sinhalese)와 분리 독립을 요구하는 타밀(Tamils)족 간의 26년 내전은 2009년에 종식되었다. 아시아에서 가장 긴 민족 분쟁이었다. 현재 스리랑카군은 총병력 255,000명(육군 177,000, 해군 50,000, 공군 28,000)과 준군사부대 62,000명, 예비군 5,500명을 보유하고 있다.

스리랑카 관문 '반다라나이케' 국제공항

내전, 테러, 경제적 파탄, 대통령궁 습격 등 스리랑카의 부정적 이미지는 반다라나이케 국제공항에 도착하는 순간 사라졌다. 항공기 승무원도 "스리랑카 치안상태는 100% 안전하니 걱정하지 말라!"고 확신에 찬 이야기를 한다. 후끈 달아오르는 열기는 네팔과는 확연하게 다른 날씨다. 터미널은 깔끔했고, 시내로 가는 택시가 줄지어 대기한다. 그러나 운전기사는 터무니없이 높은 요금을 요구한다. 협상을 통한 택시비라면 단호한 태도가 우선이다. 그 기사 또한 요지부동이다. 대화를 중단하고 슬쩍 버스정류소로 가는 척했다. 기사가 다시 요금 협상을 시도할 것을 기대하며…. '어렵쇼, 부르지를 않네'. 스스로 발길을 돌리는 것도 우습다.

때마침 자가용 영업운전사가 부른다. 스리랑카에서는 일반화된 개인 자가용 택시란다. 공항로는 시원하게 4차선으로 뚫렸다. 운전기사 비반(Bivan)은 공군 준위 출신이다. 21년 군 복무 후 보안업체에 취업했지만, 낮은 급여로 생활이 힘들어 자가용 영업을 시작했단다. 보급업무를 담당했던 그는 군시절 사진까지 보여준다. 스리랑카 직업군인들은 대부분 40대 중반에 전역해야 한단다. 한인 민박집으로 안내한 비반은 다음 날도 자신의 차량을 이용해 달라고 부탁한다. 하지만 융통성 있는 답사를 위해 선불리 약속할 수는 없었다.

26년 내전, 그리고 이어진 경제적 파탄

스리랑카는 1505년부터 1948년까지 440여 년의 식민통치를 받은 아픈 역사를 가진 나라이다. 15세기 대항해시대에 포르투갈 · 네덜란드와 교역을 시작했지만, 그들의 지배를 받을 수밖에 없었다. 1796년부터는 영국의 식민지가 되었다가, 1948년 2월 4일 실론(Ceylon)으로 영국 자치령 형태의 독립을 했다. 그 후 1972년 국명을 '스리랑카 민주사회공화국'으로 바꾸고, 영국연방에서 완전히 독립하였다.

스리랑카 독립기념관 앞에서 공연 연습 중인 여성들의 모습.

그러나 1983년 7월에 시작된 인구의 74%를 차지하는 싱할라족과 17%의 소수 인종 타밀족 간의 내전은 스리랑카를 지옥의 불구덩이로 밀어 넣었다. 서양 열강과 주변국들도 두 민족의 갈등을 부추기고 이용했다.

Trip Tips

'타밀 엘람 해방호랑이(LTTE: The Liberation Tiger of Tamil Eelam)'라는 무장단체는 소련과 동유럽 공산 국가들로부터 무기를 지원받았다. 평화유지군 명목으로 인도군까지 개입했지만, 1990년 3월 그들은 상처만 입고 철수했다. 납치 · 자살폭탄 · 테러로 전국을 피로 물들인 후, 2009년 5월에서야 비로소 분쟁은 끝났다. 10만 사망자와 1백만 명의 난민을 남긴 내전은 스리랑카를 역사의 수레바퀴를 한참 뒤로 돌려놓았다.

뒤이어 2020년 코로나 팬데믹으로 관광객 급감과 농산물 수출

길이 막히자, 국가 경제는 파산했다. 시민폭동으로 대통령궁은 점령당했고, 국가지도부는 해외로 탈출했다. 스리랑카는 국가 부채를 갚지 못해 콜롬보항만의 일정 구역까지 중국에게 99년 동안 운영권을 넘겨주었다.

대규모 군사 퍼레이드와 중국 소유의 항만

콜롬보는 불과 수개월 전만 해도 무법천지였다. 그러나 놀라울 정도로 신속하게 질서는 회복되었고, 시민들의 발걸음도 활기찼다. 무장군인들의 삼엄한 경계가 펼쳐진 가운데 시내 중앙광장에서 제75주년 독립기념 공연준비가 한창이다. 2월 4일 오전, 항만도로에서는 스리랑카군의 대규모 시가행진이 펼쳐졌다. 수십 개의 부대기를 들고 행진하는 기수단이 최선두다. 전통복장을 갖춘 맨발의 군인들이다. 이어서 지휘부, 군악대, 육·해·공군의장대, 육군부대 등 1시간에 걸친 퍼레이드는 전군이 동원된 느낌이다.

중국령 신항만 옆에서 시가행진 중인 스리랑카군.

스커트에 기관단총을 비켜 맨 여군부대가 지나가자, 도로변과 옥상의 시민들이 열광한다. 행사장 바로 옆이 치외법권이 주어진 중국 항만이다. 비록 일부 영토를 중국에 넘겼지만, 군사력 과시로 그 울분을 토하는 듯한 느낌이다. 마지막으로 전차·장갑차 기동, 공수부대 낙하, 공군 편대비행으로 기념행사는 끝났다. 아이들과 함께 시가행진을 지켜봤던 카를로스 씨는 "무능한 권력층이 나라를 망쳤지만, 국민들이 반드시 스리랑카를 한국처럼 잘 사는 국가로 만들 것이다."라고 말했다.

독립기념일 시가행진 중인 스리랑카 여군부대.

다양한 항공기로 뒤섞인 공군박물관

툭툭이가 콜롬보 시내를 1시간 가로질러 공군박물관에 도착했다. 공군기지 속의 박물관 입장료는 현지인과 예비역은 200루피

(약 50원), 외국인은 15달러(약 20,000원)였다. 혹시나 하는 마음에서 전역증을 내밀자, 관리 병사가 부사관에게 보고한다. 잠시 고민하던 상급자는 필자에게도 현지인 요금을 적용했다. 많지 않은 금액이지만 횡재한 기분이다. 공군부대 속의 박물관이기 때문에 융통성이 있었던 모양이다.

공군기지내의 스리랑카 공군박물관 입구 전경.

전시장에는 생산국가가 다양한 항공기들이 혼재되어 있다. 영국 · 소련 · 중국 · 이탈리아 · 아르헨티나에서 건너온 군사장비들이다. 특히 헬기 주력은 대부분 소련제 MI 계열이다. 인접 활주로에서는 훈련기들이 수시로 이 · 착륙 훈련을 하고 있다. 스리랑카 공군은 경제력의 한계로 대부분 한 세대 전의 항공기들을 보유하고 있었다.

공군박물관 야외전시장의 소련제 전투기 모습.

한인 교민이 말하는 스리랑카인의 삶

Trip Tips

콜롬보에는 약 100여 명의 한인 고민들이 살고 있다. 스리랑카는 한국과는 너무나 먼 국가이고, 최근 코로나와 경제위기로 많은 한인이 귀국하였다. 대신 한국 거주 경험의 스리랑카인들은 콜롬보에서 쉽게 만날 수 있었다. 한국에서 유학생 혹은 노동자로 체류한 현지인들이 많았다.

민박집 주인 J씨는 자녀 교육을 위해 오랜 기간 이 도시에서 거주했다. 저렴한 학비로 국제학교에 다닌 아이는 영어권 해외 대학에 곧 진학할 예정이란다. 대부분 현지인은 선량하지만, 합작사업을 추진하다가 어려움에 부닥친 한인들도 일부 있단다. 특히 한국과 스리랑카의 법규 차이를 몰라, 한인이 사업투자금까지 날리는 경우가 있다며 안타까워했다.

고층 빌딩건축과 신항만을 개발 중인 콜롬보 시내 전경.

천혜의 요새 '시기리아' 암반 왕궁

1992년 세계문화유산에 등재된 시기리아(Sigiriya)는 스리랑카 최고의 역사유적이다. AD 5세기 신할리 왕조 때 축조한 바위산 정상의 요새 왕궁은 아직도 그 건설과정이 불가사의하다. 해발 350m 높이의 암반 정상에는 왕궁, 연회장, 후궁숙소, 수영장 등 넓은 건축터가 남아있다. 요새 아래 밀림에는 별도의 성채 도시가 존재했다. 2겹의 깊은 해자와 3겹의 성곽, 정사각형 건물 배치는 당시의 높은 토목공학 수준을 보여 준다. 해자를 건너 성안으로 들어가면 건축물, 호수, 정원 등 완벽한 도시 흔적이 보인다. 성곽 길이는 약 900m, 도시 크기는 직선으로 500~700m 정도다. 인근 역사박물관에는 요새 축성, 폐허, 재발견, 보수과정 등이 자세하게 전시되어 있다.

스리랑카 인재의 산실 콜롬보 대학

콜롬보의 시내버스 운행노선은 복잡하다. 하지만, 차장에게 목적지를 이야기하면 정확하게 내리는 곳을 알려 준다. 스리랑카 최고의 인재들이 모인 콜롬보 대학캠퍼스는 4차선 도로를 가운데 두고 양분되어 있다.

1921년 영국 런던 대학교 부속 학교로 설립되어, 현재는 11,000명의 재학생을 가졌다. 고풍스러운 대학건물은 그 자체가 예술품이다. 럭비, 크리켓(Cricket, 영국식 야구)을 즐기는 학생들의 체육활동에서 영국 문화의 흔적을 느낀다. 아시아권 명문대학으로 알려진 이 학교에 상당수의 한국 유학생도 있단다. 최근 한국 정부의 지원으로 4년제 간호대학까지 개교하였다. 경제적 어려움 속에서도 스리랑카는 미래 세대를 위한 교육투자는 과감하게 계속되고 있었다.

콜롬보 대학교의 법과대학 건물 전경

미소가 떠나지 않는 낙천적인 스리랑카인

콜롬보 시외버스 터미널은 혼잡했다. 정돈된 승차장이 없어 시기리야행 버스를 묻고 물어서 겨우 찾았다. 5열 좌석의 버스 운전석 옆 엔진룸은 불룩 솟아있다. 방앗간 발동기 소음을 내는 엔진 위에 승객 봇짐이 수북하다. 무거운 짐까지 들어주는 차장과 승객들의 입가에는 미소가 떠나지 않는다. 도로변에서 누군가 손을 들면 그곳이 바로 정류소다. 배낭여행 중 만났다는 네덜란드 청년 아소카(Asoca)와 중국 여학생 첸(Chen)은 함께 전국을 누비고 있단다. 거센 세계화 물결에 이들에게 국적은 의미가 없었다. 11:15분에 콜롬보에서 출발한 버스는 16:00경 유적지 간판이 있는 삼거리에 도착했다.

5시간 버스 여행의 요금은 344루피(약 1,400원). 기다렸다는 듯이 툭툭이 기사들이 달려온다. 10km 떨어진 시기리아로 가는 도로변에는 크고 작은 호텔이 즐비하다. 관광업자들과 이미 연결된 툭툭이 기사는 최상의 조건을 홍보하며 숙소를 추천한다. 세계적 관광지의 코로나 후유증은 아직도 심각했다. 호텔 객실은 텅텅 비었고, 천정에 닿을 듯한 큰 키를 가진 세르비아 여성 두 사람만 로비에 있었다.

멀리서 본 시기리아 암반요새 전경. 정상에는 왕궁이, 하단부에는 성채 도시가 있다.

천혜의 요새 시기리아 암반 정상

시기리아 암반요새 정상으로 올라가고 있는 관광객 모습.

시기리아는 스리랑카 고대 왕국의 권력 다툼 소산이다. 5세기경 아누라다푸라 왕국에서 아버지를 죽이고 왕위를 찬탈한 장남 카사파(Kasyapa)는 인도로 도망간 동생의 보복이 두려웠다. 그는 바위산 꼭대기에 요새를 축성하여 지냈으나, 결국 10년 후 동생과의 전쟁에서 패하여 자결하고 말았다. 산정상의 왕궁에 오르기 위해서는 바위틈의 좁고 긴 터널과 계단을 거쳐야만 한다. 현지 주민 라루미니(Lalumini)는 18세부터 외국인 안내를 시작하여 올해가 22년째란다. 부지런히 정상에 올라갔다 내려오면 3시간 정도 걸린다.

오후에 다시 오를 수는 있지만, 30명의 대기 안내인에게 양보해야만 한단다. 산을 기어오르는 적병에게 기습공격을 위한 중간중간 거대한 바윗덩이들이 있다. 받침돌만 제거하면 굴러떨어지는 돌 폭뢰다. 100m 정도의 외길 계단을 오르면 편편한 공터가 나온다. 마지막 절벽을 오르기 전, 안전을 위한 임시 대기지점이다. '사자의 발톱'으로 불리는 계단을 지나 수직 절벽을 오르는 관람 행렬이 줄을 잇고 있다. 갈지(之) 형태의 철제 다리 허공에서 내려다보면 오금이 저린다.

Trip Tips

암벽 옆의 외길을 따라 서너 번을 오간 후, 비로소 정상에 올라섰다. 수십 km 밀림이 눈 아래 펼쳐진다. 편편한 암반 정상에는 수영장, 연회장까지 갖춘 궁전터가 남아있다. 사시사철 시원한 온도 유지를 위해 왕의 침실 외곽으로 작은 물길을 파두었다. 빗물 저수량이 부족하면, 수압 차이를 이용한 풍차로 꼭대기까지 물을 퍼 올렸다.

정상 숙소의 대부분은 500명 궁녀가 차지했단다. 바위산 중턱에는 아름다운 미인을 묘사한 천연색 벽화도 있었다. 이스라엘 마사다 요새 또한 비슷한 사연의 역사유적지다. 900명 유대인 결사대원의 비장한 최후는 지금도 후손들의 가슴을 울린다. 하지만, 시기리아 왕궁 궁녀는 세상 사람들의 흥밋거리밖에 되지 않는 것 같아 안타까웠다.

시기리아 암반요새 정상의 왕궁터 전경.

시골 교사의 뜨거운 교육 열정

시기리아 유적지 마을에서 국립대학(National College) 간판을 내건 교문이 보였다. 유명 관광지의 특화된 대학으로 생각했다. 한산한 교내에서 텃밭을 일구고 있는 농부 차림의 청년은 이 학교 국어 교사다. 이곳은 대학이 아닌 초등·중학생 700명이 재학 중인 통합학교였다. 'College'는 단순히 '학교'라는 용어로 쓰기도 한단다. 교내 관사에 거주하는 그는 24시간 학생상담도 맡고 있었다. 휴일이지만, 학교에서 자습하는 학생들의 진로 지도를 하기도 한단다. 스리랑카 학제는 초등 5년과 중등 7년이다. 자전거를 타고 온 학생이 꾸뻑 절하고, 선생님께 상담을 요청한다. 학생들을 위해 자신의 시간을 아낌없이 투자하는 그 교사의 열정이 오랫동안 기억에 남았다.

시기리아 초·중등 통합학교 국어교사와 학생 모습.

최후의 왕궁 도시 관광명소 캔디(Kandy)

다음 목적지 캔디행 버스 편을 호텔 지배인은 친절하게 알려준다. 더 나아가 부인이 운영하는 근처의 작은 상점으로 안내했다. 가게 안에서 솔방울을 장난감 삼아 놀던 손녀들이 수줍음에 할머니 등 뒤로 숨는다. 약간의 용돈을 쥐여주자, 어린아이가 솔방울을 선물로 건네준다. 천진한 아이들의 마음은 어느 나라나 똑같다. 스리랑카 중부 도시 캔디는 18세기까지 신할리 왕조의 수도였다. 시내 중앙의 넓은 호수를 중심으로 부처님 치아를 보관한 불치사(Tooth Temple), 국립박물관이 있다. 불치사는 스리랑카인의 성지다. 모든 관람객은 반드시 신발을 벗어야만 들어갈 수 있다. 이곳에서 시기리아 숙소에서 본 장신의 여성들을 또다시 만났다. 그들은 은퇴한 세르비아 국가대표 배구선수들이었다. 한국 배구팀과는 경기경험은 없지만, 스포츠 강국 대한민국에 대해서는 너무나 잘 알고 있었다. 이런 재회는 여행 동선이 단순한 스리랑카에서 흔히 일어나는 해프닝이란다.

캔디에서 다시 만난 세르비아 국가대표 배구선수들의 모습.

포르투갈 · 네덜란드 · 영국 축성기술의 요새

15세기 대항해 시대가 열리면서 유럽 함대는 아프리카 희망봉을 거쳐 인도양 · 태평양으로 진출했다. 1505년 포르투갈은 최초로 스리랑카 콜롬보에 둥지를 틀었다. 태평양으로 넘어가는 전략요충지였다. 이어서 남쪽 해안 골(Galle) 항구를 포함한 곳곳에 해안요새를 축성했다. 당시 캔디 왕국으로 통합된 스리랑카는 포르투갈군에 맞서고자, 네덜란드와 동맹을 맺었다. 1659년 포르투갈을 내쫓은 네덜란드가 식민지배를 시도하자, 캔디 왕국은 또다시 전쟁의 수렁으로 빠졌다. 프랑스 혁명의 여파로 네덜란드 영향력이 약해지자, 이번에는 영국의 동인도 회사가 스리랑카를 점령했다. 결국, 1797년부터 영국 식민지배를 받다가 1948년 '실론'으로 독립했다. 약 440여 년 질곡의 세월을 경험한 나라가 오늘날의 스리랑카다.

관광도시 캔디 서민의 팍팍한 삶

Trip Tips

싱항라 왕조의 수도 캔디는 1815년 영국군에게 점령되기 이전까지 300년 동안 번영을 누렸다. 스리랑카 문화유산을 가장 많이 가진 이 도시를 유네스코는 1988년 세계문화유산으로 지정했다.

시내 호수 주변에는 영국문화의 흔적도 곳곳에 남아 있다. 1800년대의 하얀 대리석 건물인 '킨즈 호텔(Queen's Hotel)'은 영국 여왕이 투숙했던 유명 숙소다. 여왕의 침실은 오늘날까지 별도 관리하면서, 비싼 호텔비로 일반인에게 제공하고 있다. 영국이 건축한 거대한 교도소 건물도 텅 빈 상태로 을씨년스럽게 시내 중심부에 버티고 있다.

하지만 오늘날 캔디 서민들의 삶은 팍팍해 보였다. 시내 답사를 위해 툭툭이를 3000루피(약 12,000원)에 4시간 대절했다. 어린 운전기사는 쾌활한 성격에 영어 또한 유창하다. 시내 전망대, 불교사찰, 호수 일주를 마치고 국립박물관에 오니, 대절 시간이 2시간이나 남았다. 기사에게 박물관 관람 시간 중 대기하지 말고, 다른 일을 하다가 1시간 30분 후 다시 오도록 약속했다. 친절한 그의 태도를 믿고 대절비용은 미리 계산했다. 그러나 그는 끝내 약속 시각에 나타나지 않았다. 황급히 다른 툭툭이로 기차역으로 가야만 했다. 인간적인 신뢰를 저버린 그 소년에 대한 실망감으로 오후 내내 마음이 무거웠다.

인도양 해변의 스리랑카 철로 여행

스리랑카 골(Galle)은 포르투갈 · 네덜란드 · 영국의 군사 요새가 그대로 남아 있는 항구도시다. 장시간 소요되는 직행버스도 있으나, 보다 안전한 철도여행을 선택했다. 콜롬보로 되돌아가서 인도양을 끼고 골로 내려가는 기차를 갈아타야 한단다. 13:15분 캔디를 출발한 기차의 내부시설은 열악했다. 승강장이 없는 시골 역에서는 승객들이 철로에서 내리고 타기도 한다. 16:00에 도착한 콜롬보역에서는 일반 열차 이등석 표를 샀다. 출발 열차는 콩나물시루였고, 지정석도 없었다.

2 · 3등석 구분은 혼잡도 차이밖에 없단다. 종착역이 가까워져도 승객은 전혀 줄어들지 않았다. 단지 창밖의 탁 트인 인도양 전경이 고단한 철도여행의 피로를 잠시 잊게 해준다. 콜롬보와 골의 거리는 120km 남짓하지만, 거의 3시간 정도 걸렸다.

콜롬보에서 골 항구로 가는 일반 열차 이등석 객실 전경.

유럽강국 성채가 뒤섞인 골의 항만요새

골 해안에 영국이 건설한 등대와 하단부의 탄약고 전경.

골은 14세기경부터 스리랑카의 주요 항구였다. 인도·중국·그리스·로마의 상인들이 동·서양 문물을 교류했던 곳이다. 항구 요새는 유럽인이 아시아에서 만든 가장 큰 규모다. 포르투갈이 초석을 깔았고, 네덜란드가 성곽을 확장한 후, 영국이 등대와 근대식 화포를 설치했다. 해양박물관, 시계탑, 교회, 병원 등 식민지 건물들이 성채 안에 꽉 차 있다. 성곽 화포 옆에는 높다란 등대와 견고한 탄약고도 있었다. 화포와 등대 주변을 맴돌며 사진을 찍자, 관리인 미제랄(Mijeral)이 안내를 하겠단다.

Trip Tips

1848년 최초로 건립된 이 등대가 화재로 소실되자, 1938년 영국은 26.5m 높이의 최신 등대를 신축했다. 15초 간격으로 2번씩 번쩍하는 발광 불빛은 46km 밖의 선박도 볼 수 있단다.

등대 꼭대기는 달팽이관과 같은 좁은 통로의 철제 손잡이를 잡고 기어올라야 한다. 유격 훈련 중 수직암반 오르기의 재현이다. 반사경 설명을 들은 후, 내려갈 일이 막막했다. 등대지기의 숙련된 동작을 배워가며 겨우 아래로 내려왔다. 500년 전 포르트갈의 블랙 포트(Black Fort)는 단순했고, 부속 건물도 초라했다. 장기전에 대비하여 외부와 연결된 비밀 땅굴까지 있었다.

'블랙 포트'는 강제로 끌려온 아프리카 흑인들이 이 성채를 건설했기 때문에 붙여진 이름이란다. 약소민족의 강제동원은 동서고금을 불문하고 똑같았다. 네덜란드가 건설한 옛 항만은 관광지로 변해 스킨스쿠버 실습장으로 변했다. 성채 내부의 지방법원 건물 안에서는 가운을 입은 판·검사, 피고·원고, 변호사, 방청객으로 만원이다. 법정 밖에서도 재판 결과를 초조하게 기다리는 관련자들이 뙤약볕 아래 몰려있었다.

네덜란드가 건설한 옛 항만 전경. 현재는 스킨스쿠버 관광지로 활용되고 있다.

국가인재의 산실 스리랑카 국방대학교

콜롬보에는 또 다른 명문대학으로 민군통합 국방대학교가 있었다. 사관학교와 일반 대학이 통합된 독특한 교육체계다. 국방부가 운영하는 이 학교는 저렴한 학비와 다양한 혜택이 있지만,

학생들은 전원 제복을 입고 생활해야만 한다. 특히 장교후보생으로 구성된 군사학부는 전공에 따라 3~5년 동안 영내 기숙사에 거주하면서 군사교육이 병행된다. 학사학위를 취득한 후보생들은 별도의 군사학교에서 1년 추가 교육 후, 비로소 장교로 임관된단다. 학교 수업이 끝나고, 제복 차림의 대학생들이 정문 밖으로 나왔다. "군인이냐?"라는 질문에 "진짜 군인은 학교 안에서 체력 단련 중이다."라는 농담 섞인 대답을 한다.

스리랑카 국방대학교의 제복 입은 일반 학생들의 모습.

불안정한 사회와 한인 교민의 불편함

아침에 일어나니 밤사이 민박집에 도둑이 들었다고 소란했다. 대문의 잠금장치를 절단하고, 누군가가 정원으로 몰래 들어왔단다. 가스통을 포함한 바깥의 일부 물품이 없어졌다. 최근 스리랑카는 경제란으로 절도사건이 빈발하고 있었다. 한인 사회에서도 좀도둑의 심각성을 몇 차례나 경고했단다. 골목 CCTV로 범인을 찾을 수는 있겠지만, 피해액이 대수롭지 않아 경찰에 알리지도 않는다. 사회적 기반시설이 잘되어 있는 콜롬보에서 16년 거주한 J씨는 스리랑카 생활에 만족했단다. 가사도우미가 집안일을 도와주었고, 저렴한 물가로 여유로운 세월을 보냈다. 하지만, 현지인들의 인심이 나날이 각박해져 간단다. 사업 상대가 약속을 지키지 않으면, 고스란히 자신이 손해를 감수해야만 했다. 상호 신뢰가 정착된 한국 사회를 그는 너무나 부러워한다. 이어서 계획한 파키스탄 여행은 잇단 테러와 비자 요구로 포기해야만 했다. 대신 베트남의 한국군 주둔지와 17도선 비무장지대 격전지를 답사하기로 일정을 변경하였다.

골 항만 성채 내의 지방법원 외부 전경과 관련자들이 재판 결과를 기다리는 모습.

인도

India

응원전 속의 희안한 인·파국경 국기강하식

남부 아시아의 인도는 1857년 무굴제국이 멸망한 후 영국식민지로 편입되었다. 1947년 8월 15일, 인도는 영국지배를 벗어나면서 힌두권인 인도와 이슬람권인 파키스탄으로 분리 독립하였다. 인도는 파키스탄과 3차례, 중국과는 1차례 전쟁을 치렀다. 현재도 카슈미르 지역 영유권 문제로 파키스탄과 수시로 갈등을 빚고 있다. 인도 인구는 13억 6천만 명(세계 2위)이며 극토면적은 329만Km^{2}로 한반도의 15배에 달한다. 언어는 영어 외 15개의 공용어가 있으며 연 국민개인소득은 1,500달러수준이다. 군사력은 현역 1,395,100명(육군 1,200,000, 해군 58,300, 공군 127,200, 해안경비대 9,550), 준군사부대 1,403,700명을 보유하고 있다.

뉴델리 전몰용사 추모탑 '인디아 게이트' 전경

뉴델리 '인디아 게이트'와 간디기념관

Trip Tips

인도수도 뉴델리 중심부에 일직선으로 길게 뚫린 도로 끝의 웅장한 '인디아 게이트(India Gate)'는 이 도시의 상징물이다. 이 건축물은 1,2차 세계전쟁 · 인파전쟁에서 전사한 군인들을 위한 추모탑이다. 높이 42m 아치형구조물에는 수십만 전사자 이름이 새겨져 있다. 근처 공터에는 2020년 완공예정인 인도군사박물관 공사가 한창이다.

또한 시내의 간디 · 네루기념관에는 인도 근 · 현대사와 독립과정이 잘 정리되어 있다. 1918년 제1차 세계대전은 끝났지만 영국의 수탈은 더욱 심해졌다. 마침내 1920년 8월, 인도 국민회의 지도자 간디는 비협력 · 비폭력운동을 선언했다. 민중에게 호소한 지침은 "다른 사람을 해치지 말라. 적에게 친절하라. 음주 · 마약 · 도박을 근절하라. 각자가 물레를 돌리고 외국산 옷감을 입지 말라."는 것이었다. 간디 호소에 많은 민중들이 동참했고 결국 인도는 식민지에서 벗어날 수 있었다. 간디기념관과 묘역은 매일 같이 수많은 학생들과 관광객들이 찾는다. 특히 간디의 유일한 유산인 '지팡이 1개와 낡은 신발 1켤레'는 진정한 지도자의 표상처럼 보였다.

뉴델리 간디기념공원 정문의 간디동상

3차례 인 · 파전쟁을 증언하는 공군박물관

1947년 독립 시부터 인도 · 파키스탄은 전쟁불씨를 안고 있었다. 영국은 종교 갈등을 최대이용하면서 '분할지배'방식으로 거대한 인도를 식민통치해 왔다. 결국 양국의 인위적 분할은 수백만 민족대이동을 수반했고 그 과정에서 두 종교간 엄청난 혈전이 벌어졌다.

뉴델리 국제공항 근처에 3차례의 인도·파키스탄전쟁을 생생하게 보여주는 공군박물관이 있다. 이 도시 유일의 군사박물관이지만 찾아가기가 쉽지 않다. 1947년 7월부터 1949년 1월까지 국경지역에서 제1차 전쟁이 있었다. 파키스탄지원을 받은 무장부족의 인도령 카슈미르 공격과 양국 정규군간 전투가 있었으나 UN중재로 겨우 휴전하였다.

Trip Tips

1964년에는 인도 · 중국 간 히말리아의 영유권전쟁이 일어났다. 인도가 전쟁에 휩싸이자 1965년 8월, 파키스탄이 인도 뒤통수를 내리치는 제2차 전쟁을 일으켰다. 이 전쟁은 파키스탄-중국, 인도-소련이 외교적으로 밀착되는 계기가 되었다. 1971년 12월 3일, 방글라데시 독립으로 제3차 전쟁이 발발했다.

파키스탄공군은 중동전쟁 시 이스라엘의 전격전을 본떠 석양을 이용하여 인도 공군기지를 기습했다. 그러나 파키스탄 공군실력은 한계가 있었다. 튼튼한 격납고 속의 인도전투기를 격파할 수 없었고, 어두움으로 재 출격기회조차 잃었다. 더구나 인도의 소련제 조기경보통제기(AWACS)는 450Km 거리에서 이미 적기 활동을 낱낱이 지켜보고 있었다.

뉴델리 공군박물관 항공기전시장 전경

국경도시의 분단박물관과 시크교 황금사원

뉴델리에서 기차로 14시간 걸려 북부 국경도시 암리차르에 도착했다. 이 도시의 분단박물관은 1947년 대규모의 인구이동과정을 자세하게 설명한다. 인위적 국경설정으로 힌두교인은 인도로, 무슬림은 파키스탄으로 삶의 터전을 버리고 대대적으로 이주 했다. 이웃은 증오의 대상으로 변했고 마을이 불타고 상점은 약탈당했다.

또한 이곳에는 시크교도 성지 “황금사원”이 있다. 성지출입 시에는 발을 깨끗이 씻고 맨발로 들어가야 한다. 하얀 건물 옆의 넓은 호수에는 시크교도들이 물속에 들어가 회개기도를 드린다. 곳곳에 터번을 쓰고 창을 든 안내병사들이 관광객들에게 순례자급식소에서 점심까지 함께 할 수 있다며 친절하게 알려준다. 그러나 이때 먹은 공짜음식이 대형 사고를 일으킬 줄이야….

암리차르의 시크교 성지 황금사원 전경

양국 응원전 속의 희한한 국기강하식

암리차르에서 자동차로 30분 거리의 '와가' 국경검문소에서는 매일 17:00 인도·파키스탄군의 희한한 국기강하식이 시작된다. 철책선 양쪽에서 수천 명의 응원단이 경쟁적으로 소리치며 상대편을 자극한다.

인·파 국경검문소 국기강하식 참관 인도측 관광객

인도군 진영에서 190Cm 신장의 늘씬한 여군 2명이 기관단총을 비껴 매고 당당하게 국경철문 앞으로 나간다. '인도는 여군만으로도 파키스탄을 제압할 수 있어!'라는 분위기 조성이다. 뒤이어 닭벼슬 군모를 쓴 의장병들이 다리를 쭉쭉 뻗으며 행진하고 광장형도로 안에서는 관람객들의 춤판까지 벌어진다. 건너편 파키스탄 진영에서도 뒤질세라 검은 군복의 의장병들이 응원단의 광기어린 함성 속에서 군화 발을 땅에 꽝꽝 찍으며 철문에 다가선다.

17:00 정각, 철문이 열리자 본격적으로 '상대편 기죽이기시합'이 펼쳐진다. 양측 병사의 팔 알통자랑, 머리끝까지 다리 치켜올리기, 괴성으로 귀신흉내 내기 등등. 드디어 국기강하가 끝나면서 양측 병사의 '번개악수'가 있었다. 사실 악수가 아니라 순간

적으로 상대 손바닥을 힘껏 친다. 방심하다 넘어지면 국가가 쓰러지는 것이다. 이 병사들은 틈만 나면 아귀힘을 기르는 훈련을 했으리라.

인·파 국경검문소 국기강하식 전경. 건너편 파키스탄측 관광객들이 보임

암리차르 행 국도 옆에는 인·파전쟁기념관이 있다. 하늘높이 솟아있는 긴 칼 조형물은 양국 간 그칠 줄 모르는 분쟁역사를 상징하는 듯했다. 숙소로 돌아오니 아랫배가 살살 아파온다. 화장실을 들락날락하면서 지독한 '인도설사병'임을 알게 되었다. 비상구급약을 먹어도 통제 불능이다. 나중에는 오한까지 따라와 두툼한 잠바를 입어야만 했다. 황금사원의 순례자급식이 문제인 것 같았다. '공짜가 항상 좋은 것만은 아니다'는 사실을 인도답사 내내 뼈 속 깊이 새겨야만 했다.

분쟁의 땅 카슈미르 테러, 인도인 분노의 불길

인도는 주변국 파키스탄 · 중국 · 네팔 · 부탄 · 방글라데시 · 미얀마 · 스리랑카와 약 15,200Km의 국경을 접하고 있다. 3면 바다는 동에는 벵골만, 서는 아라비아해, 남으르는 인도양으로 약 7,516Km의 긴 해안선을 가졌다. 핵보유국 인도는 미국 · 러시아와의 군사 · 외교적 유대강화를 통해 전쟁억제능력을 한층 더 강화하고 있다. 특히 북부 카슈미르 국경지역은 파키스탄 · 중국과의 끊임없는 갈등으로 수시로 테러가 발생한다. 인도는 광대한 국토에 걸쳐 상이한 종교, 극심한 빈부격차, 높은 문맹률, 전근대적 신분제도 등 이질성과 다양성을 갖춘 복합적인 사회이다. 하지만 최근 많은 한국기업들이 인도로 진출하면서 우리에게는 기회의 땅으로 성큼 다가오고 있기도 하다.

아그라 관광지 근처 골목의 인도인들이 섬기는 소들이 누워 있다.

인도인을 분노시킨 카슈미르 테러사건

Trip Tips

2019년 2월 14일, 이슬람무장단체 자살특공대가 카슈미르에서 이동 중인 인도경찰차량으로 돌진했다. 무려 46명의 경찰관이 순식간에 목숨을 잃었다. 테러단체를 지원했다고 의심되는 파키스탄응징을 요구하는 시위로 인도 전역이 들끓었다. 어린 학생들로부터 시민단체까지 거리로 쏟아져 나오고 언론은 연일 테러사건을 대대적으로 보도했다.

2월 26일 03:30분, 인도 미라지 전투기편대가 응징차원에서 파키스탄 '바라코트' 테러리스트 캠프를 폭격하여 200-300명을 살상했다. 다음 날에는 파키스탄 F-16전투기의 인도 공습으로 양국 간 공중전까지 벌어졌다.

카슈미르 테러사건 규탄시위에 참가한 인도학생들

문제의 땅 카슈미르분쟁은 1947년부터 시작되었다. 당시 영국 총독은 각주의 자유의사로 인도 혹은 파키스탄을 택하도록 했다. 대부분 무슬림이 거주하는 캬슈미르를 인도는 지역실세들을 회유하여 상당지역을 영토로 편입시켰다. 이후 수차례의 전쟁을 치렀지만 인도군이 승리했다. 90% 산악인 이 지역면적은 한반도와 비슷한 22만 Km^2. 현재 주민은 파키스탄령에 380만, 인도령에 820만 명이 살고 있다.

치열한 경쟁을 통해 선발되는 인도군 병사

알리(Ali)는 뉴델리 여행사의 관광안내자 겸 운전기사이다. 고향은 인도남쪽 뭄바이근교 시골인데 아내가 시어머니를 모시면서 4자녀를 키우고 있다. 새벽부터 밤늦게 까지 일한 후, 그는 회사차량 안에서 잠을 잔다. 뉴델리의 높은 방값을 자신급여로는 감당이 불가하단다. 매달 아내에게 꼬박꼬박 송금하면서 교통비가 아까와 1년에 1-2번 집에 가곤 한다. 고교졸업 후 수차례 군에 자원입대하려고 했지만 번번이 낙방했다.

불합격의 결정적 요인은 'O 다리'였다. 하지만 사회적 배경이나 인맥으로 입대하는 경우도 허다하단다. 인도군 병사급여가 자신의 월급보다 월등히 높다고 한다. 군에 관심 많은 그는 뉴델리 군사시설 및 훈련소위치, 장병특혜 등에 대해 소상하게 알고 있었다. 심지어 동절기 혹한·강설로 모든 보급이 중단되는 카슈미르 주둔 병영생활까지 이야기한다. 인구 13.6억에 140만 병력을 유지하다보니 정병육성이 가능한 것 같았다. 알리 설명을 듣고서야 국경지역에서 만난 인도군 병사들이 한결같이 체격이 좋고 당당했던 이유를 알 수 있었다.

인도 타지마할 부근의 아그라성 입구 전경

인도북부 '골든 트라이앵글'의 군사역사유적

인도북부 델리를 포함하여 남서부의 '아그라', '자이푸르' 관광명소를 '골든 트라이앵글'이라고 부른다. 의외로 이곳에는 관광지 외 근대성곽, 식수저장시설, 무기전시관들이 많이 있다.

'올드 델리'는 BC 3,000년경에 존재했다는 전설속의 도시 '인드라 프라스타'를 기원으로 생겨났다. 무굴제국시대 수도를 아그라에서 델리로 옮긴 후, 인도중심도시로 부상했다. 특히 17-19세기에 축조된 견고한 붉은 요새성곽은 세계문화유산에 등록되어 있다. 성곽외부 10m이상의 깊은 해자, 15-20m 높이의 2중·3중의 성벽은 완벽한 방어거점이다. 또한 구도심에는 적 포위전에 대비 수백 년 전에 만든 거대한 식수저장탱크까지 있었다.

인도 옛 수도 '아그라'는 뉴델리에서 기차로 3-4시간 걸리는 남쪽에 위치한다. 이곳에는 세계에서 가장 아름다운 건축물이면서 7대 불가사이에 속하는 타지마할이 있다. 순백의 대리석건물은 태양각도에 따라 하루에도 수십 번씩 빛깔이 달라진다.

Trip Tips

무굴황제의 부인 '뭄타즈 마할' 추모무덤인 이 건물은 이탈리아·프랑스기술자와 2만 노동자가 22년 공사 끝에 1648년 완공했다. 특히 주변 12개국에서 인력으로 운반해온 다양한 고급자재를 사용할 정도로 무굴제국은 강대했다.

아그라의 관광명소 타지마할 전경

트라이앵글의 서쪽 꼭짓점 '자이푸르'에는 인도의 대표적 산성 왕궁인 '암베르 성'이 있다. 험준한 산꼭대기의 왕궁방어를 위해 주변 산 능선을 따라 만리장성 같은 견고한 성벽을 축성했다. 특히 왕궁은 고지 하단부의 넓은 연못에서 계단식 급수시설로 물을 끌어올려 장기전이 가능토록 설계되어 있었다.

이처럼 선조들의 찬란한 역사유적을 가졌지만, 오늘날 인도는 너무나 낙후되어 있다. 폐차장으로 가야할 것 같은 낡은 시외버스는 승객들을 짐짝취급 한다. 콩나물시루처럼 빼곡히 서있는 승객사이를 차장은 용케도 비집고 다니면서 차비를 받는다. 운전기사까지 기막힌 곡예운전으로 승객들을 구석으로 밀어 넣으면서 차장이동을 도와주곤 하였다.

자이푸르 교외의 암베르 성 전경. 사진왼편에 계단식 식수공급시설이 보임

오지체험도 불사하는 열정적인 한국여행객

자이푸르에서 멀지 않은 인도 서북쪽에 '푸쉬카르'라는 조그마한 촌락이 있다. 큰 호수를 중앙에 둔 이 마을은 인도 7대 성지 중의 한 곳이다. 매년 축제기간에는 힌두교순례자와 관광객으로 북새통을 이룬다. 소떼들까지 곳곳에 비치된 여물통에서 느긋하게 만찬을 즐긴 후 순례에 동참한다. 하지만 호수주변에 쌓여있는 소 배설물들이 신성한 호수를 오염시킬 것 같아 염려되었다.

마을 전체를 조망할 수 있는 야산 케이블카 승강장에서 10여명의 한국인들을 만났다. 여행사가 숙소예약, 길잡이지원 만을 하는 자유여행팀이다.

인근 사막에서 낙타여행 후, 네팔-부탄을 거쳐 파키스탄으로 갈 예정이란다. 또한 마을전통시장에서는 배낭여행 한국학생들도 수시로 보였다. 과거에는 상상치도 못했던 세계오지체험까지 즐기는 열정적인 한국인들을 보면서 대한민국의 국력신장을 다시 한 번 느낄 수 있었다.

힌두교 성지 푸쉬카르 호수주변의 마을 전경

방글라데시
Bangladesh

세계최대의 빈국 독립전쟁시 300만 양민 희생

방글라데시는 인도 북동부에 있는 세계 최빈국이다. 최초 인도에 속해 있던 이 지역은 1947년 8월 15일 영국에서 독립할 때 동파키스탄으로 분리되었다. 그 후 1,500Km나 떨어진 서파키스탄(현 파키스탄)으로부터 정치적 차별을 받아오다가 1971년 3월 26일 유혈전쟁을 통해 독립했다. 국토면적 14.4만 Km^2, 인구 1억6천 만 명으로 세계에서 인구밀도(1237명/Km^2)가 가장 높으며 연 국민개인소득은 1700달러 수준이다. 국토 대부분이 낮은 평지로 우기 하천범람 시 전국의 2/5가 물에 잠기기도 한다. 한국교민 1,000여 명은 대부분 수도 다카(Dhaka)에 거주한다. 군사력은 현역 157,050명(육군 126,150, 해군 16,900, 공군 14,000), 준군사부대 69.000명을 유지하며 모병제를 시행하고 있다.

대영 독립투쟁 시 영국군에게 포로가 된 벵골인 저항군

방글라데시의 열악한 교통 · 주거환경

다카 국제공항은 대부분 현지인들로 북새통을 이루며 외국인은 찾아보기 힘들다. 입국행렬 속에서 시골장터 촌닭처럼 주변을 두리번거렸다. 서류가방만 든 단정한 복장의 동양인이 눈에 띄었다. "혹시 한국인 아니신지…" 그는 30년 동안 이곳에서 사업을 하는 한국인 K씨였다. 그 분 역시 배낭 한 개 달랑 매고 나타난 필자를 보고 깜짝 놀란다. 첫마디가 "아니 아무 볼 것 없고 위험한 이 나라에 어쩐 일로…"

비자발급으로 한참 시간이 지나 혼자서 터미널로 나가니 K씨가 기다리고 있었다. 단독행동은 위험할 것 같아 회사차량으로 숙소까지 데려다 주겠단다. 자동차 안에서 살벌한 이야기를 쏟아

놓는다. '한국여행객 2명이 택시강도를 당해 겨우 목숨을 건진 사례부터 야간외출 절대금지 등' 주의사항이 끝이 없다. 과장된 엄포처럼 느껴졌지만 '안전에 유의하라'는 고마운 충고로 받아드렸다. 그 순간 창밖에 승객·보따리를 지붕위에 잔뜩 실은 열차가 지나간다. 눈을 의심하며 한국전쟁 당시 피란열차위의 난민들이 터널통과 시 많은 사람들이 추락사한 사례를 들며 그 위험성을 K씨에게 물었다. 이런 피란열차(?)가 이 나라에서는 일반화 되어 있지만 다행히도 평탄한 지형으로 터널이 거의 없다고 한다.

하지만 예약호텔 화장실에 들어가는 순간 남의 피를 빼앗아 가려는 '곤충강도' 모기떼 습격을 받았다. 살충제로 방안 커튼 뒤 강도집결지(?)를 우선 소탕하고 침대밑, 옷장뒤 등 구석구석 점검했다. 풍토병 뎅기열, 말라리아는 체류 간 내내 신경 써야만 했다.

다카시내 운행 중인 개조된 2층 버스

전쟁 · 자연재해 · 빈곤으로 고통 받는 민초들

숙소에서 예약해준 '우버택시'로 시내에 나가니 오토릭샤, 찌그러진 버스, 화물 · 승객이 혼재된 트럭으로 아수라장이다. 빵빵거리는 경적소리, 죽기 살기로 밀고 들어오는 자동차로 정신이 없다. 잠시 택시가 서면 구걸하는 아이들과 갓난아기를 안은 여자가 어김없이 창문을 두드린다. 그 순간 자동차 틈 사이에서 갑자기 리듬체조소녀가 나타났다. 힘껏 훌라후프를 하늘로 던진 후 공중제비를 두어 번 돌고서 귀신같이 낚아챈다. '저 아이가 한국에서 태어났다면 제2의 김연아가 될 수도 있었을 건데…' 창의적 방법으로 묘기를 보여주고 손을 내밀었지만 관객반응은 싸늘하다. 하지만 이 나라도 1970년대 이전 우리나라보다 경제적으로 더 잘 살았다고 한다.

Trip Tips

방글라데시의 경제적 궁핍 배경은 역사박물관을 살펴보면서 쉽게 이해할 수 있었다. 특히 이곳에는 이들에게 "꿈의 나라"로 인식되고 있는 대한민국전시실도 별도 있다. 1757년 영국은 벵골지역을 포함한 인도전역을 식민지화하였다. 200여년의 식민통치가 끝나고 1947년 서파키스탄과 상이한 종족 · 언어에도 불구하고 종교적 공통점으로 인해 같은 나라로 독립했다.

1970년 12월, 동파키스탄 독립을 주장하는 '아와미연맹'이 총선에서 압승하였으나 서파키스탄은 국회개회를 무기한 연기하였다. 이 사건을 계기로 1971년 3월 26일, 독립선언과 동시에 서파키스탄과의 전쟁이 발발했다.

다카 독립기념공원의 전몰용사 추모불꽃

다카 독립기념공원의 지하전시관 전경

질곡의 역사를 보여주는 독립기념관

다카시내 중심부의 넓은 공원지하에 독립전쟁전시관이 있다. 특별한 유물은 없고 주로 기록사진들이 있다. 1971년 독립전쟁 시 서파키스탄군은 저항하는 벵골인을 무자비하게 진압했다. 300만 양민이 학살되고 9만 명의 여성들이 겁탈 당했다. 수십만 벵골인들이 필사적으로 인도로 탈출했다. 1971년 12월 3일, 인도군 개입(제3차 인도-파키스탄 전쟁)으로 서파키스탄은 2주간의 전투에서 대패하면서 항복했다. 하지만 피 흘려 건국한 신생국은 정치지도자의 무능함, 18번에 걸친 군부쿠데타로 국가발전은 커녕 세계 최빈국으로 전락했다.

방글라데시는 어느 곳에 가도 사람들이 많다. 드문드문 나무만 심어진 공원안도 인산인해다. 청소년들이 잔뜩 모여 떠드는 곳을 파고들어 고개를 쭉 내밀어보니 극히 단순한 투호놀이를 하고 있었다. 외국인임을 알아보자 너도나도 사진을 같이 찍자고 한다. 심지어 아이들과 함께 온 가족들까지 몰려왔다. 이 나라와 비슷한 식민지·전쟁을 경험한 대한민국이 세계 10대 경제강국으로 부상한 것은 기적의 역사였음이 틀림없었다.

독립기념공원 안에서 투호놀이 중인 청소년

국립 다카대학 학생·교수의 독립투쟁사

어느 국가나 '대학생 의식수준'이 그 나라 미래를 결정한다. 방글라데시 독립전쟁 시 국립다카대학교의 수많은 교수·학생들이 자발적으로 참전했다. 1921년 설립된 이 대학은 '동양의 옥스퍼드'로 불렸다. 오늘 날 33,000명의 학생과 1,800명의 교직원을 가진 방글라데시 최고의 대학이다. 각 단과대학별로 건물들이 흩어져 있지만 예술대학정문과 교내에 독립전쟁추모비와 기념동상이 있었다.

교내에서 미술전공 3학년 학생 2명을 만났다. 역사에 관심이 없을 것 같았던 이들은 조국의 독립투쟁사에 대해 소상하게 알고 있었다. 추모비석에는 독립전쟁 시 전사한 수백 명의 다카대학교수 · 학생 명단이 적혀 있단다. 특히 예술대 본관 앞에 총을 든 기념동상은 후배학생들이 직접 제작하여 헌정하였다고 한다. 비록 후진국의 대명사가 된 방글라데시이지만 미래 국가지도층을 꿈꾸는 명문대학생들 만큼은 확실한 애국심과 소명감을 가지고 있었다.

독립전쟁 시 전사한 다카대학 교수 · 학생 추모비석

최고의 인재 여자군사고교 생도 교육현장

세계 최빈국 방글라데시는 유엔자료에 의하면 1시간에 28명의 어린이가 죽고 극빈·굶주림 속에서도 매일 3,000명의 신생아가 태어난다. 해마다 홍수·사이클론으로 하천범람은 일상화 되어 있다. 1987년에는 전국의 75%가 물바다가 되었다. 1971년 독립 이후 함량 미달인 정치지도자들의 좁은 안목으로 사회혼란은 계속되었고 빈부격차는 더욱 벌어졌다. 1990년대 초 민주정권이 들어섰지만 실업률은 거의 50%에 달한다. 하지만 이런 사회혼란 속에서도 방글라데시는 수도 다카에 군사박물관, 공군박물관, 독립역사기념관, 독립기념공원을 건립하였다. 특히 국가자긍심 고취, 군의 위상강화를 위해 군사 및 공군박물관은 대규모 신축공사가 진행 중이다.

독립전쟁 참전 방글라데시 여성들의 분열 전경

한국교민이 말하는 방글라데시 노동자의 삶

호텔 아침은 통상 뷔페식당으로 몰려오는 손님들의 수다로 시작된다. 다른 투숙객들과의 만남을 상상하고 식당으로 갔으나 아무도 없었다. 대신 종업원이 메뉴판을 내민다. 식수인원이 한 사람 뿐이라 부득이 주문을 받는다고 한다. 찬찬히 호텔주변을 돌아보니 출입구의 거대한 철창 옆에는 24시간 경비원이 앉아 있다. 결국 그저께 만난 K씨 도움으로 한인민박집으로 숙소를 옮길 수밖에 없었다.

민박집 주인 J씨는 1980년대 방글라데시로 이주하여 봉제공장을 차렸다. 100여명 종업원의 인건비가 워낙 저렴해서 그럭저럭 회사운영은 잘 되었다.

Trip Tips

2006년 기준 다카에는 2,500개 공장에서 180만의 노동자들이 일했다. 90%가 여성들이었고 이들의 평균 월급은 14달러에 불과했다. J씨 회사 여공들의 절반이 점심을 굶으며 수돗물로 배를 채웠다. 오후 작업시간에 쓰러지는 어린 소녀들이 속출했다. 급기야 회사는 직원들에게 무료점심을 제공하기도 했다.

그는 현재 의류사업을 접고 한인식당과 여행자 민박집을 운영하고 있다. 아파트 2개 층을 개조하여 살림집과 방문자숙소로 만들었다. 민박집 운전기사 · 청소부 · 요리담당 현지인 급여는 월 100달러 수준. 한인식당에도 별도의 종업원들이 있었다. 이처럼 세계 구석구석으로 나간 한국인들의 개척정신과 근면함이 대한민국을 선진국으로 우뚝 서게 한 밑거름이 된 것 같았다.

독립전쟁 시 인도로 탈출한 수백만 난민들의 토관생활 전경

방글라데시 독립전쟁과 적극적인 PKO활동

시내 중심부의 군사박물관은 대대적인 신축공사로 어수선하다. 야외에는 소련제 야포·탱크·군용차량이 늘어서 있으며 임시건물의 실내전시관은 독립전쟁과 PKO자료들이 많았다.

1971년 3월 25일, 동파키스탄의 정치적 자유요구를 서파키스탄이 거부하면서 유혈충돌이 최초 벌어졌다. 정부군을 이탈한 벵갈출신 군인·경찰들이 '해방군'을 결성했다. 전국토가 전쟁터로 변하자 800만 난민들이 인도로 탈출했다. 인도정부가 난민문제 해결은 방글라데시독립 이외에는 대안이 없다고 판단하였다. 11월 21일, 인도군 20만 병력이 벵갈지역으로 진격했다. 12월에는 벵갈만에 항공모함을 투입하여 서파키스탄군을 공격했다. 뒤이어 1,500Km 떨어진 인·파 국경 캐시미르에서도 전쟁불똥은 튀었다. 이것이 제3차 인·파 전쟁이다. 1971년 12월 17일, 서파키스탄군은 항복했고 방글라데시는 독립국가로 탄생했다.

Trip Tips

박물관공사장 경비책임자 '모하드'는 헌병부사관으로 전역했다. PKO요원으로 이라크·쿠웨이트에서도 근무하였다. 연인원 13만 명의 방글라데시군이 PKO로 파병되었다. UN기금으로 지원되는 PKO의 높은 급여가 방글라데시인들에게는 큰 매력이라고 하였다.

PKO 활동 중인 방글라데시군

방글라데시군이 PKO로 파병된 국가들의 국기

여자군사고등학교 생도들의 현장학습

Trip Tips

군사기지와 붙어있는 공군박물관 주변은 개발붐으로 정신이 없다. 택시기사는 기지울타리를 2-3바퀴 돌다가 겨우 임시정문을 찾았다. 공군박물관은 방글라데시국기가 그려진 미그전투기가 줄지어 있었고 실내전시관은 아예 없었다. 방글라데시군을 지원하는 인도군이 주로 소련제무기를 사용했기 때문이다.

박물관관리관 '주디'는 18년 근무경력의 공군상사였다. 입장권 구매 시 유일한 외국 사람인 필자를 보고서 직접 야외전시장을 안내했다. 이 나라에서 직업군인은 사회적으로 가장 좋은 대우를 받고 있단다. 하지만 자신은 연금대상이 되면 전역을 하고 기필코 한국에 가서 재취업을 하고 싶단다. 영어능통, 회계사자격, 컴퓨터전문가 등 다양한 경력을 내세운다. 다카 한국대사관 비자담당을 만나라는 조언밖에 할 수 없었다.

공군박물관 야외에 전시된 소련제 미그기

이때 약 50여 명의 군복차림 여고생들이 버스에서 내렸다. 인솔교사는 현역군인이다. 관리관 말에 의하면 여자군사고등학교 생도들이라고 한다. 방글라데시의 14개 군사교교 중 4개는 여학교란다. 정부로부터 다양한 지원을 받는 이 학교는 중학교 졸업생들 중 최상위 수재들만 입학이 가능하단다. 기숙사생활·군사훈련이 병행되지만 졸업 후 자유롭게 군대·일반대학을 선택할 수 있다. 비록 가난한 방글라데시이지만 우수인력을 호국간성으로 미리 확보하자는 국가의지는 확고해 보였다. 또한 그들은 수백만 동족이 도살되었던 독립전쟁고훈을 결코 잊지 않고 있었다.

공군박물관 현장학습을 온 여자군사고등학교 생도들

낙후된 출입국관리체계로 인해 당한 낭패

다카시내 중심부의 군인아파트 단지 전경. 우측 건물이 군사고등학교 건물임

2018년 10월 이후, 한국인은 인도공항에서 도착비자를 받을 수 있다. 방글라데시 답사 후 인도행 비행기탑승을 위해 다카공항으로 갔다. 출국장 역시 혼잡했고 항공예약표를 보여주어야만 터미널입장이 가능하다. 발권카운터에서 여권을 내밀며 티켓을 받으려니 인도비자가 없어 탑승이 불가하단다. 변경된 비자규정을 설명해도 전혀 모른다. 출입국사무실로 갔지만 공무원까지도 일본인만 인도도착비자가 가능하단다. 옥신각신 하던 중 비행기가 출발하면서 숙소예약비까지 날아가고 말았다. 인도 혹은 한국대사관에 가서 후속조치를 하란다.

공항청사를 나오니 이번에는 경찰관이 붙잡는다. 항공기를 타지 않고 다시 나온 점이 수상하단다. 간이파출소 안 모기들은 유독 필자에게만 달려든다. 한국인임이 확인되자 금방 그의 태도는 달라졌다. 결국 다음 날 한국대사관 영사도움으로 겨우 다카공항을 떠날 수 있었다. 비자규정 변경내용을 세관공무원들조차 몰랐던 것이다. 낙후된 행정시스템으로 엉뚱한 여행객만 피해를 본 것이다.

네팔

Nepal

히말라야의 종족 갈등 구르카족이 제압

네팔 지도(출처: 구글 지도 이미지)

네팔(Nepal)은 히말라야 산맥에 위치한 나라로 중국과 인도에 둘러싸여 있으며, 동쪽으로 멀리 떨어진 곳에 부탄이 있다. 국토 넓이 147,516km^2, 인구 2,900만 명, 연 국민개인소득이 1,300달러인 내륙국가로 수도는 카트만두이다. 국토는 길이 650km, 너비 200km의 직사각형 형태이며, 에베레스트산을 포함하여 세계에서 가장 높은 산 10개 중 8개를 가지고 있다. 현재 병력은 육군 96,600명, 준군사부대 15,000명을 보유하고 있으며, 육군 항공대는 320명의 인력과 경항공기 7대, 헬리콥터 14대를 가지고 있다.

전산 장애와 국제공항 입국장의 혼란

태국 방콕의 스완나품 공항을 출발한 항공기는 3시간 비행 끝에 네팔 트리부반 국제공항에 착륙했다. 승객 상당수가 트래킹 여행을 오는 태국인들이다. 히말라야산맥과 가까운 네팔은 동남아와는 다르게 서늘한 가을 날씨다. 터미널에 들어서면, 전산 출력서류로 입국비자를 받아야 한다. 그러나 전산망 고장으로 이미 많은 승객이 대기 중이다. 무비자로 입국하는 인도인들만 출입국 심사대로 직행했지만, 그들도 하염없이 서서 기다려야만 했다. 30분, 1시간, 2시간…, 안내 직원들도 슬그머니 자취를 감추었고 사과 방송도 없다.

마침내 심사대 앞에 몰려있던 인도인들의 분노가 폭발했다. 수백 명의 승객들이 세관원에게 거칠게 항의한다. 경찰이 출동했지만, 다행히 폭력사태는 벌어지지 않았다. 소란이 진정된 후, 순식간에 인도인들만 빠져나갔다. 다른 외국인들은 아예 바닥에 주저앉아 2시간을 더 기다린 후에야 겨우 터미널을 벗어날 수 있었다. 공항 밖에서 눈 빠지도록 기다리던 픽업(pick up) 운전기사까지 사라졌다. 택시로 찾아간 한인 민박집의 주인은 "네팔에서는 전산망 고장으로 2~3시간씩 업무가 지연되는 경우가 흔한 일입니다."라고 대수롭지 않게 이야기한다. 그제야 네팔은 상상외로 사회적 기반시설이 열악하다는 것을 깨달았다.

입국비자를 받기 위해 터미널에서 기다리는 여행객.

군사박물관에서 본 네팔의 전쟁역사

다음날 카트만두 시내 중심부의 넓은 병영 부지 내에 있는 군사박물관을 찾아 나섰다. 한 나라의 생생한 역사를 알고 싶다면, 해당 국가의 군사박물관 자료를 보면 쉽게 이해할 수 있다. 네팔 역사도 예외가 아니다. 숙소에서 골목길을 빠져나오니, 한눈에 봐도 알 수 있는 기다란 병영울타리가 보였다. 울퉁불퉁한 인도를 따라 한참을 걸어가니 옛 화포가 전시된 군사박물관 정문이 나타났다. 병영과 연결된 시설 때문인지 관람객보다 현역군인들이 더 많았다. 야외전시장에서 목제 조각작업 중인 청년은 자신을 마하잔(Maharjan) 이등 준위로 소개한다. 육군의 '문화창작' 담당업무를 맡고 있다며 스마트 폰 속의 창작물들을 보여준다.

네팔의 군대 개념은 한국군과는 판이하게 다른 것 같았다. 박물관 건물은 깔끔했고, 네팔 전쟁역사는 전시실에 일목요연하게 정리되어 있다. 산악국가 네팔은 다민족, 다문화, 다종교 국가였다. 수백 년 동안 종족전쟁은 그칠 날이 없었고, 정복·통합·분할이 반복됐다. 1768년 드디어 구르카(Gurkha)족이 카트만두까지 정복하여 새로운 통일 왕조를 세웠다.

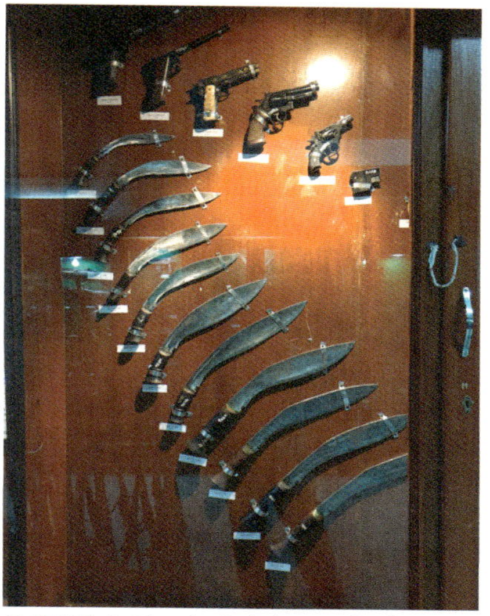

군사박물관 구르카 용병의 쿠크리 검.

히말라야 골짜기에서 벌어졌던 숱한 전쟁들은 전쟁화로 재현되어 시대 순으로 전시되어 있다. 네팔은 청나라·영국과의 전쟁에서 많은 영토를 잃었다. 하지만, 1814년 영국군은 최신예 무기를 믿고 네팔군을 공격하다가 '쿠크리' 단검으로 무장한 구르카 전사들에게 전멸당하기도 했다. 이때부터 영국은 네팔인을 적으로 대응하기보다는 용병으로 채용하는 형식으로 작전을 바꾸었다. 박물관 뒤편에는 전몰용사 현충 시설이 있고, 한편에는 2015년 네팔 대지진 구조작전 중 헬기사고로 숨진 6명의 미 해병대원 추모비가 자리 잡고 있었다.

지진구호활동 중 순직한 미 해병대원 추모비.

제1 · 2차 세계대전과 네팔군 참전

Trip Tips

19세기 영국은 인도를 식민지화하였지만, 네팔은 자주 독립국으로 인정했다. 영국으로부터 많은 영향을 받은 네팔인 대부분은 영어가 능통하다. 1914년 제1차 세계대전이 발발하자, 20만 네팔인이 영국군과 함께 참전하여 4만여 명이 전사했다.

전시실 일부는 제1 · 2차 세계대전 시 출정하는 네팔 군인들과 전쟁터 사진자료들로 채워져 있다. 특히 1940년대 아프리카 · 태평양 전선에서의 구르카 용병 활약상은 언론을 통해 전 세계로 알려졌다.

야간에 적진지를 기습해서 쿠크리 단검으로 상대의 목을 베거나, 귀를 한 바구니 담아 왔다는 등 전설 같은 이야기가 끝없이 퍼져 나갔다. 이처럼 적에게 공포의 존재로 각인시킨 군사적 전통은 오늘날 구르카 용병들이 세계 곳곳에서 활동하는 계기가 되었다. 즉 "귀신 잡는 해병!"이라는 자긍심 그 자체가 한국 해병대의 전투력을 몇 배나 상승시키는 것과 똑같았다.

제1차 세계대전시 전쟁터로 출정하는 네팔군.

왕궁에서 시작된 네팔 현대사의 비극

2001년 6월 1일 21:00경, 네팔 왕실 연회장에서 세상을 깜짝 놀라게 한 비극적 사건이 벌어졌다. 왕세자 디펜드라(Dipendra)가 느닷없이 소총으로 국왕 부부, 공주, 왕자 등 왕족들을 사살하고 자신도 극단적 선택을 시도했던 것이다. 뒤이어 국왕의 아우 갸넨드라(Gyarendra)가 사흐 왕조 12대 왕으로 추대되었다. 1996년부터 시작된 마오이스트(Maoist: 毛黨)의 '인민전쟁'은 새 국왕의 왕권 강화정책에 반발하여 더욱 과격해 졌다. 2001년 이후 정부 내각이 무려 9번이나 바뀌면서, 사회적 혼란은 극심했다. 네팔 과도정부와 마오이스트의 충돌 격화로 1만 2,800명이 사망하고, 10만 명이 실종됐다. 마침내 2008년 4월 10일, 총선거를 통해 네팔은 240년간의 군주제를 폐지하고 '민주 연방공화국'으로 재탄생하였다.

카트만두 학부모의 조기교육 열풍

군사박물관 인근에서 유창한 영어로 어린아이들의 생일을 축하하는 요란스러운 스피커 소리가 들렸다. 행사 장소는 골목길 안의 유치원 마당이었다. 소형 통학버스로 수시로 학생들이 들어온다. 많은 학부모가 지켜보는 가운데 야외수업이 진행되었다. 교사나 아이들의 영어 대화가 너무나 자연스럽다. 자신의 아이가 이곳에 출석하고 있다는 젊은 아빠 수닐(Sunil)은 직장을 가진 아내와 교대로 아들을 등교시키고 있다. 경제적 여유가 있는 네팔의 가정에서는 대부분 사교육에 많은 교육비를 사용한다. 수닐 역시 맞벌이를 하고 있지만, 한 사람 월급은 거의 사교육비로 충당해야 한단다.

주변을 둘러보니 인접 건물에 독특한 색상의 교복을 입은 사립 학교 중학생들이 보였다. 좁은 공간의 카트만두 시내 여건으로 대부분 학교는 운동장을 가지지 못했다. 하지만 "까르르!" 웃으며 배구장 넓이의 시멘트 바닥에서 공놀이하는 학생들은 교육여건을 전혀 탓하지 않는 듯했다.

카트만두 시내의 유치원생 야외수업 전경.

원숭이 · 들개의 천국 수도 '카투만두'

네팔 국립박물관을 나와 카트만두의 서쪽 동산에 있는 '스와얌부나트' 사원을 찾아 나섰다. 맑은 날씨인데 갑자기 하늘에서 '주르륵' 빗방울이 얼굴로 떨어진다. "쾌청한 날에 무슨 비가…"하면서 하늘을 쳐다보니, 전깃줄의 원숭이가 배설물을 쏟고 있다. 전봇대에 조랑조랑 매달려있는 동료들도 재미있다는 듯이 쳐다본다. 원숭이 떼를 피하며 뒷걸음질을 치다가, 엉겁결에 낮잠을 즐기던 큰 개의 꼬리를 밟았다. "으르렁"거리며 이빨을 드러내는 떠돌이 개에게 재빨리 사과하고 얼른 골목을 벗어났다. 네팔인들은 사람 · 동물 · 신이 함께 살아간다고 믿는다. 카트만두 시내 골목은 원숭이 · 들개의 천국이다. 여행객들은 어슬렁거리며 먹잇감을 찾아 헤매는 들개를 특히 조심해야 한다.

국립박물관과 히말라야산맥의 민족 역사

네팔 국립박물관은 군사박물관과 마주 보고 있다. 무장군인이 지키는 정문으로 들어가면 다양한 네팔 종족의 역사를 볼 수 있는 3개의 전시관이 있다. 문헌에 의하면 네팔 역사는 BC 200년경부터 시작된다. 이 박물관은 1928년 최초 무기전시관으로 건립되었는데, 왕실과 초청 인사들만 관람할 수 있었다. 1938년부터 비로소 일반 국민에게 공개되었다.

총 2,300km² 크기의 박물관에는 가족 단위 관람객을 위한 역사탐험실과 휴식공간까지 있다. 과거 네팔의 많은 문화재가 해외로 밀반출되었지만, 인터폴(Interpol)과 경찰의 도움으로 되찾는 중이란다. 전통문화관 입구에 의외로 한국 결혼식장의 신랑 · 신부 디오라마(Diorama)가 있다. 사대 관모를 쓴 신랑과 고운 한복차림의 신부가 전시공간을 환하게 만들었다. 양국 간의 빈번한 인적 교류를 의식한 네팔 정부의 배려인 것 같았다.

세계 전통문화전시관에서 한국 결혼식을 묘사한 디오라마.

힌두교 · 불교 유적이 혼재된 원숭이 사원

'원숭이 사원'으로 불리는 스와얌부나트 종교유적지는 힌두교 · 불교 상징물이 뒤섞여 있다. 엄청난 인파들이 그 주변에서 시내 정경을 내려다본다. 도심 공원이 없는 카트만두에서 시민들이 가장 많이 몰리는 곳이 사원이다. 대학에서 기계공학을 전공하는 비자이(Bijay)는 내년에 졸업한단다. 할아버지 · 아버지는 인도군에서 30여 년 복무했다.

하지만 자신은 군인보다는 공학도의 길을 선택했으며, 해외 취업을 꿈꾸고 있었다. 네팔에서는 취업이 너무 어려워 대부분 외국으로 일자리를 찾아 떠난다. 고향 카푸라(Kapura)는 120km 떨어져 있지만, 버스로 10시간 걸린단다. 비자이는 시내 중심부의 넓은 병영과 대규모의 군 의료센터를 가리키며, 네팔군은 일반 직장인보다 상대적으로 좋은 대우를 받고 있다고 전해준다. 정상에서 내려오는 중, 공원광장 지하에서 구슬땀을 흘리며 발차기 연습을 하는 여자 합기도 대표선수들을 만났다. 열악한 여건 속에서도 힘든 기색을 전혀 내비치지 않는 여학생들이 대견스러워 보였다.

공원광장 지하 공간에서 합기도를 수련하는 여학생과 무도 사범.

네팔육군이 운영하는 10개의 고등학교

Trip Tips

영국군의 구르카 용병은 네팔 청소년들에게 선망의 대상이다. 매년 1만여 명의 젊은이들이 영국 · 싱가포르 · 인도군 입대를 지원한다. 카트만두, 카푸라에는 수십 개의 용병학원이 성업 중이다.

민박집 사장이 네팔인 친구를 통해 확인한 학원 한 곳을 알려주었다. 지도에 표기된 목적지가 골목길을 한참 따라가니 나타났다. 그곳은 용병학원이 아니라, 네팔군이 관리하는 여자 고등학교였다. 정문 근무자가 학교 출입은 가능하나, 사진 촬영은 허용되지 않는다고 한다.

체육복 차림의 병사들이 운동장 평탄작업을 하고 있고, 교내에 강의동과 군인아파트까지 있었다. 체육수업 중인 교사가 학교에 파견 나온 여군 대위를 만나게 해주었다. 그 연락장교는 네팔군이 운영하는 10개의 고등학교를 이렇게 설명해 주었다. 훌륭한 교육시설, 우수한 교사진, 저렴한 수업료로 입시경쟁률이 치열하단다. 군인가족 자녀에게 입학 우선권이 주어지지만, 일반 학생들도 지원할 수 있다. 갑자기 건물 뒤편에서 "태권!" 구호를 외치는 아이들의 소리가 들렸다. 학교 부설 유치원 학생들의 태권도 수업이다. 네팔인 사범의 구령에 따라 고사리 같은 주먹을 움켜쥐고, 팔다리를 내뻗는 태극 품세가 아이들에게는 그저 즐겁기만 한 것 같았다.

네팔육군이 운영하는 여자고등학교 정문과 교내의 군인아파트(사진 왼편) 전경.

트리부반 국립대학과 학교대항 축구경기

여학교를 나와 네팔의 최고 명문 국립 트리부반(Tribhuvan) 대학을 가려고 택시를 세웠다. 무질서한 정류소에서 시내버스로 대학을 찾아가는 것은 불가능할 것 같았다. 카트만두 택시는 대부분 경차 형태의 소형이다. 2명의 승객이 타고 있었지만, 운전사는 합승 승객을 태우고자 했다. 트리부반 대학까지의 요금을 물으니, 기사가 거꾸로 필자에게 "택시요금이 얼마냐?"라고 되묻는다. 순간 뒷좌석의 베트남 학생들이 폭소를 터뜨린다. 운전기사가 손님에게 요금을 묻는 경우를 처음 본단다. 400루피(원화 3,900원)로 택시비를 타협하고 중간에 뒷자리 승객을 내려 주었다.

대신 조수석의 필자는 기사 도우미가 되어 창밖으로 고개를 쭉 뽑아 "트리부반!"을 외쳐야만 했다. 끝내 다른 승객은 찾지 못했지만, 재래시장 골목골목을 누비는 즐거움을 얻을 수 있었다. 시내외곽의 트리부반 대학 캠퍼스는 건물공사가 한창이다. 학교본부는 교내 도로를 따라 한참을 올라가야 한단다. 교내에서 만난 대학생들은 누구나 네팔도 한국처럼 잘사는 나라가 되기를 꿈꾸고 있었다. 교문 근처의 넓은 운동장에서는 카트만두 중학교 대항 축구경기가 벌어지고 있었다. 어린 선수들이 자주 공을 놓치지만, 여중생들의 응원 열기는 뜨거웠다. 경기관람을 위해 운동장 바닥에 주저앉으니, 한 학생이 잽싸게 의자를 가져와 건네준다. 어려운 환경에서 공부하지만, 다른 사람을 배려하는 네팔 학생의 착한 마음이 돋보였다.

카트만두 중학교 대항 축구경기 선수들의 모습.

한국 근무경력 노동자의 창업 열풍

Trip Tips

카트만두에는 한국에서 거주했던 네팔인이 운영하는 식당들이 많다. 인터넷 검색으로 알게 된 왕궁 근처 한국식당의 주인 인드라센(Indrasen)은 충남 서산에서 5년 동안 일을 했다. 귀국 후에는 고향에 넓은 농토를 사들였고, 남은 돈으로 식당을 차렸다. 내부는 한국을 상징하는 소품이 가득했다. 식당 손님 대부분은 한국 생활을 경험한 네팔인이다.

기회가 된다면, 다시 한국에 가고 싶다는 그는 한국어도 유창하다. 서산에서 주변 한국인들의 많은 도움을 받았고, 특히 일터 사장의 저축강요 덕분으로 사업자금도 두둑이 마련했단다. 카트만두 시내에는 매년 10여 개의 한국식당이 새로 생겨날 정도로 한식을 즐겨 먹는 현지인들이 늘어나고 있다. "네팔 용병"에 관심을 표하자, 그의 친구 아누프(Anup)가 용병 학원에서 수학 강사로 있단다. 운이 좋게도 다시 아누프를 만나 흥미로운 네팔의 용병이야기를 들을 기회를 얻었다.

한국 근무경험 네팔인의 한식 식당 내부.

네팔 청소년 선망의 대상 영국군 용병

20세기 초 카트만두를 여행한 서양인들은 이곳을 '사원의 도시'라고 표현했다. 100년이 지난 지금도 시내 곳곳에서 힌두교 · 불교 사원들을 볼 수 있지만, 2015년 네팔 대지진 시 상당수 파괴되었다. 카트만두는 구도시와 신도시 두 구역으로 구분되어 있다. 구시가지는 좁은 골목길을 따라 2~3층 정도의 건물이 빽빽하게 들어서 있다. 1층은 대부분 작은 상점이고, 그 위로 층층이 사람들이 거주한다. 자동차들이 질주하는 도로는 신호등이 거의 없다. 인도 · 차도 구분이 없는 길에 자전거 · 툭툭이 · 자동차가 뒤엉켜 있다. 대부분의 네팔인은 아침 시간에 빙글빙글 돌고 있는 사원의 종을 만지며 기도하면서 하루를 시작한다.

열악한 대중교통에 익숙한 네팔인

15년 동안 카트만두에서 민박집을 운영하는 K씨는 네팔 친구들이 많았다. 왕궁 근처 한국식당에 시내버스로 가려고 하니, 그는 적극적으로 만류한다. '현지인 생활을 체험해 보겠다.'라는 고집에 마지못해 정류소까지 안내했다. 민박집을 나와 도로에 들어서니, 꽃집 주인이 나와 한국말로 반갑게 인사한다. 한국에서 번 돈으로 가게를 개업한 네팔인이란다. 유창한 한국어로 K씨와 농담까지 주고받는다.

무질서한 정류소에서 17인승 소형버스에 30명의 승객이 탑승했다. 낮은 천정으로 많은 사람이 등을 구부린 엉거주춤한 자세로 있다. 옆에 서 있는 학생에게 내 무릎에 앉으라고 해도 끝까지 사양한다. 불편함을 내색하지 않고 차창 밖을 묵묵히 바라보는 네팔인들이 신기하게 느껴졌다. 2008년 5월 네팔 의회는 왕정 폐지와 공화정 도입을 결정했다. 국왕 갸넨드라는 평민으로 신분이 바뀌었고, 왕궁은 국유화되면서 박물관으로 변했다. 구왕궁을 중심으로 멀지 않은 거리에 네팔 정부의 주요 관청들이 밀집되어 있다.

 최대 30명의 승객이 타는 소형 시내버스 모습.

1년간에 걸친 '네팔 용병' 선발 과정

어제 들렀던 한국식당에서 용병학원의 수학 강사 아누프(Anup)를 만났다. 그는 100년 이상의 전통을 가진 네팔인의 영국군 입대 절차를 이렇게 설명했다. 최초 18세 이상 21세 이하의 산악거주 청소년만이 지원할 수 있었지만, 현재는 전 네팔인으로 확대되었단다. 매년 수만 명이 응시하지만, 최근 선발인원이 축소되어 130~150명 내외만 입대할 수 있다.

용병학원의 수학 강사 아누프(오른편)와 그의 친구.

선발된 인원은 5년 후 영국 국적이 주어지며, 20년 이상 복무하면 연금 혜택까지 부여된다. 모병제인 네팔군 월급이 25,000루피(25만 원)인데 비해, 영국군은 200,000루피(200만 원) 이상의 급여를 받는다. 선발 과정은 3월에 시작되어 엄격한 검증과 경쟁을 거쳐 12월에 최종 합격자를 발표한다. 청소년들은 급여 차이 때문에 영국군⇒싱가포르 경찰⇒인도군⇒네팔군 순으로 지원한단다. 불합격한 청년들이 재수·삼수를 하지만, 선발될 가능성은 극히 희박하다. 아누프가 보여주는 사진 속의 학원생들은 보기만 해도 건장한 청소년들이다. 이처럼 치열한 경쟁을 거쳐 뽑힌 구르카 용병들의 자긍심은 높을 수밖에 없을 것 같았다.

수영훈련 중인 네팔 용병학원생들의 모습.

구르카 용병과 강도 떼와의 혈투

"칼을 한 번 뽑으면 피를 볼 때까지 칼집에 절대 넣지 않는다." 이는 네팔 용병의 신조다. 구르카족은 '눈(雪)의 사나이'라는 별명처럼 강인한 체력을 가졌다. 히말라야의 험산 준령을 오르내려 심폐기능 또한 특출하다. 끝이 구부러진 '쿠크리' 단검에 얽힌 무용담도 숱하게 많다. 등산 · 도축용으로 고안된 쿠크리는 칼날 쪽으로 갈수록 무게가 더 많이 나간다. 들이는 힘에 비해 살상력이 강하다.

Trip Tips

구르카 용병의 산악전에 맞설 군대는 없었다. 고산지대에서 자랐고, 훈련도 혹독했다. 용병이 되려면 돌무더기 25kg을 짊어진 채, 5km 산길을 1시간 안에 주파해야 한다. 영어 · 수학의 필기시험도 수준이 높다. 평균 경쟁률이 수백 대 일이다.

25kg의 무거운 등짐으로 체력단련 중인 용병학원생들의 모습.

열차 떼강도를 물리친 구르카 용병의 전설 같은 이야기는 오늘날까지 전해진다. 2010년 9월 2일, 인도 육군 제8 구르카 연대에서 전역한 '비슈누 쉬레스타' 상병은 열차를 타고 고향으로 돌아가고 있었다. 한밤중 기차가 정글을 지나갈 무렵, 장검과 몽둥이로 무장한 40명의 강도 떼가 습격했다. 비슈누 상병이 돈이 없는 군인임을 밝히자, 그들은 다른 승객의 패물을 빼앗았다. 그러나 강도들이 18세 처녀를 겁탈하려고 하자, 네팔 용병은 조용히 쿠크리를 뽑아 들었다. 순식간에 3명의 강도가 죽임을 당했고, 8명이 부상을 입었다.

비슈누 역시 온몸의 상처로 피범벅이 되었지만, 괴성을 지르며 쿠크리를 휘두르자 도적들은 황급히 도주했다. 1:40의 목숨을 건 혈투였다. 인도 육군은 그의 전역을 보류했고, 은도금 쿠크리와 5만 루피의 포상금을 수여하였다. 또한, 목숨을 구한 처녀의 부모가 6,500달러의 사례금을 주려 했으나, 비슈누는 "열차 강도와 싸운 것은 인간으로서 나의 의무다."라며 답례를 거절했다고 한다.

여중생 친절로 숙소로 무사히 복귀

카트만두 시내 중심의 넓은 운동장에서 네팔 군인들의 행사가 있었다. 공원처럼 조성된 축구장 4개 크기의 공터는 시민들도 자유롭게 출입한다. 주변에는 극방부와 군부대가 밀집해 있으며, 초병들은 한결같이 체격이 우람하고 당당하다. 시내버스 정류소 옆에는 전몰용사 추모탑까지 있다. 숙소 근처의 '원숭이 사원'으로 가는 행선지를 차장에게 확인하고 버스에 올랐다. 그런데 스마트 폰 '구글 맵'에서는 정반대 방향으로 버스가 달린다. 주변 승객에게 물으니 버스를 잘못 탔단다.

새로운 버스 정류소로 안내한 네팔 여중생모습. 사진 왼편의 어린 소년이 차장이다.

나이 지긋한 어르신과 학생들이 긴급 대책회의를 갖는다. 옆자리 여중생이 "걱정하지 말라!"며 필자를 다독인다. 시내를 벗어나 버스 종점에 이르자, 그 학생이 앞장서서 다른 버스로 안내한다. 자신 또래의 어린 차장에게 나의 목적지를 대신 말해준다.

카트만두 외곽에는 도시를 감싸고 있는 순환도로가 있었다. 결국, 그 여학생의 친절로 숙소로 무사히 돌아왔고, 두고두고 네팔인들의 선행이 기억에 남았다.

네팔 생활 20년 경험의 스님 이야기

민박집에서 티베트 불교 연구를 위해 20년 동안 네팔에서 생활한 스님을 만났다. 그는 많은 네팔 관리들을 만나 한국 자선단체의 현지 활동에 도움을 주기도 했단다. 히말라야산맥을 끼고 있는 네팔은 무한정의 청정수와 자연경관도 수려하다. 전 국민이 자유롭게 영어로 소통하며, 가족 중심의 문화가 강하다. 하지만, 학연·혈연·지연 중심의 의식은 부정부패를 조장하기도 한다. 또한, 창의성 부족으로 한국인이 보기에는 답답한 경우도 있다고 했다. 네팔 정부는 2030년까지 중진국 합류를 목표로 국민 의식 개혁을 독려하고 있단다. 다음 답사지 인도 남단의 스리랑카로 가기 위해 오늘은 숙소에서 충분한 휴식을 취하기로 했다.

카트만두 중심부의 네팔 국방부 청사 전경.

후기

해외 전사적지 답사 중 가장 어려웠던 것은 역시 교통편이었다. 군사박물관에서 그 국가의 전사적지 위치를 세부적으로 파악하고 주로 기차나 버스를 이용하여 목표 지역에 가장 근접한 도시에 도착하곤 했다. 그러나 문제는 주로 오지에 있는 현장에 가기 위해서는 택시, 자전거, 도보 등의 방법을 택할 수밖에 없었다.

때로는 같은 목적지의 여행자를 만나기도 하였으나 동행하기 쉽지가 않았다. 또한 유럽의 전사적지 기념관은 1주에 2-3회 개방하는 경우가 허다했다. 어렵게 현장을 찾았으나 기념관이 문을 닫거나 일시적으로 폐쇄되어 있는 경우도 있었다. 만약 관리자가 있을 경우에는 동양의 '코리아'라는 나라에서 이 곳 답사를 위해 어렵게 왔으니 부분적으로나마 개방해 줄 수 없느냐고 사정하면 가끔씩은 호의적으로 받아주기도 하였다.

아울러 숙소와 식사문제 해결도 쉽지 않았다. 물론 매번 이동할 때 콜택시를 부르고 근처에서 가장 쾌적한 호텔에 투숙하면 모든 문제는 깨끗하게 해결된다. 그러나 이런 여행은 1달 간의 답사를 1주일로 줄여 일반 관광단체팀에 합류하는 것과 동일하다. 필요한 정보는 인터넷을 통해 정리하면 될 것이고…. 최소의 비용으로 최대로 많은 전적지와 생생한 현장감을 느껴보고자 원했기 때문에 다소 고생스럽더라도 배낭여행을 할 수 밖에 없었다.

특히 군사박물관이나 전사적지 현장에서 만난 참전자나 그 후손들과의 대화는 여행의 진미를 더하게 했다. 미국을 포함한 선진 군사강국의 여행객들이 압도적으로 많았지만 그들의 전쟁 인식을 부분적으로나마 파악할 수 있었다. 중동지역에서 쉽게 만날 수 있는 이스라엘, 이집트, 팔레스타인, 요르단 등의 젊은 군인들을 통해 그 나라의 병역제도, 신세대의 국가관 등을 알 수 있었던 것도 큰 성과였다. 제한된 시간과 언어 소통의 미숙함을 극복하기 위해 대화 내용을 수첩에 기록하여 상대에게 그림, 숫자 등을 보여주며 확인하기도 했다.

프랑스 스당 지역의 전사적지를 답사하면서 1930년대 축조된 주변 산턱에 있는 견고한 중대본부용 벙커에 들어 가 보았다. 마지노 방어선의 북단으로 흡사 한국의 휴전선 방어진지 벙커와 너무도 흡사했다. 단지 스당의 벙커는 약 80여 년 전 독일군 침공에 대비하여 만들어졌고 한국의 전방 벙커는 40여 년 전 북한의 공격에 대비하여 만든 것이 다를 뿐 이었다.

1980년대 초 영하 20도를 오르내리는 추운 겨울, 강원도 양구 북방의 최전방 산꼭대기에 구축된 중대본부용 벙커에서 수시로 숙영하며 훈련을 한 적이 있다. 찬바람이 사정없이 총안구 안으로 몰려오면 모포와 판쵸우의로 병사들과 몸을 감싸고 추위와 싸우기도 하였다. 그런데 이 곳 프랑스와 독일의 국경 지대에도 너무나도 똑같은 형태의 벙커가 수도 없이 널려 있었고 당시의 프랑스 장병들이 자기의 조국을 지키기 위해 피눈물 나는 고생을 했을 것이라 생각하니 만감이 교차했다.

프랑스 알사스 로렌지역의 독일군 게트랑제 요새도 마찬가지였다. 지금으로부터 약100여년 전, 독일은 프랑스의 침공에 대비하여 10년 간의 대역사 끝에 거대한 방어진지를 만들었다. 요새 벽의 콘크리트 두께는 4m였고 약 2,000여 명의 장병들이 프랑스 국경 지역을 내려다보며 항상 전투준비를 하고 있었다. 요새를 중심으로 넓게 퍼져있는 교통호와 개인호는 현재 한국의 전방진지보다 더 완벽한 방호시설을 갖추고 있었다. 즉 교통호속의 소총병을 공중폭발 포탄으로부터 보호하기 위해 뚜꺼운 철판으로 상부를 덮은 개인호를 군데군데 설치하였다.

이런 거대한 요새 구축을 위한 공사 과정도 현지 기념관에 사진으로 잘 전시하고 있었다. 대형 화포를 기중기와 인력으로 산으로 옮기는 장면, 국경지대와 요새 간의 전술 도로 개설을 위해 개미떼처럼 달라붙은 수만 명의 공사장 인부, 요새 외곽 방어를 위한 거대한 해자 건설 등 당시 독일의 전역량을 자신들의 생존을 위해 쏟아붓고 있는 느낌이 절로 들었다.

가족들과 함께하는 이스라엘군 부사관 임관행사장

그러나 우리나라의 경우 조선시대의 성곽축성 이외 근현대 역사 중 모든 국가역량을 결집하여 만든 군사유산은 찾아보기 힘들다. 얼마 전 과거 한국전쟁 당시 북한군 공격으로 구멍이 뻥뻥 뚫린 38선 부근의 벙커가 도로확장으로 철거 위기에 놓인 적이 있었다. 6·25 전쟁 시의 벙커 존폐 여부를 두고 논란이 생기는 것을 보고 우리의 전쟁유산 인식이 어느 수준인가를 느낄 수 있었다. 다행히도 이 6·25 벙커는 아직도 남아 있는 것으로 알고 있다.

수년 전 필자는 중동지역 전적지 답사 간 우연한 기회에 이스라엘군 분대장 임관식을 참관하게 되었다. 이스라엘의 병역제도는 남성은 36개월, 여성은 24개월 의무적으로 군복무를 한다. 군복무간 병사들 중 가장 우수한 남녀 군인들을 선발 4개월 간의 분대장 교육과정을 거친 후 초급 부사관으로 임관시킨다. 넓은 광장에 모인 천여 명의 임관자들과 그 이상의 가족들로 행사장은 인산인해를 이루었다.

자신의 딸이 어려운 훈련 과정을 끝내고 마침내 부사관이 되었다고 자랑하는 어머니와 자매들, 그리고 1973년 10월 전쟁 참전용사인 아버지가 아들의 계급장을 어루만지며 감격해 하는 모습 등에서 많은 것을 느꼈다.

내친 김에 참전용사에게 팔레스타인, 아랍국가, 이스라엘 관계에 대해 물었다.

부사관으로 임관하는 딸을 현수막으로 격려하는 어머니

답변인즉 "우리는 아랍국가, 팔레스타인과의 전쟁에서 밀리면 지중해, 갈릴리 호수에 빠져 죽습니다. 우리 선조 600만 명이 가스실에서 죽어 갈 때 당신네 나라에서 어떤 도움을 주었습니까? 인류애, 세계평화, 국제관계 등도 우리가 생존하고 난 다음의 이야기요" 그들은 "힘이 없는 평화 구호는 한낱 공염불에 지나지 않는다!" 진리를 뼛속 깊이 깨닫고 있는 듯 하였다.

적어도 이스라엘인들의 상무정신과 애국심은 세계 어느 민족보다도 투철하며 주변 어느 국가든 이스라엘을 무력으로 굴복시킨다는 것이 불가능하다는 것이 분명했다. 군의 초급 간부 임관을 전 국민들이 축하해 주는 분위기니 장교 임관은 아마 '가문의 영광'으로 생각하고 있을 것이다.

왜 안보적 상황은 한국과 이스라엘이 너무도 비슷한데 국민들의 군에 대한 인식은 왜 이렇게 다를까? 역사적으로 우리 국가의 지도

층은 "전쟁과 생존"의 문제는 자신들과는 아무 관계가 없는 것으로 생각했다.

골란고원 국경을 순찰 중인 이스라엘 여군 분대장

우리는 조선시대 이후 단 한 번도 스스로 나라를 지켜본 경험이 없었다. 조선은 '문존무비(文尊武卑)' 사상의 팽배로 정치지도자들과 양반계급의 상무정신은 사라지고 국방력 강화는 먼 나라의 이야기로만 생각하고 있었다.

아래에 제시하는 조선시대의 역사적 사례가 그 당시 국가안보에 대한 지도층의 사고를 나타내는 것 같아 씁쓸한 기분을 숨길 수 없다.

"조선시대 과거제도는 문과(文科: 행정고시), 잡과(雜科: 기술고등고시), 무과(武科:군 간부 선발고시)가 있었다. 문과와 잡과에는 조선의 청년들이 구름같이 몰려들었다. 그러나 사대부 집안의 자제가 무과에 응시하는 것은 가문의 수치로 여겼다. 오죽 하면 이순신 장군도 수시로 '내 자손들만큼은 절대 무과에 응시하지 말라'라고 이야기했다. 덕수 이가(李家) 집안에서 오늘날까지 전해 내려오는 이야기이다(출처: 조선의 부정부패와 멸망의 길)" 결국 조선은 국가 지도층의 국가안보에 대한 무관심으로 결국은 썩은 고목나무 쓰러지듯이 허망하게 무너지고 말았다. 어쩌면 오늘날 군에 대한 사회적 인식이 과거 조선시대와 비슷하지 않을까? 하는 생각이 들기도 한다.

부디 필자의 기우이기를 바란다.

이처럼 세계 전쟁유적지를 답사하다 보면 자연스럽게 여행자는 한반도의 지정학적 운명에 대해서 깊게 고민하는 순간을 갖게 된다. 결국 우리 민족의 미래 생존을 위해 지혜로운 외교정책과 강한 국방력의 필요성을 스스로 절실하게 깨닫게 되는 것이다. 특히 국가안보 문제에 대해 점점 더 관심이 소홀해져 가는 신세대들이 세계여행 중 이같은 전사적지 답사를 통해 애국심과 호국정신이 고양되기를 기대하는 마음도 간절했다.

앞으로 미처 답사하지 못한 아프리카 · 북미 · 중남미의 전쟁유적을 직접 확인하고서 '세계의 전사적지를 찾아서' 시리즈를 완결할 계획이다. 또한 답사를 마친 아시아 및 기타 국가들의 자료는 집필 작업을 계속 중에 있다. 아무튼 세계 전사적지 시리즈 발간을 통해 국민들이 우리의 생존을 위해 전쟁역사에 대해 좀 더 관심을 갖는 계기가 되기를 바란다. 또한 전쟁사에 관심을 가진 독자들이 해외여행 시 본 내용을 참고하여 전쟁유적을 직접 방문하는데 조금이라도 도움이 된다면 이 책의 출간 목적은 100% 달성되었다고 필자는 만족할 것이다.

찾아보기

신종태 교수의 테마기행 시리즈

제1권 서유럽 · 북유럽

최강 부대 코만도 수백 개 군사박물관 즐비한 영국! | 워털루의 세계 최고 **대영제국박물관** | **국회의사당 안에 안장된** 무명용사들과 160만 명 전·사상자 | 노르망디 상륙작전 **프랑스** | **캉 전쟁기념관**에서 만난 1억 명의 연합군 전·사상자 | 프랑스를 넘어뜨린 완벽한 요새 **마지노 라인** | 노블리즈 오블리주의 발상지 **깔레** | 독일의 역사반성, 베를린 **유대인학살박물관** | 히틀러의 애인 **에바브라운의 최후** | **비스마르크** 어떻게 프랑스를 격파했나? | 영세중립국 **스위스의 평화**, 그 뒤에 숨겨진 땀과 눈물 | 제1차 세계대전 신호탄 **사라예보의 총성** | 영화 '사운드 오브 뮤직'과 **잘츠부르크** | 80년간 단 하루도 거르지 않고 추모 행사를 하는 **벨기에** | 풍차 뒤에 가려진 전쟁 참화 **네덜란드** | '안네의 일기'와 **암스테르담 레지스탕스박물관** | 영화 '머나먼 다리'의 **아른헴 대교** 목숨을 줄망정양보는없다|700명군대의나라**룩셈부르크**|**한국전쟁참전경쟁률**10대1이었던 이유 | 한국전쟁의천사**유틀란디아 병원선** | 전쟁 막은 **스웨덴의 고슴도치 전략** | 핀란드 **스오맨린나섬 군사박물관** | 한국 여행객 넘쳐나는 **헬싱키 마켓광장** | 히틀러에게 가장 먼저 짓밟힌 **노르웨이** | **베르겐 육군박물관**과 특수공작원 | 한국 여행객이 누비는 군대 없는 **아이슬란드** | 영국과"날죽여라!"바다고기**대구전쟁**

제2권 동유럽 · 남유럽 · 북아프리카

독소전쟁 4년 참상의 기록 **모스크바 전쟁박물관** | 냉전시대 무기 총망라 **러시아 군사박물관** | 인류 최악의 전투현장 **스탈린그라드 전쟁유적** | 러시아 함대 발진기지 **상트페테르부르크 군항** | 패전국의 서러움 가득한 **헝가리 군사박물관** | 천년제국의 영광과 비애 **다뉴브 강** | **체코**의 비극, 영화 '새벽의 7인'의 처절한 전투의 흔적 | 유고연방 **세르비아 군사박물관**서 본 게릴라 투쟁의 역사 | 한눈에들어오는불가리아전쟁사**소피아군사박물관** | 루마니아독재자 **차우셰스쿠인민궁전** | 한평공동묘지에 묻힌 **처형된 독재자부부** | 패전국 폴란드의 비극 **카틴숲 학살기념관** | 유대인학살현장 고스란히 간직하다 **아우슈비츠수용소**| '유럽의빵 바구니 '**우크라이나** 몰락의 역사 | 크림반도전쟁사 료**키예프 군사박물관** | 스페인**마드리드 해군박물관과 무적함대** | 로마, 이슬람, 가톨릭으로 이어진 **스페인 전쟁사**

무적함대가 숨쉬고 있는 **바로셀로나 요새** | 조선과 일본이 탐냈던 해양대국 **포르트갈조총** | **이탈리아 군사박물관**에서 로마제국의 후예를 보다 | 전쟁 포화 속에서 오롯이 보존된 **로마문화 유적들** | 폴란드군의 용맹과 **몬테카시노수도원** | 그리스의 자부심 **데살로니키군사 박물관** | 300년 역사 **지브롤터 요새** | 카이로의 **시타텔 군사박물관** | 사막의 혈투 **알라메인전장유적** | 알렉산드리아의 **카이트베이 요새** | **이집트**의 공군100년 역사군사박물관 | 이집트-이스라엘복수의혈전, **이스마알리아** | **마하트르의 롬멜군단벙커**와 클레오파트라해변 | 한반도 닮은 **모로코역사** | 피땀으로 쌓아올린 **스페인세우타요새** | **스페인 제54보병연대**의110년역사

제3권 중동 · 태평양 · 대양주 · 아시아

이스라엘 골라고원에서 만난 여군 분대장 | 애국심의 상징 스파이 엘리 코헨 | 사상 최대의 전차 결전장 '눈물의 계곡' | 팔레스타인 청년의 분노와 이스라엘 여경 | 민족분쟁 뿌리를 증언하는 자파 해방기념관 | 팔레스타인 소년의 맑은 눈동자 | 요르단 군사박물관과 아라비아 로렌스 | 요르단-이스라엘 국경을 건너다 | 세계 최대의 전차박물관 라트룬 요새 | 인재양성의 요람 터키 해군군사고등학교 | 100년 항공발전사가 담긴 터키공군 군사박물관 | 온전히 보존된 갈리폴리반도 전쟁유적 | 고래싸움에 새우등 터진 레바논내전 역사 | 처절했던 레바논내전 비극의 그 현장 | 시리아 난민들의 처참한 하루 일상 | 클레오파트라의 최후! 독사가 정말 그녀를 물어 뜯었을까? | 관광명소 괌의 전쟁역사 | 28년간 투항을 거부한 패잔병 요코이 | 전장터에서 만난 미국 청소년들 | 사이판 한국인 추모비와 망국인 서러움 | 일본군 벙커 · 방공호 · 전차잔해가 곳곳에 | 미군 승전비와 천길 자살절벽 | 티니언섬과 원자폭탄 보관소 | '아이고!'를 기억하는 티니언 원주민 | 오키나와 비극의 전쟁역사 | 평화기념관의 종군위안부 지도 | 365일 단 하루도 빠지지 않는 호주의 참전용사 추모행사

일본군 침공 당한 호주북부 '다윈', 도시 곳곳에 전쟁유적 | 신이 숨겨논 축복의 땅'뉴질랜드', 예외없이 전쟁유적 산재 | 100년 전 축성된 오클랜드 땅굴요새! 국립역사 유적지로 보존 | 양국 응원전 속의 희한한 인 · 파국경 국기강하식 | 분쟁의 땅 카슈미르 테러, 전 인도인 분노의 분길이 싸이다 | 세계 최빈국 방글라데시, 독립전쟁시 300만 양민 희생 | 최상위 수재 집단, 여자 군사고교 생도 교육현장 | 미 · 북 첫 격돌지, 태극기 휘날리며 '미국판' 현장! | 마틴 대령! 육탄으로 적 전차 앞에 서다 | 주민들의 '美 킬패트릭 일병 구하기' 전설같은 감동 | 전쟁은 끝났지만 민초(民草)의 시련은 계속 | 적 전차에 맞선 섬진강 학도병 | 낙동강이 없었다면 대한민국은 없었다 | 천혜의 자연경관 갖춘 '충절의 고장' | 6 · 25전쟁 당시 낙동강 최후 전선!

제4권 지중해 · 동북아시아

지브롤터 요새, 그 300년의 역사 | 여기도 피 맺힌 이산가족의 사연이 있었네 | 영화 '카사블랑카'로 알려진 모로코 왕국 | 스페인 · 프랑스의 각축장을 보여준 '리프 전쟁' | 수도 라바트 미술관의 흑인 노예역사 전시실 | 모로코 청소년의 유럽 프로 축구팀 입단 꿈 | 대항해시대의 열강의 중간기착지 모로코 포구 | 한국 DMZ의 판박이 세우타 국경지대 | 포르투갈군이 축성한 세우타 철옹성 | 제54연대 박물관의 스페인 100년 전쟁역사 | 제1차 세계대전을 예고한 '알헤시라스' 국제회의 | 론다 절벽 위 '헤밍웨이의 길'과 누에보다리 | 집시의 애환과 열정이 녹아있는 '플라멩코' | 하루 5끼를 즐기는 여유로운 식사풍습 | 해양박물관으로 변신한 '황금의 탑' | 이슬람제국 과학기술력의 진수 '알람브라' 궁전 | 권력투쟁 속에 48년 옥살이 한 왕비의 사연 | '태양을 팔아서 먹고사는 나라' 스페인의 관광명소 | 50년전 내전 상흔이 남아있는 베이루트 | 레바논판 '스탈린그라드 전투' 현장 | 학창시절 추억이 없는 레바논내전 세대 | 폭탄 구덩이로 발견한 2000년 전 로마목욕탕 | 책 중의 책 '바이블(성경)'의 이름 유래 | 버려진 시리아난민촌의 아이들! | 클레오파트라 목을 깨문 독사가 그려진 유적 | 반복! 또 반복하는 이스라엘군 정신교육 | 전국 곳곳에 건립된 군사역사박물관 | 수천대의 전차가 격돌한 '눈물의 계곡' | 작지만 강한 군대, 이스라엘 해군! | 이스라엘 공군! 세계 최고의 기량을 갖추다 | 세계 최대를 자랑하는 라트룬 전차박물관

살아서 '노예'보다 죽어서 '자유인'을 택한 마사다요새 유대인 | 한반도 '해방전후'와 닮은 꼴 그리스 현대사 | '태양의 후예' 영화 촬영지의 한류열풍 | 영화 '300'의 스파르타 용사 전투현장 | 독일 공수부대의 무덤 크레타 공방전 | 유럽 마지막 분단국가의 현실 | 키프로스! 양국으로 갈라선 도시 비무장지대 현장 | 전쟁으로 점철된 키프로스 역사 | 국제사회의 무력함을 보여준 키프로스 전쟁 | 중국 근대사 비극이 담긴 상하이 전쟁유적 | '인류역사의 치욕' 난징 대학살 현장 | 조선처녀 눈물이 마르지 않는 종군위안부기념관 | 아무도 관심갖지 않는 압록강변 탈북청소년 | 동북공정에 파묻힌 고구려 역사유적 | 조선인 수난의 역사현장 동북 3성 | 무사도정신을 일깨우는 '가미가제' 특공박물관 | 나가사키 군함도! 조선인은 지옥경험, 일본인은 자부심 | 한반도 운명을 가른 '시모노세키' 조약 | 세계적 인재를 기른 '에타지마' 해군병학교 | 미래전쟁을 준비하는 요코스카 방위대학교 | 1920년대 이미 일본은 '하늘의 전쟁'을 준비했다 | 북해도 기념관의 KAL 007기 유품전시실

저자 **신종태**

학력
- 육군사관학교 졸업(이학사)
- 연세대학교 대학원 행정학과 졸업(행정학 석사)
- 영국 런던 King's College 전쟁학과 정책연수
- 충남대학교 대학원 군사학과 졸업(군사학 박사)

경력
- 현 통일안보전략연구소 책임연구원
- 현 융합안보연구원 전쟁사 센타장
- 현 육군군사연구소 자문위원장
- 조선대 군사학과 초빙교수
- 육군교육사 지상전연구소 연구위원
- 국가보훈처 "6 · 25전쟁 영웅" 심의위원
- 합동군사대학교 군전임교수
- 충남대/국군간호사관학교 외래교수
- 합참 전략본부 군구조발전과장
- 육본 작전참모부 합동작전기획장교

저서 및 주요 논문
- 세계의 전쟁유적지를 찾아서 1-5권(시리즈)
- 대화도의 영웅들
- 논문 : 『6 · 25전쟁과 대북유격전 연구』, 『북한 급변사태시 대비 방향』, 등 다수

신종태 교수의 테마기행

세계의 전쟁유적지를 찾아서⑤

동남 · 서남아시아

2024년 11월 21일 초판 인쇄
2024년 11월 25일 초판 발행

발행인 박 진 영
발행처 도서출판 진영사
인천광역시 부평구 주부토로 236 인천테크노밸리 U1 지식산업센터 B동 1507호
전화 : 032)505-4207
팩스 : 032)505-4206
E-mail : 0183734207@hanmail.net
등록 : 122-91-77317

ISBN 978-89-6541-677-7 (04980)
978-89-6541-675-3 (04980) 세트
값 23,500원